레드팀을
만들어라

RED TEAMING

Copyright © 2017 by Bryce G. Hoffman
All rights reserved.

Korean translation copyright © 2024 by Global Bridge
This edition published by arrangement with Currecy, an imprint of Crown Publishing Group,
a division of Penguin Random House LLC through EYA Co., Ltd.

이 책의 한국어판 저작권은 EYA Co., Ltd를 통해 Random House와 독점계약한 '글로벌브릿지'에 있습니다.
저작권법에 의하여 한국 내에서 보호를 받는 저작물이므로 무단전재 및 복제를 금합니다.

레드팀을 만들어라

RED
TEAMING

답을 가지고 있는 사람들의 비밀

브라이스 호프먼 지음
한정훈 옮김

글로벌 브릿지

차례

들어가는 말 008

제1장 어렵게 얻은 교훈: 레드티밍의 기원 033

현실에 안주하다 | 상상력의 실패 | 다르게 생각하기 | 레드팀 대학
시험에 들게 하라 | 레드티밍의 확산

제2장 레드티밍이란 무엇인가 069

레드티밍이 의미하는 것 | 레드티밍이 의미하지 않는 것 | 변화냐 죽음이냐

제3장 레드티밍의 심리학 093

인지적 편향과 휴리스틱 | 정신 모형 | 집단사고 및 기타 조직적 오류 | 빨간 약 삼키기

제4장 어떻게 레드티밍을 시작할 것인가 127

올바른 레드팀 모델 선택 | 레드티밍의 진화 | 레드티밍 비용의 정당화
레드티밍을 위한 공간 만들기 | 레드팀 만들기 | 레드팀 리더 선정

제5장 문제와 해결책 155

크네빈 프레임워크 | 언제 레드티밍을 시작할 것인가 | 문제를 레드티밍하기
진실에 도달하기 | 어떻게 진실을 말할 것인가 | 가중치 익명 피드백

제6장 의심할 수 없는 것을 의심하기: 분석 기법 189

비판적으로 생각하기 | 주장 해부 | 주요 가정 검증 | 확률 분석 | 진주 목걸이 분석
이해관계자 매핑 | 경쟁 가설 분석

제7장 생각할 수 없는 것을 생각하기: 상상력 기법 229

네 가지 관점 기법 | 밖에서 안으로 생각하기 | 대안 미래 분석 | 사전 검시 분석
자신의 강적 되기 | SWOT 분석 | 다섯 가지 이유 기법

제8장 모든 것에 도전하기: 역발상적 기법 261

What-If 분석 | 우리 대 그들 분석 | 악마의 옹호자

제9장 기법의 결합 279

아무도 원하지 않은 햄버거 | 팜의 추억 | 전 세계를 달리는 택시 회사
공식적인 레드티밍 모델 | 유용한 결과물 산출 | 의사소통이 핵심이다
레드팀의 조사 결과를 활용하기

제10장 레드티밍의 규칙 297

규칙 1: 바보가 되지 마라 | 규칙 2: 레드팀은 보호막이 있어야 한다
규칙 3: 레드티밍은 당신이 허용하는 경우에만 작동한다
규칙 4: 파기될 대상을 레드티밍하지 마라 | 규칙 5: 당신의 레드팀을 레드티밍하라
규칙 6: 항상 옳을 필요는 없지만 항상 틀려서도 안 된다 | 규칙 7: 포기하지 마라

제11장 앞으로 나아가 레드티밍하라 317

당신 자신을 레드티밍하라 | 용기 있게 레드티밍하라

참고 도서 325

◆ 들어가는 말

> 적을 알고 나를 알면 백 번을 싸워도 위태롭지 않을 것이다. 적을 모르고 나만 알면 한 번은 이기고 한 번은 질 것이다. 적을 알지 못하고 나도 알지 못한다면 싸울 때마다 반드시 위태로울 것이다.
> – 손자

맑지만 아직 쌀쌀한 2015년 3월의 어느 날 아침, 나는 자동차 속도를 늦췄다. 캔자스주 포트 레번워스의 바위를 손으로 깎아 만든 장벽과 옛 군사 감옥의 거대한 철문을 지나는 참이었다. '바위를 깨뜨리다 break rocks'라는 말은 성행위를 뜻하는 비속어로 쓰인다. 하지만 포트 레번워스에서는 농담이 아니라 진짜로 바위를 깨트리는 중노동을 뜻했다. 레번워스는 100년 이상 미군 내 최악의 문제 사병들을 수용하던 곳이다. 1875년 미군은 당시로서는 최전방 국경이던 이곳에 첫 번째 죄수가 될 문제 사병들을 투입했다. 자신들이 투옥될 감옥을 자기들 손으로 건설하도록 명령한 것이다. 카프카의 소설 〈유형지에서〉를 연상시키는 현장에서 곡괭이로 바위산을 깎아 감방을 만들도록 했다. 공식적으로 '미합중국징계병영USDB'이라고 명명된 그곳은 가장 감시가 엄격한 미군 교도소가 됐다. 나중에는 최악의 군기 문란자들에게조차 가혹한 곳이라는 주장도 제기됐다. 결국 본관은 2002년에 철거됐다. 수감자들은 기지에서 좀 더 먼 곳에 세워진 현대식 콘크리트 교도소로 이감됐다. 이런 역사를 떠올리며 나는 한때 오래된 독방동이었던 구역에 깔린 산뜻한 검은색 아스팔트 위에서 주차할 공간을 찾았다. 장벽, 감시탑, 의무실, 작업실 등 과거 감옥의 일부 시설이 여전히 남아 있었다. 사무실로 개조된 시설도 있지만, 한때 교수대가 설치됐던 석조 구조물을 포함한 다른 건물들은 강의실로 개조됐다. 장시간 보안 검색을 받은 나는 강의실로 향했다. 새로 발급받은 보안카드를 104호 강의실 문 옆에 설치된 전자 판독기에 접촉했다. 나는 가급적 표 나지 않게 조용히 안으로 들어가고 싶었다.

그러나 군인들로 가득 찬 곳에 있는 유일한 민간인은 표가 날 수밖에 없다. 강의실 안에는 전투복 차림의 교육생이 열두 명 있었다. 그들은 문이 열리자 모두가 일사분란하게 고개를 돌려 경계하는 눈빛으로 나를 쳐다봤다. 열한 명은 육군 소령 또는 소령 승진 예정자였고 나머지 한 명은 공군 정보 장교였다. 대부분 이라크와 아프가니스탄에서 여러 차례 실전 경험을 한 듯했다. 왼쪽 가슴에 육군의 교전 기장을 패용한 군인이 많았다. 그건 전쟁의 한가운데 있었다는 증거였다. 몇몇은 공수부대 강하 기장을 달았다. 여러 훈장이 번쩍이는 군인도 있었다. 누군가의 노트북 위에는 특전사 녹색 베레모가 놓여 있었다. 강의실에는 커다란 U 자형 테이블과 그 주변으로 의자가 배치돼 있고 이름표가 각 좌석 앞에 놓여 있었다. '호프먼 씨'라고 적힌 이름표가 내 것이었다. 나머지는 전부 '소령 누구누구'라고 적혀 있었다.

"요직에 계신가 봅니다." 자리에 앉는 나를 보며 왼쪽에 있던 장교가 말했다.

"전혀요." 내가 답했다.

"그럼 왜 사복을 입으신 겁니까?" 내가 입은 캐주얼 재킷과 바지를 훑어보며 그가 물었다.

나 말고 사복을 입은 사람은 교관인 케빈 벤슨 박사뿐이었다. 그는 키가 크고 호리호리한 신사였다. 풍성하게 자란 하얀 콧수염 때문에 흡사 국경 보안관처럼 보였다. 하지만 벤슨 박사도 대령 출신이었다. 그것도 평범한 대령이 아니라 이라크 침공 계획을 작성한 장본인이었다. 나는 어울리지 않는 차림으로 초청장도 없이 파티에 난입한 사람이 된 듯했다. 하지만 나는 분명 내게 필요한 올바른 장소에 있었다. 나는 전략을 스트레스-테스트(잠재적 취약성을 측정해 안정성을 평가하는 실험)하고 내가 좀비 영화를 통해 처음으로 배운 불확실한 미래를 탐색할 수 있는 혁신적인 방법, '레드티밍red teaming'을 배우기 위해 그 자리에 간 것이다.

나는 좀비 영화를 좋아하지 않는다. 예전에도 결코 좋아한 적이 없다. 그러나 평소 내가 존중하는 친구 몇 명이 2013년 영화 〈월드 워 Z〉를 추천했다. 실제로 극장에 가서 볼 만큼 그 의견을 새겨듣지는 않았다. 그러다가 몇 달이 지난 뒤 나는 그 말을 기억해냈다. 당시 나는 지독한 감기에 걸려서 소파에 누운 채, 아마존 인스턴트 비디오에서 신작 목록을 검색하며 오후 시간을 보낼 방법을 찾고 있었다. 〈월드 워 Z〉가 목록 최상위에 있었다. 아무 생각 없이 시간 때우기 좋아 보여서 나는 재생 버튼을 눌렀다.

영화 자체에 대해서는 별로 할 말이 없다. 줄거리 대부분이 몽롱한 감기약

기운 속에서 사라졌기 때문이다. 그런데 걸어 다니는 시체의 얼굴을 터뜨리는 산탄총처럼 한 장면이 내게 충격을 주었다. 영화 초반에 오직 한 국가 이스라엘만이 인간 문명을 파괴하는 좀비 바이러스의 재앙을 겨우 피할 수 있었다는 내용이 나온다. 전염병으로 만신창이가 된 미국 정부는 그 이유를 알기 위해 우리의 영웅인 브래드 피트를 예루살렘으로 파견한다. 공항에서 피트를 만난 모사드(이스라엘의 정보기관) 고위 관리는, 인도에서 빠르게 퍼지는 좀비 바이러스에 관한 보고서를 받은 이스라엘은 국경을 폐쇄했다고 설명한다. 다른 나라들도 똑같이 받았지만 헛소리라고 일축해버린 보고서였다. 피트는 왜 이스라엘이 그 보고서에 따라 행동하기로 결정했는지를 묻는다. 모사드 관리는 제4차 중동전쟁 이후 이스라엘이 채택한 '열 번째 사람 독트린Tenth Man Doctrine' 때문이라고 말한다.

"1973년 10월 직전에 우리는 아랍 병력의 이동을 포착했지만 만장일치로 그것이 위협이 아니라고 판단했습니다. 그런데 한 달 뒤 벌어진 아랍의 공격으로 우리는 거의 물고기 밥이 될 뻔했습니다. 그래서 우리는 변화를 만들기로 결정했습니다." 이스라엘 요원이 계속 설명한다. "똑같은 정보를 가진 사람 열 명 가운데 아홉 명이 똑같은 결론에 도달한다면, 거기에 반대하는 게 열 번째 사람의 의무가 되었습니다. 아무리 옳게 보일지라도, 열 번째 사람은 다른 아홉 명이 틀렸다는 가정하에 생각해야 합니다."

이 경우 그 요원이 바로 그 열 번째 사람이었다. 그가 동료들에게 예방 조치로서 이스라엘 국경을 폐쇄하자고 설득해서 좀비 바이러스를 막을 수 있었다.

'열 번째 사람 독트린'은 영화에서는 별로 중요하지 않았다. 몇 분 뒤 좀비들이 통곡의 벽에 들이닥쳤기 때문이다. 그런데 내게는 그 독트린이 매우 중요했다. 내가 좀비 퇴치 방법을 생각하는 데에 시간을 많이 썼기 때문이 아니다. 기업이 어떻게 더 좋은 계획을 세울 수 있을지, 어떻게 집단사고 groupthink를 극복할 수 있을지, 그리고 대기업에서 성공의 발꿈치에 자주 따라붙는 현실 안주의 저주를 어떻게 피할 수 있을지를 많이 고민했기 때문이다.

2년 전 나는 《미국의 상징American Icon》이라는 책을 썼다. 그 책은 베스트셀러가 됐다. 미국과 여러 나라의 많은 CEO가 새로운 리더십 모델의 매뉴얼로 그 책을 채택했다. 그 책은 앨런 멀러리Alan Mulally가 포드자동차뿐만 아니라 보잉항공사를 구하기 위해 사용했던 관리 시스템에 대한 미래지향적 데이터 중심의 접근 방식을 담았다. 많은 CEO가 앨런 멀러리의 방법에 대해 더 알고 싶어 했다. 상당수는 자신들의 조직에 앨런 멀러리의 아이디어를 구현하고자 내게 도움을 요청했다. 나는 기업들이 스스로의 문제를 해결하도록 돕는 것이 글을 쓰는 것보다 더 보람 있게 생계를 유지하는 방법임을 즉각 깨달았다. 나는 20년 동안 경제부 기자로 몸담은 《디트로이트뉴스 Detroit News》를 그만두고 경영 컨설턴트로서 새로운 경력을 시작했다.

나는 앨런 멀러리의 관리 시스템이 제대로 작동한다는 걸 알았다. 그 시스템이 포드자동차를 구하는 걸 보았고, 나 역시도 그 시스템으로 두 회사를 도와서 그들의 상황에 맞게 극적으로 개선하도록 활용한 적이 있다. 다만 나는 이 시스템만으로는 충분하지 않다고 느꼈다. 나 말고도 그런 우려를 하는 사람이 또 있었다.

헨리 포드Henry Ford의 증손자이자 포드자동차의 회장인 빌 포드Bill Ford 는 한 가지 걱정 때문에 밤잠을 이루기가 어렵다고 내게 털어놓았다. 포드자동차의 구성원들이 새로운 성공을 당연한 것으로 받아들여서 앨런 멀러리가 그토록 힘들게 되살려놓은 회사의 경쟁력을 잃을 수도 있다는 걱정이었다. 앨런 멀러리가 파산의 위기에 내몰린 포드자동차를 구하고 기록적인 수익률을 달성한 건 분명한 사실이다. 또한 그는 포드자동차의 낡고 녹슨 기업 문화를 새롭게 만들기 위해 협력적인 팀 기반의 관리 시스템을 도입했다. 그러나 빌 포드가 가장 잘 알듯이, 포드자동차는 과거에 성공을 낭비했기에 다시 한번 그런 상황이 벌어질지도 모른다고 그는 우려했다.

"그런 걱정이 항상 내 머릿속에 가득합니다." 빌 포드가 나에게 말했다. "우리가 어떻게 하면 과거의 전철을 되풀이하지 않을 수 있을까요? 어떻게 하면 효율적이면서 성공을 갈망하는 조직 문화를 유지할 수 있을까요? 어떻게 하면 포드자동차의 혁신을 계속 이어갈 수 있을까요?"

앨런 멀러리의 경영 시스템은 고위급 임원들에게 그들의 계획과 가정假定을 지속적으로 검토하도록 요구했다. 그러나 나는 그 계획과 가정의 효과가 길게 유지될수록 포드자동차의 최고 경영진이 의문을 제기하기가 어려워지리라는 점을 알았다. 현실 안주는 인간 본성의 일부다. 지금 일이 잘되면 우리 대부분은 그 일이 앞으로도 잘될 거라고 자연스럽게 기대한다. 집단사고 또한 인간 본성의 일부다. 우리는 사회적 동물이기에 사람들 대부분은 자신의 믿음보다 조직 순응에 더 큰 가치를 부여한다. 특히 내부 정치의 오른쪽에 머무르는 것(권력자의 편에 서는 것)이 직업 안정과 승진의 열쇠인 대규모 조직에서는 더욱 그렇다.

많은 사람이 포드자동차 같은 거대 다국적기업을 근본적으로 비인간적인 것으로 간주하지만, 나는 기자로서 다양한 취재를 통해 이들 조직이 실제로는 인간의 본성을 확대하고 때로는 그것이 문제가 될 정도로 커진다는 사실을 알게 되었다. 처음에 포드자동차를 곤경에 빠뜨린 건 현실 안주와 집단사고였다. 미국 내 경쟁업체인 제너럴모터스GM와 크라이슬러Chrysler처럼, 포드자동차는 제2차 세계대전 이후 수십 년 동안 향유한 성공을 당연하게 여겼다. 노사 모두, 성공이란 매일같이 나가서 싸워 쟁취해야 할 것이 아니라 타고난 권리로 보았다. 외국 경쟁업체가 파격적인 방식으로 미국 자동차 제조사를 이길 방법을 찾아냈지만, 디트로이트의 빅 3(포드, GM, 클라이슬러)는 그들이 생산하는 빛바랜 자동차가 여전히 경쟁력이 있다고 믿었다. 이런 자기도취는 중역 회의실에서부터 공장 바닥에까지 확산돼 있었다. 노동자들은 자신들이 받는 과잉 임금과 혜택이 경기 침체에 영향을 받지 않고 세계화의 압력에도 끄떡없을 거라는 잘못된 믿음에 사로잡혀 있었다. 디트로이트가 그런 환상에서 깨어나고 미국 자동차 회사들이 대마불사大馬不死라는 믿음에 안주하지 않기 위해서는 대불황을 겪어야만 했다.

다행스럽게도 앨런 멀러리가 현실의 폭풍보다 앞서 포드자동차에 도착했다. 그는 회사 구성원에게 기존 제품과 관행을 철저하게 재검토하게 했다. 세계 신용 시장이 문을 굳게 닫기 전에 포드자동차의 문제점을 뜯어고칠 충분한 자금도 빌렸다. 반면 GM과 크라이슬러는 운이 좋지 못했다. 그들은 파산의 벼랑 끝에 몰려, 미국 납세자들의 혈세를 지원받고서야 간신히 살아남았다. 앨런 멀러리의 리더십 덕분에 포드자동차는 스스로를 구해냈다. 그러나 문제는 '그 생명력이 얼마나 지속될 수 있을까'라는 질문이었다.

앨런 멀러리가 은퇴할 날이 다가오고 후계자에 관한 추측과 소문이 떠돌기 시작하면서, 포드자동차에 관한 책을 쓴 사람으로서 내가 수없이 많이 받은 질문이 바로 그거였다. 나는 앨런 멀러리가 구축한 시스템이 포드자동차를 올바른 궤도에 안착시킬 수 있다는 걸 알았다. 하지만 앨런 멀러리가 주장했던 것처럼 흔들림 없는 정직함unflinching honesty이 동반되는 경우에만 가능한 얘기였다. 그가 포드자동차의 만성적 질병인 현실 안주와 집단사고를 어느 정도 치료했지만, 그 질병을 완전히 없애지는 못했다고 나는 생각했다. 브래드 피트가 좀비 바이러스 치료법을 찾기 위해 계속 모험했듯, 열 번째 사람 독트린이 이러한 경영상의 병폐를 치료할 방법이 아닐까 하는 궁금증이 내 머릿속에서 점점 커졌다.

무엇보다 먼저, 나는 그런 독트린이 정말로 존재하는지 알아야 했다.

나는 전직 이스라엘방위군IDF 대변인인 에이턴 부크먼Eytan Buchman을 찾아가 사실과 허구를 구분하는 데 도움을 받고자 했다.

"이스라엘군에는 실제로 그와 비슷한 독트린이 있지만, '열 번째 사람 독트린'이라고 부르지는 않습니다." 부크먼이 설명했다. "제4차 중동전쟁이 끝난 후 IDF 정보부는 여러 정보기관 내에 널리 퍼져 있는 가정假定에 대항할 악마의 옹호자 격인 레드팀을 창설했습니다."

그는 코드명 '이프차 미스타브라Ipcha Mistabra'라는 작은 엘리트 조직에 관해 설명했다. 이는 탈무드에서 흔히 사용되는 아람어(고대 이스라엘 언어의 일종)로서 '반대로 현실은 다르게 보인다'라는 뜻이다. 엘리트 조직의 모토는 '생각하는 자가 승리한다'였다.*

그래서 그 독트린은 사실로 확인되었지만, 어떻게 작동했을까?

● 이 모토는 영국이 자랑하는 공수특전대SAS의 슬로건인 '대담한 자가 승리한다'의 변형이다.

나는 '악마의 옹호자'가 무엇인지는 알고 있었다. 내가 몰랐던 건 (곧 알게 되었지만) 그것이 로마가톨릭교회의 실제 직책이라는 사실이었다. 악마의 옹호자avocatus diaboli는 '신앙의 옹호자promotor fidei'에게 주어진 별칭이다. 신앙의 옹호자는 예부성성Sacred Congregation of Rites의 중요한 관리로, 성인saint 후보자의 인물 됨됨이와 그가 행한 기적이라고 떠도는 소문을 비판적으로 분석해서 모든 후보 지명에 어깃장을 놓는 임무를 맡았다. 이 임무는 시간이 지남에 따라 바뀌었지만, 가톨릭교회는 지금도 성인 후보자를 검증하는 과정에서 비판적인 증인을 소환한다. 예를 들어, 2002년에 가톨릭교회는 시복諡福 과정에서 테레사 수녀를 상대로 증언하기 위해 무신론자인 크리스토퍼 히친스Christopher Hitchens와 아룹 채터지Aroup Chatterjee를 불렀다. 히친스는 나중에 이에 대한 보수를 받지 않았으니 자신은 무료로 봉사하는 악마를 대표한다고 불평했다.

일반인들에게는 코미디처럼 보일 수도 있지만, 나는 이와 같은 분석 기법이 군대의 전략과 계획을 스트레스-테스트하는 데 어떻게 활용될 수 있는지 파악할 수 있었다. 또 이 기법은 군대뿐만 아니라 민간 기업이 신제품 전략이나 합병 제안서, 사업 계획을 검토하는 데에도 활용할 수 있다.

그런데 에이턴 부크먼이 언급한 '레드팀'은 무엇일까?

디트로이트에서 자동차 산업을 취재하기 전, 1990년대에 나는 많은 시간을 실리콘밸리에서 하이테크 산업을 취재하면서 '화이트햇white hat' 해커 단체와 관련해 '레드팀'이라는 용어가 사용된다는 말을 들었다. 화이트햇은 의뢰받은 컴퓨터 네트워크에 침입해 취약성을 노출시켜 악의적인 '블랙햇black hat' 해커가 침입하기 전에 허점을 보완할 수 있도록 해주고 대가를 받는 컴퓨터 전문가들이다. 레드팀은 복잡한 컴퓨터 네트워크와 컴퓨터에 저장된 데이터를 보호하기 위해 널리 활용되었다. 그러나 이들은 에이턴 부크먼이 말한 '레드팀'과는 성격이 달라 보였다.

사실 레드팀에는 여러 종류가 있다. 실리콘 밸리에서 활동하는 사이버보안 레드팀 이외에도, 정부의 비밀 시설에서부터 민간 기업의 연구소에 이르기까지 모든 분야에서 보안을 담당하는 침투 테스트 레드팀이 존재한다. 예를 들어, 미국 국토안보부의 레드팀은 공항 입국심사대에 가짜 폭탄으로 무장한 요원을 파견해 교통안전국의 직원들이 그들을 찾아 체포할 수 있는지 테스트한다. (직원들이 이들을 찾아내지 못하는 경우가 매우 자주 발생한다.) 군대나 비즈니스에서 수행하는 워게임에서도 불량 국가 또는 경쟁업체를 의미하는 가상의 적으로 위협 시뮬레이션 레드팀을 활용한다. 또 의사 결정 지원 레드팀도 있다. 이 레드팀은 전략, 계획, 이론을 스트레스-테스트하기 위해 비판적이고 역발상적인 사고방식을 사용한다. 이들이 바로 에이턴 부크먼이 말한 유형의 레드팀이다. 이들에 대해 더 많이 알게 되면서 나는 이런 유형의 레드티밍이 집단사고와 현실 안주를 극복하고, 빠르게 변화하는 세계와 불확실성이 커지는 세계에 대처하는 데 반드시 필요하다는 사실을 확신했다.

이스라엘 사람들이 레드티밍의 잠재력을 최초로 깨달았지만 마지막은 아니었다. 2001년 9·11 테러와 뒤이은 전쟁의 재앙은 미국 정보기관과 국방부를 참담하게 만들었고 그들에게 새로운 사고방식과 대안 분석 방법을 찾도록 압박했다.

9·11 테러는 미군의 장성들과 정보기관 수장이 정신이 번쩍 들게끔 만든 사건이었다. 1991년 소련이 붕괴되고 미국 주도의 연합군이 이라크와 벌인 일방적 전쟁에서 엄청난 승리를 거두자, 그들은 미국의 기술적 우월성과 정보 장악력이 앞으로도 미 본토의 안전과 해외에서의 승리를 보장하리라 확신했다. 하지만 세계무역센터 쌍둥이 빌딩의 폐허와 아프가니스탄과 이라크에서의 고달픈 전쟁을 통해 그들은 자신들의 생각이 얼마나 잘못되었는지를 깨달았다.

미국 정보기관과 군 기획자들은 세계에서 미국이 직면한 도전과 기회에 대해 더 깊이 더 비판적으로 들여다보고 앞으로는 유사한 실수를 저지르지 않기로 결심했다. 이를 위해 그들은 비판적 사고를 강화하고 집단사고를 극복하는 기법을 연구했다. 이러한 기법을 활용해 전략과 계획을 평가하는 레드팀을 구성했다. 레드팀은 미국 정부에 보고되는 정보에 관한 대안적 해석을 제공하고 아프가니스탄과 이라크에서 저항 세력과 싸우는 기존 전략의 허점을 찾아냈다.

레드팀의 예리한 통찰력과 냉철한 분석력을 보고 미국뿐만 아니라 전 세계의 많은 이들이 놀랐다. 미군의 레드팀이 작성한 보고서가 연합군에 공유되자, 다른 국가들은 이 역발상적인 접근 방식의 가치를 알아보고 모방하려 애썼다. 얼마 후 영국, 캐나다, 호주 정부도 레드팀을 창설했다.

이들 정부는 미 육군이 포트 레번워스에서 진행하는 체계적인 레드팀 교육 훈련 프로그램에도 관심을 보였다. 이 프로그램은 레드팀 교육을 위한 최고의 모델이었다. 미 육군의 라이벌인 미 해병대도 이 프로그램을 배우기 위해 장교들을 파견할 정도였다. 국토안보부, 관세국경보호청, 법무부 마약단속국 같은 다른 정부 기관도 마찬가지였다. 레드티밍에 관해 알아야 할 모든 것을 배우고 싶다면 포트 레번워스가 바로 최적의 장소였다. 정부나 군대에 소속되지 않은 외부인은 누구도 미 육군 레드티밍의 전체 교육 과정을 배우는 걸 허가받은 적이 없었다. 나는 허가받은 최초의 외부인이 되기로 결심했다.

나는 펜타곤에 전화를 걸어 포트 레번워스 교육 과정에 등록할 수 있는지 물었다.

♟

육군의 첫 답변은 놀랍지 않게 "안 됩니다."였다. 그러나 20년 넘게 기자로 살면서 내가 배운 건 '안 됩니다'를 최종 답변으로 여기지 말라는 점이었다. 나는 포트 레번워스의 교육 프로그램 책임자인 은퇴한 육군 대령 스티브 로트코프Steve Rotkoff에게 직접 연락했다. 그는 2004년에 레드티밍을 활용한 의사 결정 지원 아이디어를 처음 제안한 장교 중 한 사람이었다. 들은 바로는 그는 가장 열렬한 레드티밍 전도사였다. 군대에서 나를 도와줄 누군가가 있다면, 그 사람이 바로 로트코프일 거라고 나는 확신했다. 스티브 로트코프에게 전화할 무렵, 나는 레드티밍에 관한 모든 자료를 찾아 읽었다. 로트코프가 제작을 도운 〈미 육군 레드티밍 교본U.S. Army Red Team Manual〉도 읽었다. 이 교본을 여러 번 정독하면서 나는 육군 레드팀이 군사적 가치뿐 아니라 실용적인 비즈니스 가치를 창출했음을 확신했다. 교본에는 역발상 사고를 기업의 계획 및 의사 결정 프로세스의 일부로 만드는 체계적인 방법이 담겼다. 레드티밍이 군대처럼 매우 계급적이고 관료적인 조직에서 잘 작동한다면, 기업에서도 마찬가지일 거라고 나는 생각했다. 레드팀잉에 관련해 여러 기업의 통찰력이 뛰어난 고위 임원들과 함께 토론했을 때, 그들은 나만큼이나 큰 관심을 보였다.

"언제쯤이면 우리에게 레드팀잉을 제대로 가르쳐줄 수 있습니까?" 한 CEO가 내게 질문했다. 내가 레드팀잉이 실제로 기업에 무엇을 제공할 수 있을지를 정확하게 파악하려고 할 때였다. "우리에겐 이런 분석 기법이 지금 당장 필요합니다."

나는 기업 임원들이 이 정도로 즉각적이고 커다란 관심을 보인 아이디어를 접한 적이 없었다. 그러다가 레드팀잉이 비즈니스 업계의 판도를 바꿀 만한 파격적인 아이디어라고 확신한 결정적 계기가 있었다. 아마존과 구글의 경영진과 접촉했을 때 보인 그들의 반응 때문이었다.

아마존과 구글은 전체 산업을 파격과 혁신으로 이끄는 걸로 유명하다. (하지만 당신이 경쟁사라면 '악명 높다'라는 표현을 쓰고 싶을 것이다.) 다른 회사들은 그들의 성공 비밀을 파악하려고 필사적으로 연구한다. 구글과 아마존에서 일하는 내 친구들에게 레드팀잉을 설명하자 모두 똑같은 반응을 보였다. "그건 정말 낯설지 않아. 우리 업무 수행 방식과 상당히 비슷해."

아마존에 있는 직책이 꽤 높은 친구는 이렇게 말했다. "우리는 그걸 레드팀잉이라고 부르지 않아. 사실 그걸 부르는 특별한 이름은 없지. 다만 우리는 자네가 설명하는 걸 내부 계획 프로세스의 일부로 많이 시행해. 아마존은 항상 그래왔거든. 제프 베조스Jeff Bezos CEO가 주입한 거야. 그가 처음부터 그걸 아마존의 DNA로 만든 거지. 우리가 다른 회사를 연구하고 그들이 하는 일을 그들보다 더 잘하는 방법을 알아낼 때 그 방법이 매우 효과적이더군. 다른 회사들, 특히 오래된 회사들은 어떻게 하면 아마존처럼 될 수 있을지 내게 자주 질문하지. 그러면 나는 어떻게 대답해야 할지 전혀 모르겠더군. 영업 비밀을 유출하는 멍청이가 되고 싶지는 않으니까. 다만 이렇게 말하지. '당신이 그렇게 될 수 있는 유일한 방법은 모든 것을 백지 상태에서 다시 시작하는 겁니다. 그게 바로 아마존이 처음부터 항상 수행해온 방식이기 때문입니다.' 지금까지는 그게 내가 생각해낸 가장 좋은 대답이었어. 하지만 이제 자네가 더 좋은 대답을 찾은 것 같군. 아마도 레드티밍이 이런 회사들에게 아마존과 비슷하게 생각할 수 있도록 가르치는 방법일 것 같네."

나는 스티브 로트코프에게 기업 경영진들이 레드티밍에 엄청난 관심을 보인다고 이야기했다. 새로운 경쟁자, 새로운 기술과 21세기의 새로운 비즈니스 현실에 맞서기 위해 노력하는 회사에 레드티밍이 얼마나 중요한지를 그에게 이야기했다. 나는 회사가 이해할 수 있는 방식으로 레드티밍을 설명하는 책을 써서 그들이 이를 활용해 도전과 기회를 다룰 수 있도록 하고 싶다고 말했다. 그리고 레드티밍을 조금이라도 아는 사람들 모두가 포트 레번워스야말로 이 혁신적인 분석 기법을 배울 수 있는 세계에서 가장 좋은 장소라며 한목소리로 추천했다고 전했다.

로트코프는 자신이 할 수 있는 걸 도와주겠다고 화답했다.

"몇 군데 전화해보겠습니다." 그가 말했다.

스티브 로트코프가 이상적인 육군 장교 모델은 아니다. 그는 평균 키와 평균 이상의 허리둘레를 가진 유태계 뉴요커다. 눈썹이 덤불처럼 짙고 강한 브루클린 악센트를 쓴다. 그의 자녀들은 아빠를 만화 캐릭터 호머 심슨과 영화 〈대부〉의 주인공 비토 콜레오네를 혼합해 묘사한다.

로트코프도 인정한다. "나는 육군이 좋아하는 지아이조G.I.Joe 모델에는 적합하지 않습니다. 나는 사탕발림도 좋아하지 않아요."

그는 1955년 뉴욕 브루클린 플랫부쉬에서 태어났다. 그의 아버지는 뉴욕에서 광고기획사를 운영한 사업가였다. 직원이 5~6명 정도인 소규모 회사였다. 회사에서 수주하는 광고의 양에 따라 가족의 운명이 달라졌다. 로트코프가 열두 살이 되던 무렵 아버지의 사업이 번창하자 로트코프의 가족은 브루클린을 떠나 크로톤온허드슨으로 이사했다. 그러나 그가 대학에 진학할 무렵 아버지의 사업이 기울었다.

"너는 똑똑한 아이다." 로트코프가 고등학교 3학년이 되었을 때 아버지가 말했다. "장학금을 받을 수 있는 학교에 가라."

다음 날, 웨스트포인트 생도가 크로톤하몬 고등학교를 방문해 미 육군사관학교를 홍보했다. 학비가 무료일 뿐 아니라 사관후보생도 월급을 받는다는 사실을 듣고는 스티브 로트코프는 지원 방법을 물었다. 그가 육사에 합격하자 부모님은 안심했지만 친척들은 시큰둥했다.

"왜 코사크Cossack(러시아 민병대)가 되려는 거냐?" 친척들은 그들의 가족은 물론 수많은 유대인을 동유럽에서 내쫓은 러시아 민병대를 언급하면서 로트코프에게 따져 물었다. 당시 친척들은 모든 군인을 경멸과 공포의 대상으로 보았다. 로트코프는 코사크처럼 잔인한 군인이 될 생각은 없다며 친척들을 설득했다. 그는 나름대로의 계획이 있었다. 육사를 2년간 다니면서 사관생도 월급을 저축한 다음 군 복무 의무가 생기기 전에 일반 대학교로 편입할 계획이었다. 그리고 로스쿨을 졸업한 후 맨해튼의 탄탄한 로펌에서 능력 있는 변호사로 일하고 싶었다.

"친척들에게는 안타까운 일이었지만, 나는 육사가 일단 입학한 생도들을 매혹시키는 엄청난 곳이라는 걸 알게 되었어요. 하버드에서 육사로 편입은 가능하지만 육사에서는 퇴교만 가능다는 점을 육사는 상기시킵니다. 웨스트포인트 사관생도 대부분은 중도 포기자가 아니기 때문에 그건 매우 효과적인 전략입니다. 나도 마찬가지였어요." 스티브 로트코프가 회상했다. "나는 가족에게 의무 복무 기간 5년을 채운 다음 전역해서 법대에 다니며 변호사가 될 거라고 말했어요. 하지만 일단 육군 장교가 되자 내가 정말로 군대를 좋아한다는 사실을 알게 되었지요."

첫 상관인 잭 제이콥스Jack Jacobs 소령이 로트코프의 신랄한 유머 감각에 공감하는 브루클린 출신의 유태인이었다는 점도 도움되었다. 또 제이콥스 소령은 제2차 세계대전이 끝난 후 미국 의회의 명예훈장을 받은 단 세 명뿐인 유태인 중 한 명이었다. 베트남 전쟁에서 세운 무공의 답례로 그는 은성훈장 두 개, 동성훈장 세 개, 퍼플하트훈장 두 개를 달고 조국에 돌아왔다. 제이콥스 소령은 로트코프의 멘토가 되었고 '코사크'로 성공할 수 있음을 보여주었다.

스티브 로트코프는 군사정보 분야에서 자신의 장점을 발견했다. 그 분야에서는 그의 예리한 지성이 보상받았고 날카로운 혀가 용납됐다. 정보장교로 탁월한 능력을 발휘한 로트코프는 미국 정부로부터 석사 학위 세 개를 취득하도록 지원받았다. 육군은 그를 엘리트 코스인 상급군사연구학교SAMS에 등록시켰다. 이 과정의 졸업생은 '제다이 기사'로 불린다. 2001년 9월 11일, 대령으로 진급한 스티브 로트코프는 텍사스주 포트 후드의 제504군사정보여단을 이끌었다. 그 '운명의 날'에 그는 신임 육군 정보 부대장과 회의하기 위해 애리조나 후아추카 기지에서 다른 고위급 정보장교들과 함께 있었다. 첫 번째 비행기가 세계무역센터와 충돌했을 때, 로트코프는 기지 체육관에서 아침 운동을 마친 후 샤워실로 향하는 중이었다. 그는 반쯤 벗은 다른 남자들과 함께 라커룸 텔레비전 주위에 모여 그가 살았던 도시, 뉴욕이 불타는 걸 지켜보았다. 몇 시간 후 그는 전쟁을 위해 여단을 준비시키라는 명령을 받고 후드 기지로 향하는 군용 제트기에 몸을 실었다. 전쟁 준비가 진행될 동안, 로트코프는 제임스 마크스James Marks 소장에게 이라크 지상군 정보 탐지를 도와달라는 요청을 받았다. 마크스 소장은 당시 아라비아사막에 모인 연합군 사령관인 데이비드 맥키어넌David McKiernan 장군의 정보보좌관이었다. 로트코프는 웨스트포인트에서 마크스 소장 2년 후배였다. 마크스 소장은 로트코프가 육군에서 가장 현명한 장교 중 한 명이라고 여겼다. 그는 로트코프에게 자신의 부관이 되어달라고 요청하면서 진심을 말하는 것을 두려워하지 않는 참모가 필요하다고 말했다. "자네에게 내 귀에 거슬리는 말을 하고 선을 넘는 발언을 할 수 있는 완전한 권한을 주겠네."

로트코프가 거절할 수 없는 제안이었다.

그는 이라크 침공을 계획하는 임무에 자신의 모든 능력을 쏟아부었다. 그의 모든 경력이 이때 시작되었다. 그는 가슴이 뛰었지만 걱정스럽기도 했다. 모든 일이 너무 빨리 진행되고 있다는 찜찜한 느낌을 떨칠 수 없었다.

그는 정보팀과 함께 위성사진을 조사했다. 사담 후세인이 숨겨둔 대량살상무기WMD를 찾아 이를 연합군에 사용하지 못하도록 하기 위해서였다. 당시 연합군의 첫 번째 탱크 부대가 이라크 국경 바로 남쪽에 도열해 있었다. 2003년 3월 20일 이 탱크들이 공격개시선을 넘을 무렵, 로트코프는 미국이 큰 실수를 저지르고 있다고 확신했다. 그 실수는 미국이 더 조심스럽게 모든 상황을 판단할 때만 피할 수 있었다. 누군가는 이라크라는 나라와 그곳 사람들에 관해 미군이 세운 가정에 도전해야 했다. 아무도 묻지 않으려는 힘든 질문을 던져야 했다.

스티브 로트코프는 전쟁 일지에 자신의 감정을 짧은 메모로 적었다.

> WMD는 도대체 어디 있는가?
> 처음부터 없었다면 완전한 헛발질이다.
> 뼈아픈 실수다.
>
> 사담 친위대.
> 도대체 그놈들은 어디서 온 건가?
> 모두가 그걸 놓쳤다.
>
> 우리는 싸우는 법을 알았다.
> 하지만 그건 국가를 건설하는 게 아니다.
> 우리는 평화를 잃을지도 모른다.

2년 후, 미군과 연합군이 거둔 승리가 조급함으로 너무나 쉽게 허물어지는 걸 지켜본 후, 로트코프는 그런 일이 결코 다시는 일어나지 않게 하는 시스템을 만들도록 육군의 최고위급 장성들을 설득하는 데 일조했다. 육군은 그 시스템을 레드티밍이라고 불렀다.

스티브 로트코프는 2015년 2월 내게 연락했다. 레드팀 교육에 참가하도록 허락받았으니 한 달 안에 포트 레번워스에 등록해야 한다는 전화였다.

"내게 올바른 조언을 해줄 수 있는 제대로 된 변호사를 결국 찾아냈습니다." 로트코프가 웃으며 말했다. "군대에서는 일이 통과되는 데 오래 걸리지만, 일단 통과되면 신속하게 처리됩니다."

이제 나는 앞으로 4주 동안 할 일이 많았다. 로트코프는 나를 레드티밍 프로그램뿐만 아니라 레드팀 지도자 과정에도 넣어주었다. 레드팀 지도자 과정은 육군의 레드팀을 이끄는 장교를 교육하는 코스다. 이는 육군의 해외군사문화연구대학UFMCS에서 3개월간 연수받는 걸 의미했다.

"먼저 당신에게 경고할 게 있어요. 이건 매우 강도 높은 프로그램입니다." 캔자스로 출발하려는 내게 로트코프가 말했다. "우리는 교육생들에게 정말로 스스로를 의심하고 자신의 생각에 도전하고 자신의 경험을 비판적으로 바라보도록 압박할 겁니다. 당신 급우들 중 상당수는 주어진 임무에 따라 매우 힘든 경험을 했을 것이고, 대부분 졸업하는 즉시 현장으로 재배치될 겁니다. 그만큼 교육 과정은 화기애애한 전형적인 대학원 세미나가 아닙니다."

그렇지 않았다. 급우 중에 민간인이 존재하는 것에 익숙해지자 모든 교육생이 훨씬 부드러워졌다.

수업 첫날 표나지 않게 강의실에 들어가는 임무를 완수하지 못한 터라, 나는 벤슨 박사가 강의에 투자할 시간을 거의 낭비하지 않았다는 점에 감사했다. 나에게 신경 쓰는 대신 급우들은 내 옆에 앉은 소령의 설명대로 곧 '강의실 R.O.E(교전 규칙)'에 집중했다. 그는 앞으로 몇 달 동안 나를 위해 군사 약어를 해석하는 데 많은 시간을 할애해줄 것이었다. 이어진 자기소개 시간에 나는 이 남성들과 한 여성이 미군이 레드티밍을 개발하는 계기가 된 실수와 실패를 직접 목격했다는 걸 알게 되었다. 그들은 실수의 대가가 무엇이었는지 잘 알았다. 그들 중 일부는 직접 그 엄청난 대가를 치러야 했다. 이들에게 숨길 수 있는 전쟁 비화는 없었다. 그들은 전쟁 진행 상황을 꿰뚫고 있었고 미군이 실수를 뒤처리하는 걸 도왔다. 그들은 단결을 강조하고 주먹을 움켜쥐면서 '네, 알겠습니다!'를 외치는 전형적인 미군 모델과는 거리가 멀었다. 그들은 비판적이고 분석적이었다. 즉, 그들은 레드팀원이 되기에 이상적이었다.

내 소개를 할 순서가 되었을 때, 나는 그들에게 내가 어떻게 레드티밍에 관심을 갖게 되었는지, 왜 그것이 비즈니스에서 큰 가치가 있다고 확신하는지, 어떤 방식으로 그 비밀을 더 넓은 세상과 공유하고 싶은지 말했다. 나는 그들에게 교실 수업을 녹음할 수 있도록 허락해달라고 요청했다. 아무도 반대하지 않았다. 그날 저녁, 우리가 기지 도서관에서 교과서를 공부하고 있을 때, 우리 학급의 정보장교가 내 어깨에 두드렸다.

"당신 이야기 좀 재미있더군." 그가 엷은 미소를 지으며 말했다. "전직 언론인에 지금은 경영컨설턴트라. 그건 스파이가 사용하는 전형적인 신분 위장

수법이야."

"헉!" 내가 허를 찔린 표정을 지으며 말했다. "모두 속은 줄 알았는데."

내 반응에 모두들 웃음을 터뜨렸고, 급우들과 잘 어울릴 수 있을까 걱정했던 내 생각이 완전히 틀렸음이 입증되었다. 다음 날, 나를 더욱 편하게 해주려는 의도에서 앞으로 3개월 동안 강의실에서 군복을 입지 말자는 쪽으로 의견이 모아졌다.

그리고 나는 정말로 편안해졌다. 나는 단지 교육생의 일원으로 급우들에게 받아들여진 게 아니라 그들 중 몇 명과 진정한 친구가 되었다. 이후 몇 달 동안 나는 그들을 더 잘 알게 되었고, 그들의 고유한 관점을 통해 레드티밍이 왜 그토록 가치 있고 그토록 필요한지를 더 깊이 인식하고 이해할 수 있었다. 우리의 야간 독서 과제는 평균 200페이지 이상이었다. 우리는 대니엘 카너먼Daniel Kaheman이나 게리 클라인Gary Klein 같은 저명한 학자들이 쓴 인간 사고와 의사 결정의 심리학에 관한 책을 읽었다. 리처드 호이어Richard Heuer나 모건 존스Morgan Jones 같은 전직 스파이들이 저술한 첩보 분석 매뉴얼을 공부했다. 인류학, 종교, 역사에 관한 책도 읽었다. 물론 우리는 전쟁 계획을 연구하고 카를 폰 클라우제비츠Carl von Clausewitz와 앙투안 앙리 조미니Antoine-Henri Jomini 등이 쓴 군대 고전도 읽었지만, 마이클 루이스Michael Lewis나 피터 센게Peter Senge 같은 저자의 비즈니스 서적도 많이 읽었다. 비즈니스 세계가 군에서 많은 것을 배울 수 있다고 여기듯, 군 역시 비즈니스 세계에서 많은 것을 배울 수 있다고 생각했다.

교육 기간이 절반쯤 지났을 때 앨런 멀러리에게서 전화가 왔다. 내가 포트 레번워스에서 군인들과 함께 지내고 있다고 말하자, 그는 자기 고향인 캔자스주에서 내가 뭘 하고 있는지 궁금해했다. 나는 레드티밍에 관해, 그리고 계획과 전략을 개선하기 위한 육군의 노력에 관해 이야기해줬다.

"그게 바로 내 경영 시스템의 핵심이에요. 위험만을 관찰하는 게 아니라, 기회를 관찰하고 그걸 회사의 경영 환경에 맞게 구축해 고위 리더십팀이 지속적으로 이를 점검하도록 하는 거지요." 앨런 멀러리가 내게 말했다. "경쟁사도 변화하고 기술도 변화하고 있기 때문에 우리는 결코 안주할 수 없어요. 항상 스스로에게 엄격한 질문을 던지면서 고객에게 다가가고 비즈니스를 성장시킬 수 있는 더 나은 계획을 세워야 합니다."

앨런 멀러리는 2014년 여름 포드자동차 CEO에서 물러났다. 이후 미국 전역을 여행하면서 여러 대기업의 고위 경영진들과 이야기를 나눴다. 이를 통해 그가 더욱 확신한 것은 그러한 엄격한 질문을 던지는 일이 반드시 필요하다는 점이었다.

"그런 질문을 던진다는 건 짜릿한 일이에요. 그건 건강한 일입니다. 당신이 지금 하고 있는 일에 대해 그런 엄격한 질문을 던진다면, 내가 여행하면서 만났던 사람들처럼 불안감으로 한밤중에 깨어나지 않아도 될 거요." 멀러리가 말했다. "바로 지금 모든 사람들은 다음 우버Uber를 주목하고 있어요. 모두가 망할까 봐 걱정합니다. 그러나 그런 걱정을 할 시간에 차라리 회사의 운영 방식을 현실과 고객의 눈높이에 맞게 바꾸는 게 어떨까요?"

나는 앨런 멀러리에게 그게 바로 레드티밍이 지향하는 것이라고 말하면서, 포트 레번워스에서 배운 몇몇 도구와 기법을 설명했다.

"그런 접근 방식은 필수적이에요." 멀러리가 말했다. "내가 주목해온 세계적으로 앞서가는 기업들은 자신의 현 위치에 결코 만족하지 않습니다. 그들은 항상 더 나은 계획을 찾고 있어요. 그들은 현재 자신의 제품과 서비스가 있는 곳에 결코 안주하지 않습니다. 당신의 레드티밍과 나의 '함께 일하는 경영 시스템'을 결합시키면 정말 강력한 도구가 될 겁니다. 왜냐하면 바로 그게 '함께 일하는 것'의 목표이기 때문이에요!"

우리는 2015년 6월 졸업했다. 나머지 급우들과 마찬가지로 나는 미 육군으로부터 공식적인 레드팀 지도자 인증서를 받았다. 급우들과 달리, 나는 미시간에 있는 집으로 돌아왔다. 그들은 이라크, 한국, 아프리카의 몇몇 작전지역에서 다음 임무를 수행한다고 했다. 나는 레드티밍을 계속 연구하고 교육했다.

나는 미 해병대와 함께 공부했고 영국 국방부와 NATO(북대서양조약기구)의 주요 레드팀 지도자들과 이야기를 나누었다. 정보 분야에서 선도적인 역할을 한 사람들과 다른 정부 기관의 레드팀원을 찾아냈다. 레드티밍의 과학적 토대를 제공한 인지심리학자를 만났으며, 더 나은 계획을 세우고 더 건전한 결정을 내리고 더 나은 투자를 하기 위해 레드티밍 기법을 활용하는 회사의 임원들과 대화했다. 동시에 컨설팅 고객과 함께 레드티밍의 도구와 기법을 시험했으며, 전 세계의 회사가 레드티밍을 활용해 계획을 개선하고 전략적으로 더 나은 결정을 내리도록 지원했다. 그 과정에서 나는 군대와 정보 커뮤니티에서 배운 방법을 다듬었다. 비즈니스의 고유한 요구에 맞게 기법을 수정했고, 이미 민간 부문에서 사용 중인 새로운 도구를 통합했다.

이 책에는 그러한 모든 학습 내용을 반영해 담았다. 무엇보다 레드티밍이 효과적으로 작동한다는 점이 가장 중요하다. 레드티밍은 실리콘밸리의 소규모 기술 스타트업과 일본의 국부 펀드에 적용된다. 레드티밍은 오래된 기업과 파격적이고 혁신적으로 기업을 운영하는 사람들에게도 유용하다. 비영리 단체와 헤지펀드에도 활용할 수 있다. 그리고 여러분이 마음만 먹으면 여러분 회사에도 적용할 수 있다.

제1장

어렵게 얻은 교훈:
레드티밍의 기원

> 실패는 더욱 현명하게 다시 시작할 수 있는 기회다.
> – 헨리 포드

미군의 레드티밍은 2002년 11월 시작됐다. 그날 쿠웨이트 도하 캠프의 연합지상군 사령부 앞에 창문이 없는 흰색 밴이 멈춰 섰다. 창고를 개조한 사령부 건물은 급속하게 확장되는 기지의 몇 안 되는 영구 구조물 중 하나였다. 기지는 이라크 국경 지평선을 넘어 밀려드는 사막 폭풍처럼 커지는 중이었다. 기지 내에서 스티브 로트코프 대령은 자신의 직속상관이자 연합지상군 군사정보 책임자인 제임스 마크스 소장, 작전 책임자인 제임스 서먼 소장과 함께 있었다. 세 남자 모두 베레타 9밀리 권총을 허리에 착용하고 모래색 전투복을 입고 대기 중이었다. 로트코프 대령은 왜 그런 명령이 내려졌는지 전혀 몰랐다. 방탄모를 가져가라는 말을 들었으므로 기지 밖으로 나간다는 것만 알았다. 두 장군은 모두 운전병이 있었고 경호원 없이는 철조망 밖으로 나간 적이 없었다. 그날은 운전병과 경호원 모습이 보이지 않았다. 세 사람은 자갈길을 지나 대기하는 밴으로 향했다. 로트코프 대령은 앞 좌석에 타고 있는 민간인 복장의 미국인 두 명을 보았다. 조수석에 앉은 사람 무릎에는 카빈총이 있었다.

'CIA군', 로트코프는 생각했다. '이건 그들의 일이겠군.'

차문이 쾅 닫힐 때 아무도 입을 열지 않았다. 그들을 태운 밴이 자갈을 튕기며 앞으로 내달렸다. 차량이 기지 정문에 접근했을 때, 마크스 소장은 로트코프 대령을 돌아봤다.

"우리는 쿠웨이트 시티로 간다네. CIA가 데려온 인물을 만나서 대화를 나눌 거야." 마크스 소장이 말했다. "자네의 임무는 대화를 메모하는 거야."

로트코프 대령은 고개를 끄덕였다.

밴은 도시 외곽에 있는 물결무늬 금속판으로 된 가건물로 향했다. 무거운 강철 문이 올라가고 그들은 안으로 들어갔다. 쿠웨이트에 있는 모든 것에 스며든 뜨거운 모래 냄새가 풍겨왔다. 건물 반대쪽 문이 열리자 똑같은 밴이 들어왔다. 두 차량이 나란히 멈춰 서자 건물 양쪽의 문이 굉음을 내며 닫혔다. 밴의 문이 열리자 턱수염을 기른, 검은 터번에 검은 예복 차림의 이라크 성직자가 있었다. 그는 자신의 예복을 추스르며 차에서 내렸다. 통역관이 뒤따랐다. CIA 한 명이 서로를 소개했고 나머지 요원들은 카빈총의 안전장치를 풀고서 건물 입구에서 경계 태세를 갖췄다.

성직자의 이름은 사이이드 압둘 마지드 알코에이 Sayyid Abdul Majid al-Khoei 였다. 그는 성스러운 도시 나자프의 유명한 시아파 지도자였다. CIA는 육군 장군들에게 "그가 이라크에서 우리 측 사람"이 될 거라고 알렸다. 그들은 마크스 소장과 서먼 소장이 알코에이를 면담할 수 있도록 자리를 마련했다. 알코에이는 연합군이 침공 계획을 상세하게 조정할 수 있도록 가치 있는 현지 정보를 제공할 예정이었다.

로트코프 대령은 주변을 둘러봤다. 건물은 '아무런 특징이 없는 nondescript'

이라는 수식어에 정확히 들어맞았다. 이런 만남이 아닌 다른 목적이 있었더라도, 지금은 모든 흔적이 제거된 상태였다. 건물 내부 공간에는 생수병이 놓인 작은 테이블과 의자 여섯 개만 덩그러니 있었다. 의자 세 개는 간단하게 패딩 처리된 접이식 의자였고, 다른 세 개는 회사 사무실에서 가져온 듯한 머리 받침이 달린 가죽 회전의자였다. 알코에이는 회전의자에 안내되었다. 장군들이 나머지 회전의자를 차지했다. 통역사와 로트코프 대령은 접이식 의자로 향했다. 로트코프 대령은 노트북을 꺼내고는 마크스 소장 왼쪽에 앉았다. 로트코프가 자리에 앉자, 알코에이는 자신의 예복에 손을 넣어 커다란 쿠바산 시가를 한 움큼 꺼내더니, 미소를 지으며 사람들에게 권했다. 비흡연자인 마크스 소장과 로트코프 대령은 고개를 저었다. 흡연자인 서먼 소장은 시가 하나를 집어 들고는 브랜드를 살펴보더니 두 개를 챙겼다.

"알고 싶은 게 뭐요?" 시가에 불을 붙인 후 연기를 내뿜은 알코에이가 다시 미소를 지으며 물었다.

장군들은 서로를 쳐다보고는 속사포처럼 질문을 쏟아냈다.

"이라크에 고속도로 같은 게 있습니까?"

"일반 도로는 얼마나 잘 정비되어 있습니까?"

"바그다드로 진입하는 길은 어떻습니까?"

"당신 고향 나자프 상황은 어떻습니까?"

"도로 폭은 얼마나 넓습니까?"

"거기에 탱크가 진입할 수 있습니까?"

그들은 티그리스강과 유프라테스강을 조절하는 댐을 두고 질문을 많이 했다. 혹여 사담 후세인이 댐을 폭파시켜 이라크 남부 지역에 홍수를 유발해 연합군 진격을 늦추게 하지 않을까 우려했기 때문이었다. 알코에이는 그럴 가능성이 있다고 생각했을까?

"아마도 그럴 거요." 그가 말했다. 로트코프 대령은 알코에이가 질문 수준 때문에 점점 짜증을 낸다는 느낌이 들었다.

"이라크 군대는 어떻습니까?"

"사람들이 저항하고 싸울 것 같습니까?"

"어떻게 하면 그들이 항복하도록 심리전을 펼칠 수 있습니까?"

"심리전에서 그들에게 무슨 말을 해야 합니까?"

"그들의 공감을 유도할 수 있는 특별한 메시지가 있습니까?"

알코에이는 질문에 계속 답했지만, 로트코프 대령은 그가 점점 더 좌절하고 있다는 걸 알 수 있었다.

'우리는 질문을 잘못 하고 있어.' 알코에이의 안색을 살핀 그는 이렇게 생각했다. 그러나 그의 임무는 오직 메모하는 것이었다.

이런 질문으로 한 시간 정도가 지났다. 알코에이는 충분하다고 여겼는지 손을 들고 서먼 소장의 질문을 중간에서 잘랐다.

"잠깐." 알코에이가 단호하게 말했다. "나도 당신에게 질문 하나 합시다."

"좋습니다." 서먼 소장이 동의했다. "질문이 뭡니까?"

"당신들이 사담을 무너뜨리고 우리나라를 해방시키면, 얼마나 오랫동안 주둔할 계획이요?"

서먼 소장과 마크스 소장은 바그다드 해방 1년 후에 미군은 이라크에서 철수할 계획이라고 설명했다. 이라크는 2차 대전 후 프랑스와 다르지 않을 것이었다. 교육받은 인구가 많았고 재건할 수 있는 산업이 있었다. 재건 비용을 모두 감당할 만한 석유와 천연가스도 있었다. 미국인들은 후세인이 제거되면 이라크 국민들이 스스로 먼지를 털어내고 자발적으로 병폐를 뿌리 뽑고 발전의 길로 나아갈 거라고 확신했다. 외국 군대는 단지 그 길에 잠시 개입한 것일 뿐이었다. 알코에이는 말없이 상대방을 하나하나 바라보더니, 시가를 깊게 빨아들였다. 그러고는 의자에 몸을 기대고 깊은 한숨을 내쉬면서 담배 연기를 동그랗게 내뿜었다.

"사담은 내 아버지를 고문했소." 그는 통역자가 한마디도 놓치지 않도록 천천히 말했다. "사담은 내 동생을 죽이고, 내 어머니를 감옥에 가뒀소."

다음 5분 동안 알코에이는 이라크 독재자가 명령해, 살해되고 고문당하고 강간당하고 투옥된 그의 가족과 친척의 이름을 열거했다.

"이 모든 걸 말한 이유는 내가 사담 후세인의 친구가 아니라는 걸 당신들이 알 수 있도록 하기 위함이요." 알코에이는 후세인이 저지른 잔학한 행위를 모두 설명했다. 그러고는 말을 이었다. "그러나 그것이 당신들의 계획이라면, 당신들은 전쟁을 중단해야 할 거요. 모든 탱크와 비행기와 군인을 데리고 조국으로 돌아가야 할 거요. 우리가 사담 치하에서 서서히 죽어가도록 내버려두시오. 내 말을 믿으시오. 왜냐하면, 당신들이 계획대로 한다면 당신들이 촉발시킬 일은 상황을 훨씬, 훨씬 더 악화시킬 것이오."

알코에이의 말을 듣고는 마크스와 서먼은 눈에 띄게 동요했다.

"왜 그렇습니까?" 마크스 소장이 길고 어색한 침묵 끝에 입을 열었다.

"당신들은 이라크를 이해하지 못하기 때문이오." 알코에이가 말했다.

이어진 한 시간 동안 알코에이는 두 장군을 가르쳤다. 사담 후세인과 바트당이 수십 년 동안 씨족과 씨족을, 부족과 부족을, 종파와 종파를 대립시키고 분열시킨 방법을 설명했다. 제1차 세계대전 후 영국의 이라크 점령을, 수십 년에 걸친 식민지 억압으로 고통받은 상처가 왜 수많은 동포에게서 여전히 치유되지 않았는지를 이야기했다. 이라크 국민들이 집 안에 숨겨둔 총기와,

사담의 비밀경찰조차 뿌리 뽑을 수 없는 지하 범죄 조직과, 이라크 전쟁 이후 계획에 미군이 고려하지 못한 가족 간 부족 간 비공식적 권력 관계를 이야기했다.

"당신들은 틀렸소. 이 전쟁은 예쁜 아가씨들이 당신들 발밑에 꽃을 던져주는 파리 해방이 아니오." 알코에이가 경고했다. "이 나라는 티토가 사망한 후의 유고슬라비아처럼 될 것이오. 모두가 모두를 죽일 것이오."

두 장군은 서로를 바라보며 머리를 가로저었다.

"그럼 우리가 얼마나 오래 이라크에 머물러야 한다고 봅니까?" 서먼 소장이 조심스럽게 물었다.

알코에이는 다른 시가를 꺼내 불을 붙이고 또 길게 빨아들였다.

"독일에 얼마나 오래 주둔했소? 60년?" 그가 물었다. "대략 그 정도겠지. 이라크를 변화시키려면 두 세대는 족히 걸릴 것이오. 그리고 나면 아마도 당신들은 떠날 수 있겠지."

도하 캠프로 돌아가는 길이 멀게 느껴졌다. 그동안 누구도 입을 열지 않았다. 두 장군은 아연실색했다. 바그다드에서 지옥문을 열어젖힌 순간부터 마지막 미군 병사가 집으로 돌아가는 비행기에 탑승하는 날까지, 그들은 그 모든 계획을 수십 번 수백 번 생각했다. 그러나 이라크에는 그들이 생각조차 못한 것이 여전히 많았다. 마침내 서먼 소장이 침묵을 깨뜨렸다.

"우리가 60년 동안 여기에 머무르게 될 거라는 저 사람의 예언을 믿을 수가 없군." 서먼이 말했다.

마크스 소장과 로트코프 대령은 그저 머리만 끄덕였다.

그날 밤 로트코프는 보고서를 썼다. 메모에는 많은 내용이 담겼다. 이를 보고서에 하나도 빠뜨리지 않았다. 알코에이가 경고한 모든 것이 담겼다. 마크스 소장과 서먼 소장은 이튿날 아침 보고서를 꼼꼼히 읽었다. 이라크 침공을 지휘한 두 사람, 데이비드 맥키어넌 연합지상군 사령관과 그의 상관 중앙사령부 토미 프랭크스Tommy Franks 총사령관에게 직접 이메일을 보냈다. 보고서는 백악관으로도 전달됐다. 백악관에서는 아마도 조지 W. 부시 대통령에게 보고하는 일간 정보 브리핑에 그 내용을 포함했을 것이다. 로트코프 대령은 이라크 침공이 보류된다는 소식과 중요 정보에 따라 모든 계획이 재검토될 거라는 소식을 기대했다. 그러나 아무 일도 일어나지 않았다.*

로트코프 대령의 보고서는 이라크 침공 계획에 전혀 영향을 미치지 못했다. 아무도 그 보고서를 다시 언급하지 않았다. 침공 시작 전에 분류해야 할 수천 가지 세부 사항에 장군들이 몰두하면서 그 보고서는 빠르게 잊혔다. 미국은 이 전쟁을 제대로 준비하지 못했다. 연합국들도 마찬가지였다. 해야 할 일은 많았고, 생각할 시간은 거의 없었다. 그러나 로트코프 대령은 알코에이가 말한 것을 잊을 수가 없었다.

4개월 후, '충격과 공포'로 중무장한 전투기들이 굉음을 내며 바그다드를 향해 출격하는 장면을 지켜볼 때도 그는 여전히 그 생각을 했다. 3주 후, 바그다드의 피르도스광장에서 흥분해서 사담 후세인 동상을 끌어내리는 탱크병들을 맥키어넌 장군이 저주하는 걸 들으면서도 그는 그 생각을 했다. 그다음 날 성직자 알코에이가 고향인 나자프의 이맘 알리 신전 앞에서 폭도들에게 살해되었다는 소식이 사령부에 전해졌을 때도 그는 여전히 그 생각을 했다. 이는 라이벌 시아파 성직자인 무크타다 알사드르Muqtada al-Sadr가 지령

● 해외군사문화연구대학의 교관인 케빈 벤슨 대령은 이 회의를 통보받지 못했을뿐더러 보고서 사본도 받아보지 못했다. 그와 참모들은 이라크 침공과 점령 계획을 세운 장본인이었음에도 말이다. 이 점에 주목할 필요가 있다.

한 암살 사건이었다. 알코에이가 쿠웨이트의 CIA 안전가옥에서 그날 예언했듯, 이라크를 피로 물들이는 동족 간 학살의 시발점이었다.

"그가 말한 대로 상황이 실제로 나빠질 거라는 사실을 처음으로 깨닫는 순간이었습니다." 로트코프가 나중에 내게 말했다. "사람들은 항상 분수령이 되는 사건을 이야기합니다. 이것은 내 인생의 분수령이었어요. 나는 그 후 다른 사람이 되었습니다."

달라진 그 사람은 육군이 계획하는 방식, 육군이 결정하는 방식, 심지어 육군이 생각하는 방식에도 도전하게 된다. 그는 이러한 모든 일을 하는 완전히 새로운 방법, 즉 육군이 '레드티밍'이라고 부르는 혁신적인 새로운 접근 방식을 창안하는 데 도움을 주게 된다.

현실에 안주하다

30년 전, 이라크에서 서쪽으로 수백 킬로미터 떨어진 또 다른 국경에 두 군대가 집결하고 있었다.

1973년 10월 6일 오후 2시. 이집트 전투기 수백 대가 이스라엘을 향해 출격하여 공군 기지를 공습하고 지휘소를 폭격하고 로켓으로 이스라엘 방공포대를 불태웠다. 5분 뒤 거의 2000대에 이르는 이집트군의 곡사포와 박격포가 수에즈운하 동쪽에 요새화된 이스라엘 거점을 강타하기 시작했다. 이어서 대용량 고압 펌프를 장착한 물대포가 등장해서 이스라엘군이 동쪽 제방에 건설한 우뚝 솟은 모래 장벽을 무너뜨렸다. 물대포의 물기둥 밑에서는 이집트 특공대원을 가득 태운 고무보트가 운하를 가로질러 노를 저었다. 그들이 반대쪽 강둑에 도착할 무렵, 이집트 공병대는 이미 부교를 세우기 시작했다. 이집트 탱크 부대는 물대포가 무너뜨린 모래 장벽을 넘어 진격할 태세였다. 그 장벽 너머에는 중화기로 요새화된 이스라엘의 바레브 방어선Bar-Lev Line이 있었다. 바레브 방어선이 적어도 하루는 버티면서 (이스라엘의 희망사항은 이틀을 버티는 것이었다) 이스라엘이 반격할 수 있는 시간을 제공할 것으로 여겨졌다. 하지만 이집트군은 두 시간 만에 그 방어선마저 무너뜨렸다. 망연자실한 이스라엘군은 하얀 손수건을 흔들면서 벙커에서 나왔다. 이집트 탱크 대열이 그들 주변으로 밀물처럼 돌진했다. 그들은 압도당한 이스라엘 방위군을 밀어붙여 시나이반도를 지나는 지점까지 퇴각시키고 예루살렘으로 향하게 만들었다.

같은 시간, 북동쪽으로 약 300킬로미터 떨어진 지역에서는 구 소련 미그 전투기의 지원을 받은 시리아 낙하산 부대가 '골란고원의 눈Eyes on the Golan'으로 불리는 이스라엘의 정교한 대공감시망 마운트허먼Mount Hermon을 공습했다. 대공감시망은 빠르게 제거됐다. 시리아 포병대가 골란고원을 따라 펼쳐진 이스라엘 방어선에 소나기처럼 포탄을 퍼붓기 시작했다. 더 많은 시리아 제트기가 전투에 합류하면서 시리아군 다섯 개 사단이 그 방어선으로 진격했다. 수적으로 열세인 이스라엘군은 밤새도록 지역을 사수했지만 아침이 되자 시리아군에 밀려 퇴각하고 말았다. 10월 7일 이른 시각, 시리아군의 첫 번째 탱크 부대가 갈릴리해가 내려다보이는 고지에 모습을 드러냈다. 그러자 모세 다얀Moshe Dayan 이스라엘 국방장관은 군 장성들에게 요르단강 다리 폭파 준비를 지시했다. 그런 다음 그는 골다 메이어Golda Meir 총리에게 전화를 걸었다.

"제3성전the Third Temple이 가라앉고 있습니다." 그가 말했다.

이스라엘이 위험하다는 암호였다.

일부 보고서에 따르면 골다 메이어 총리는 다얀 장관에게 핵무기 사용을 허가한 것으로 알려졌다. 열두 개의 핵폭탄이 준비되었다. 이스라엘이 무너지면 아랍 세계도 함께 지옥으로 떨어질 참이었다. 다행히 핵탄두 장착 명령이 내려지기 직전 아랍의 진격이 둔화됐다. 이후 2주 동안 미국에서 엄청난 무기와 탄약을 지원받은 이스라엘군은 이집트와 시리아의 공격을 저지하면서 그들을 밀어냈다. 10월 25일에 휴전이 발효되었다.

제4차 중동전쟁은 중동의 국경선을 거의 바꾸지 못했다. 하지만 이스라엘을 근본적으로 뒤흔들었다. 이스라엘 정부는 대법원장인 시몬 아그라나트Shimon Agranat가 지휘하는 특별위원회를 구성하여, 적들의 대규모 군사 작전 준비를 어떻게 감지하지 못했는지를 조사했다. 하지만 특별위원회가 곧 알게 된 것처럼, 이스라엘이 감지하지 못한 게 아니었다.

이스라엘 군사정보국 AMAN은 시리아와 이집트의 병력 증강 계획을 잘 알고 있었다. AMAN 국장인 엘리 제이라Eli Zeira는 적의 공격이 개시되는 날까지 골다 메이어 총리와 내각에 적군의 최신 동향을 정기적으로 브리핑했다. 그러나 요르단의 후세인 국왕이 헬리콥터를 타고 텔아비브로 날아가는 전례 없는 조치를 취하면서 침공이 임박했다고 메이어 총리에게 개인적으로 경고한 후에도, 이스라엘 국가안보팀의 다른 구성원들은 적군의 움직임이 그저 무력시위일 뿐이라고 대수롭지 않게 취급했다.

이스라엘은 이집트가 9월 27일에 예비군을 소집하기 시작했다는 사실을 알았다. 이는 이집트의 라디오와 텔레비전 네트워크를 타고 보도되었다. 이후 3일간은, 수에즈운하 동쪽 제방을 지키던 이스라엘 병사들이 서쪽 제방 쪽 이집트 불도저가 모래를 뚫고 운하의 가장자리로 향하는 길을 내는 것을 쌍안경으로 지켜보았다. 이스라엘 정찰기는 이집트 공병대의 도하용 교량 장비가 운하의 서쪽 기슭으로 옮겨지는 장면을 촬영했다. 한편 시리아 국경을 감시하던 이스라엘 정찰기 조종사는 국경선을 따라 공격 대형으로 밀집된 2000대의 시리아군 탱크도 확인했다. 그러나 골다 메이어 총리와 내각은 이스라엘이 지난번 전쟁에서 점령한 영토를 반환하도록 압박하는 게 아랍의 목적이라고 결론을 내렸다. 전에도 비슷한 무력시위가 있었기 때문이었다. 공허한 위협에 반응하는 건 이스라엘 국민을 불필요하게 놀라게 만드는 일일 뿐이었다.

이스라엘은 미국 CIA가 방어를 준비하라고 촉구했을 때도 똑같이 답했다. 물론 CIA는 그 대답을 확신할 수 없었다. CIA는 이집트와 시리아가 이번에는 단순한 무력시위를 벌이는 것처럼 보이지 않는다고 이스라엘 측에 전했다. 이스라엘의 첩보기관인 모사드도 CIA와 같은 의견이었다. 9월 30일 모사드는 신뢰할 만한 이집트 정보원의 경고를 AMAN에 보고했다. 이집트 정부가 내린 군사 훈련 명령이 수에즈운하를 건너는 실제 상황으로 이어질 수 있다는 내용이었다. 엘리 제이라 국장은 이러한 모든 보고서를 "근거 없는" 것이라며 무시했다. 그는 이스라엘이 하루 만에 아랍 군대를 물리칠 수 있다는 사실을 아랍인들도 잘 알고 있다며 총리와 내각을 안심시켰다.

10월 2일, 이집트 언론은 자국 군대가 전면 경계 태세에 돌입했다고 보도했다. 그러나 10월 3일 열린 이스라엘 내각회의에서 제이라 국장은 메이어 총리에게 전쟁 가능성은 여전히 "낮다."라고 말했다.

10월 4일이 되자, 이스라엘 정찰기는 수에즈운하의 이집트 지역에서 병력과 탱크 등 화력이 엄청나게 집결하는 장면을 분명하게 확인할 수 있었다. 더욱이 이집트와 시리아의 맹방인 소련은 두 아랍 국가에서 자국민과 기타 불필요한 인원을 철수시켰다. 그런데도 이스라엘은 여전히 확신하지 못했다.

  10월 5일 새벽, 모사드 최고의 아랍 정보원이 상관에게 '무radish'라는 암호를 보냈다. 전쟁이 임박했음을 의미하는 암호였다. 너무 당황한 모사드 간부는 직접 비행기를 타고 날아가 그 정보원을 만났다. 자신의 귀로 직접 확인한 모사드 간부는 제이라 국장에게 연락해 전쟁이 임박했다고 보고했다. 몇 시간 후, 소련은 아랍 항구에 있는 모든 자국 함선에 즉시 바다로 출항하도록 명령했다. 또 다른 확신을 제공한 셈이다. 골다 메이어 총리는 마지못해서 그날 아침 이스라엘 방위군의 경계 태세를 격상시켰다. 그러나 예비군 소집 명령을 내리지는 않았다. 이는 매우 중요했다. 이스라엘은 소규모 정규군만 있었기 때문이다. 이스라엘의 방위 전략은 대규모 예비군을 신속히 활성화할 수 있는 능력에 달렸다. 당시 이스라엘 예비군은 전투 연령에 달한 거의 모든 유대인 남성과 여성을 포함했다. 메이어 총리와 내각은 밤새도록 진행 상황을 점검했지만 결국 예비군의 잠을 방해하지 않기로 결정했다.

  10월 6일 오전 4시, 모사드는 제이라 국장에게 연락하여 카이로에 있는 정보원이 방금 정확한 공격 시간을 제공했음을 알렸다. 침공 시간은 그날 오후 2시였다. 그날 오전 골다 메이어 총리가 군 고문과 만났을 때, 이스라엘 정부는 마침내 전쟁이 일어날 가능성이 있다고 동의했다. 전쟁 발발 몇 시간 전이 되어서야 총리는 예비군 소집 명령을 내렸다.

  시몬 아그라나트가 지휘하는 특별위원회는 이 엄청난 정보 분석의 실패 원인으로 '개념(적에 대한 고정관념)'을 지목했다. '개념'은 1967년 제3차 중동전쟁에서 이스라엘이 거둔 놀라운 승리의 산물이었다. 그 승리는 이스라엘의 군사 지휘관들이 자신의 능력을 과신하고 적을 얕잡아보도록 만들었다.

이후 이어진 이스라엘 정보 작전의 성공도 마찬가지였다. 자신들이 아랍인의 생각을 정확히 알고 있다고 믿게 만들었다. '개념'에 따르면 아랍인들의 생각은 이러했다.

> 1. 이전 전쟁에서 이스라엘 공군이 가한 엄청난 타격 때문에 이집트는 자국 공군력이 하늘을 장악할 수 있다고 확신하기 전에는 이스라엘을 다시 침공하려 들지 않을 것이다.
> 2. 시리아는 결코 단독으로 이스라엘을 공격하지 않을 것이다. 이스라엘이 두 전선에서 싸우도록 압박하기 위해 이집트와의 협동작전으로만 공격할 것이다.

6년 동안 '개념'은 사실로 입증되었다. 물론 이스라엘과 인접 국가들 사이에 국지적인 군사 충돌은 자주 있었다. 그러나 아랍이 이스라엘을 전면적으로 침공할 거라는 소문도 여러 번 있었지만, 실질적인 침공은 없었다. 이론은 확신이 되었다. 확신이 옳다고 증명될 때마다 이를 의심하는 사람들은 바보 취급을 받았다. 압도적인 반대 증거가 있어도 '개념'에 의문을 제기할 수 없었다. 미국 해군 대학의 국가안보 담당 교수 데이비드 벅월터David Buckwalter는 나중에 이런 글을 썼다.

> 1973년 10월이 되자 '개념'이 '입증'되었다. 이집트가 공중전에서 여전히 열세인 상황에서는 전쟁에 나서지 않을 거라는 게 기정사실이 되었다. 따라서 이스라엘은 시리아가 어떤 군사행동을 준비하고 있음을 알면서도, '개념'의 교리에 따라 시리아가 공격하지 않을 거라 믿었다.

그러나 '개념'에 문제가 있었다. '개념'에 따르면 이집트가 하늘을 장악할 유일한 방법은 더 나은 공군력 구축이었다. 이스라엘은 이집트가 그런 생각을 버렸다는 사실을 알지 못했다. 대신 이집트는 새로운 군사기술인 이동식 지대공미사일을 도입했다. 소련은 매우 뛰어난 미사일 기술을 개발했고, 이 기술을 이집트에 저렴하게 제공했다. 이집트는 이동식 로켓으로 무장하면 자국 군대와 탱크에 강력한 보호막을 칠 수 있음을 깨달았다. 수에즈운하를 가로지르고 시나이반도를 돌파하여 이스라엘로 진격할 수 있는 방패였다. 또한 이집트와 시리아는 소련에서 스커드미사일을 도입해 방공망에 취약한 자국 폭격기를 위험에 빠뜨리지 않고서도 이스라엘을 공습할 수 있는 능력을 갖췄다. 이스라엘은 이러한 무기 거래를 알면서도 무시했다. 왜냐하면 이스라엘은 적군의 공군력만 감시했기 때문이다.

'개념'은 집단사고와 현실 안주가 어떻게 재앙으로 이어질 수 있는지를 보여주는 교과서적인 사례였다. 제4차 중동전쟁의 재앙이 반복되지 않도록 아그라나트 위원회는 몇 가지 권고안을 발표했다. 그중 하나가 AMAN 내부에 특별한 '악마의 옹호자' 직책을 신설해, 미래의 모든 '개념'과 가정에 도전하는 임무를 수행하는 것이다.

신설된 그 직책은 '이프차 미스타브라'라는 코드명으로 알려졌다(서문에 언급했듯, 아람어로 '반대로 현실은 다르게 보인다'라는 뜻이다). 그 임무는 AMAN의 정보 분석가들이 정기적으로 작성하는 보고서를 조목조목 비판하고 정보국 내의 어떠한 지배적인 견해와도 정반대의 입장을 취하는 주장을 만들어내는 것이었다. 이프차 미스타브라는 이스라엘의 장기적인 군사 계획을 수립하는 데 활용되는 최악의 시나리오와 대안적 미래 분석을 담당했다. 그 일이 반드시 옳을 필요는 없었다. 이프차 미스타브라의 임무는 조직 전체가 더 많이 생각하고 자신의 가정을 의심하도록 강제하는 것이기 때문이다.

브루킹스연구소Brookings Institution의 2007년 보고서에 따르면, 악마의 옹호자 직책은 창의적이고 기존의 틀을 벗어난outside the box 사고방식을 가진 것으로 알려진 매우 경험 많고 재능 있는 장교들로 구성되어 있다. 이들은 동료와 상관에게 "높은 평가"를 받고 있으며, "그들의 주장은 모든 주요 의사결정권자뿐만 아니라 군 정보국 최고 책임자에게 직접 전달된다."

또한 이프차 미스타브라의 분석가는 자신이 부서의 결론에 동의하지 않을 경우, 그 결론에 이의를 제기하는 "의견이 다른" 메모를 당당히 작성할 수 있었다. 이 권한은 공식적으로 승인되었으며 브루킹스연구소는 분석가가 이런 권한을 행사하더라도 보복이나 비판을 받지 않는다는 사실을 확인했다. 이스라엘이 1970년대에 이런 반대의견 권한을 공식화하기로 결정했을 때는 '레드티밍'이라고 부르지는 않았다. 하지만 레드티밍과 이프차 미스타브라가 하는 일은 정확히 일치하며 매우 효과적임이 입증되었다. 이 덕분에 거의 나라가 멸망할 뻔했던 1973년 기습 공격과 유사한 또 다른 기습 공격을 이스라엘이 피하자, 이프차 미스타브라는 명성을 얻었다. 이스라엘에서 가장 뛰어난 군 전략가 몇몇은 이프차 미스타브라를 자국 군대 전역으로 확대시키라고 촉구했다.

"적어도 정보부서 내부에서는 이를 매우 진지하게 받아들였습니다." 전직 IDF 장교인 에이턴 부크먼의 말이다. "그것은 이제 IDF 운영 방식에 각인되었습니다."

상상력의 실패

이스라엘과 마찬가지로, 미국이 정보 분석의 한계를 깨닫게 하기 위해서는 기습 공격이 필요했다. 2001년 9·11 테러 공격으로 세계무역센터 쌍둥이 빌딩이 무너졌고, 펜타곤을 가로지르는 파괴의 고랑이 생겼다. 미국인 수천 명이 목숨을 잃은 후에야 미국은 아크라나트 위원회의 미국 버전을 만들었다. 왜 미국의 정보기관과 거대한 국가안보 시스템이 테러 음모를 탐지하고 분쇄하는 데 실패했는지를 밝혔다. 미국 테러 공격에 대한 국가위원회(약칭 9·11 위원회)는 이렇게 분석했다.•

> 9·11 테러는 충격이었지만 놀라움으로 다가와서는 안 될 일이었다. 이슬람 극단주의자들은 미국인들을 무차별적으로 살해하겠다는 경고를 충분히 많이 했다. … 2001년 봄과 여름 동안 미국의 정보기관들은 알카에다가 "엄청난 사건"을 계획하는 중이라고 강하게 경고하는 보고서를 계속 받았다. 조지 테닛 CIA 국장은 우리에게 "시스템이 빨간색으로 깜빡였습니다."라고 증언했다.

그런데 왜 이 경고가 무시당했을까? 9·11 위원회는 "가장 중요한 실패는 상상력의 하나"라고 결론 내렸다. CIA는 9·11 위원회의 보고서가 정식 개혁으로 이어지는 걸 기다리지 않았다. 생존자들이 여전히 세계무역센터의

• 9/11 위원회는 2002년 11월 27일 조지 W. 부시 대통령에 의해 설립되었다. 전직 뉴저지 주지사 톰 킨Tom Kean이 2002년 12월 15일 위원장으로 임명되었다. 첫 번째 청문회는 2003년 3월 31일에 개최되었다. 9·11 위원회는 2004년 7월 22일 최종 보고서를 발표했다.

잔해 속에서 구조되는 와중에, 테닛 국장은 현재 미국이 직면한 안보 문제에 대해 "고정관념을 탈피하라"는 명령과 함께 새로운 팀 구성을 지시했다. 테닛 국장은 이 팀을 '레드셀Red Cell'이라고 불렀다.

국가안보 전문가 마이카 젠코Micah Zenko는 미국의 격월간 외교전문지《포린폴리시Foreign Policy》의 2015년 기고문에 이렇게 썼다. "테닛 국장은 '대안 분석'을 통해 정보 분야의 구태의연한 사고방식에 도전하고 추가적인 공포의 위협을 차단하기 위해 반대로 생각하는 팀을 만들기로 결정했다." 이는 CIA라는 비밀 조직 내에서는 보기 힘든 관점을 제공했다.

CIA에 따르면, 레드셀은 뚜렷하게 '틀을 벗어난out-of-the-box' 접근 방식을 채택하고 권위적인 평가를 제공하기보다는 다른 생각을 유도하도록 하는 메모를 생산한다. 이 메모는 CIA가 생각하는 방식을 바꿔놓았다. 레드셀이 매우 효과적임이 확인되자 2004년 제정된 '정보 개혁 및 테러 방지법'은 모든 미국 정보기관에 레드팀 구성을 의무화했다.

그 무렵 미 육군도 자체적인 레드티밍 기법을 개발하기 시작했다.

레드팀이라는 용어는 프로이센군이 크릭스슈필kriegsspiel(워게임)을 활용하여 장교를 훈련시키기 시작한 1800년대 초로 거슬러 올라간다. 한 그룹의 장교는 전투 계획을 세우고, 다른 그룹은 그 계획을 방해하는 적의 역할을 맡는다. 프로이센 전술의 결함이나 약점이 전장에서 뒤늦게 드러나는 걸 방지하기 위해 안전한 작전상황실에서 이를 미리 노출시키려는 아이디어였다. 이 시뮬레이션은 군대 단위 대용으로 나무 블록을 사용했다. 대부분의 프로이센 군인은 파란색 군복을 입었기 때문에 아군은 파란색 블록으로 표시했다. 적군은 빨간색 블록으로 표시했고 '레드팀'이라고 불렀다. 프로이센군의 계획과 전략의 약점을 탐지하는 것이 레드팀의 임무였다. 그 이름은 그대로 굳어졌다.

미 육군은 1800년대 후반에 크릭스슈필의 자체 버전을 개발했다. 그러나 미군에서의 워게임은 주로 젊은 장교들을 훈련시키는 용도로 제한되었다. 실제 전략이나 계획을 스트레스-테스트하는 데에는 사용되지 않았다. 냉전 시대에 들어서자 변화가 시작됐다. 당시 랜드연구소Rand Corporation는 소련이 지정학적 바둑판에서 미국의 움직임에 어떻게 반응하는지를 알아보려고 레드팀을 창설했다. 1990년대 후반이 되자 펜타곤의 일부 장성이 군 자체적으로 레드티밍을 해야 할 필요성을 느꼈다. 걸프전과 두 번의 발칸반도 분쟁에서 손쉽게 승리한 미국은 베트남전쟁 이후 미국을 괴롭혔던 패배의 유령을 털어냈다. 게다가 많은 미군 지휘관은 스스로를 천하무적처럼 느끼게 되었다.

"국방부는 미래의 군사작전을 장악하는 능력에 자만심이라고 불러야 할 정도로 지나친 자신감을 갖게 되었습니다." 당시 국방부 정책담당 차관보였던 제임스 밀러James Miller가 회상했다.●

"군에 몸담은 많은 사람은 미군이 그 어떤 적보다 장기적인 기술 우위를 점하는 순간에 와 있다고 생각했습니다. 그리고 그것이 미래의 모든 군사 대결에서 근본적으로 결정적인 요인이 될 거라고 믿었습니다."

밀러 차관보는 그들과 생각이 달랐다. 그는 미국이 전쟁터에서 무엇이든 당연한 것으로 여겨서는 안 된다고 믿었다. 코소보 전쟁이 벌어지는 동안 유고슬라비아 대통령 슬로보단 밀로셰비치Slobodan Milosevic가 NATO 공습 작전에 어떻게 반응할지를 예측하기 위해 밀러 차관보는 위협 시뮬레이션 레

● 제임스 밀러는 나중에 오바마 행정부에서 국방부 정책담당 차관이 되었다.

드팀을 구성했다. 이는 효과적이었지만, 그는 그 레드팀이 NATO 계획 자체에 도전할 수 있다면 더욱 효과적일 거라고 생각했다.

2000년 펜타곤을 떠난 후 제임스 밀러는 펜타곤이 워게임을 수행하는 데 기여한 컨설팅 회사 H&A에서 DART(국방 적응형 레드티밍) 프로그램을 만드는 걸 도왔다. DART는 시뮬레이션용 가상 적군opponent뿐만 아니라 군사 교리와 정책에 대한 역발상적인 분석도 제공했다.

"많은 작업이 개념에 집중되었습니다. 우리는 워게임이나 분석을 통해 그것을 분산시켰습니다." 밀러가 말했다. "고위급 군 지휘관들은 우리가 수행하는 분야에 많은 관심을 가졌습니다."

9·11 테러는 완전히 새로운 차원의 관심을 불러일으켰다. 2003년 펜타곤 태스크포스는 레드팀의 역할을 기존의 위협 시뮬레이션 이상으로 확대하여 역발상적 분석을 제공하고 "실제 적들보다 먼저 스스로의 약점을 발견하기 위해 새로운 작전 개념에 도전할 것"을 권고했다.

이것이 바로 스티브 로트코프 대령이 이라크에서 했던 일이다.

다르게 생각하기

이라크 침공 약 1개월 전인 2003년 2월, 로트코프 대령과 마크스 소장은 미 해병대 소장 로버트 블랙먼Robert Blackman을 만났다. 당시 블랙먼 소장은 캠프 도하에서 연합지상군 지휘사령부의 참모총장을 맡고 있었다. 블랙먼 소장은 그들에게 1991년 제1차 걸프전에서 사담 후세인이 군대를 쿠웨이트에서 후퇴시키면서 쿠웨이트 유전 지역 파괴 명령을 내린 방법을 기억하는지 물어봤다. 그들은 기억하고 있었다. 그 화재는 환경 재앙뿐만 아니라 연합군에 심각한 문제를 야기했다. 두터운 검은 연기가 연합군의 레이저 계측 장비에 큰 타격을 주어 이라크군과의 전투에서 시야를 확보하기 힘들었다.•

이 연기 탓에 연합군의 진격이 지연되었다. 적어도 한 대의 헬리콥터가 추락했으며, 나중에 걸프전 참전 용사들을 괴롭힌 수많은 건강 문제의 원인으로도 지목되었다. 블랙먼 소장은 이번에는 그런 일이 발생하지 않기를 원했다. 그는 마크스 소장과 로트코프 대령에게 이라크인들이 유전 지대에 불을 지르는 걸 막기 위한 계획을 수립할 것을 지시했다.

로트코프의 레드팀은 이 문제를 군사적 관점에서 접근하는 대신, 세계 최대의 기름 유출 방제 작업 회사인 부츠앤쿠츠Boots & Coots의 유전 전문가에게 전화를 걸어 친환경적으로 유정을 폭파할 때 어떤 방법을 사용하는지 물었다. 유전 전문가는 유정을 폐쇄하고 지하 폭발물을 설치하는 방법이 가장 효과적이라고 답했다. 그러나 그건 석유 생산 중단을 의미했다. 더 단순한 대안은 시추 작업이 진행되는 동안 유정 주위에 폭발물들을 모아놓고 폭발시키는 것이었다. 이것은 중요한 정보였다. 이라크는 공식적으로 국제 석유 금수조치의 대상이었지만, 사담 후세인이 암시장에 석유를 팔아 그 판매 수익금을 자신의 정권에 투자한다는 점을 로트코프 팀이 알고 있었기 때문이다.

"석유는 사담의 진정한 자금줄이었어요. 그건 모든 사람의 충성심을 돈으로 매수하는 방법이었습니다. 그래서 우리는 후세인의 부하들이 마지막 순간까지 기다리다가 설치하는 데 상당한 시간이 걸리는 지상 폭발물로 유전

• 유전 방화로 발생한 연기는 걸프전에서 이라크가 미국의 공격을 격퇴할 수 있었던 드문 사례 중 하나인 페이즈 라인 불릿Phase Line Bullet 전투의 주된 요인으로 나중에 거론되었다.

지대를 파괴할 거라는 걸 알았습니다. 또한 우리는 후세인이 제1차 걸프전 때처럼 엄청난 양의 연합군 공중 폭격으로 제2차 걸프전이 시작될 거라고 예상했음을 알았습니다. 이는 그가 전쟁 개시 전에 많은 사전 정보를 입수할 수 있을 거라고 믿었음을 의미합니다." 로트코프가 말했다. "그 당시 실제 계획도 연합군의 첫 번째 탱크 부대가 진격을 개시하기 전에 일주일 이상의 공중 폭격을 요구했어요. 우리는 지상 공격이 공중 작전 이전에 시작되도록 계획을 변경할 것을 제안했습니다. 그렇게 하면 후세인의 군대가 폭발물을 설치할 시간을 갖기도 전에 거의 대부분 남부 국경에 위치한 유정으로 진격하여 유전 지대를 점령할 수 있습니다."

동시에 케빈 벤슨 대령의 전술팀은 이라크 국경에 집결한 약 40만 명의 연합지상군 병력을 활용하여 지상전 개시 시점에 전격전 효과를 유지하는 방법을 찾으려고 노력했다. 제트기보다 먼저 지상군 병력을 국경 너머로 투입하면 그 문제도 해결될 것이었다. 이라크군은 전쟁이 공중전으로 시작될 거라고 예상했기 때문이다. 로트코프 대령과 벤슨 대령은 이 아이디어를 고위층에 납득시키려고 함께 노력했다. 지상군을 통솔하는 장군들에게는 모든 것이 완벽하게 통했다. 그러나 이 제안은 미 공군과는 잘 맞지 않았다. 공군은 침공의 선두에 서기를 원했고 영광의 순간을 보병들에게 맡기는 걸 원치 않았다. 연합군 내부의 주도권을 놓고 육군과 공군 사이에 격렬한 논쟁이 있었다. 최종적으로 이라크에 짧고 강력한 공습을 먼저 개시하고 몇 시간 후 지상군을 투입하는 타협안이 도출되었다.

이 전략은 효과가 있었다. 이라크군은 유전 지대를 빼앗기고 포로가 되기 전에 겨우 두 개의 유정을 폭파할 시간밖에 없었다.*

"그 작전은 진정한 성공이었습니다. 전쟁의 시작을 완전히 바꿔놓았고 환경 재앙과 군 기동성 문제를 한꺼번에 해결했으니까요." 로트코프가 말했다. "당시에는 알지 못했지만 우리는 레드티밍을 실천하고 있었던 겁니다."

실제로 로트코프 대령은 이라크 침공 직전의 몇 주 동안 매주 일요일 몇 시간을 레드티밍에 사용했다. 로트코프 대령은 하루 중 깨어 있는 시간 대부분을 마크스 소장의 정보 요원들과 함께 맥키어넌 장군에 대한 정보 브리핑을 준비하는 데 썼지만, 일요일에는 브리핑이 없었다. 일요일은 쉬는 날로 인식되었다. 그러나 로트코프 대령은 자신이 한창 진행 중인 전쟁 준비에 안주할 수 없다는 사실을 깨달았다. 그 대신에 그는 정보팀의 가장 뛰어난 요원들을 자신이 "주일 오후 기도회"라고 부른 비공식 모임에 초청했다.

"모임의 목적은 미확인된 사항, 주중에 우리가 이야기할 시간이 없었던 사항을 토론하는 것이었습니다." 로트코프가 설명했다. "침공 준비에 너무 몰두해서 서류 작성 이외의 다른 일을 생각할 시간이 없다는 사실에 좌절감을 느꼈습니다. 나는 우리가 놓치고 있는 것이 있다고 우려했습니다. 저는 사람들이 생각하기를 바랐어요. 우리가 하는 일에 대해 정말로 새롭게 생각해보기를 바랐습니다."

기도회 참가 인원은 초청으로만 이루어졌으며, 로트코프 대령은 비판적 사고력을 보여준 사람들만을 초대했다. 그는 SCIF(민감 격실형 정보시설)인 방 하나 크기의 '침묵의 원뿔 구역cone of silence'에서 회의를 개최했다. 그 시설의 벽에는 정교한 전자 방해 장치를 설치하여 내부에서 말하거나 실행하는 것을 외부의 어느 누구도 도청하거나 감시할 수 없도록 했다. 그는 초대받은

● 이 'G-Day Before A-Day' 전략은 이라크군을 완전히 충격에 빠트렸다. 미 육군은 이를 다국적군이 제1차 걸프전에서 손쉬운 승리를 거두는 데 도움이 되었던 유명한 '레프트 훅left hook' 기동 작전과 비교하기도 했다.

사람들이 거리낌 없이 무엇이든 (심지어 가장 민감한 주제까지도) 토론할 수 있기를 바랐다. 로트코프 대령은 피자와 가짜 맥주(무알코올 맥주)를 제공했다. (진짜 맥주는 쿠웨이트에서 금지되었다.) 그는 참가자들이 의제를 설정하고 토론하고 싶은 내용을 스스로 결정하게 했다.

전쟁이 시작되기 직전, 로트코프의 기도회 정규 멤버 중 한 명인 스티브 피터슨Steve Peterson 중령이 오후 내내 자신을 괴롭힌 일을 이야기할 수 있는지 물어보았을 때 가장 중요한 토론이 시작되었다.

"저는 우리가 이 전쟁에 돌입할 때 정보 분야의 어느 누구도 묻지 않은 질문을 오랫동안 생각해왔습니다." 피터슨 중령은 머뭇거리며 주일 기도회 회원들에게 말했다. "사담이 어떤 방법으로 승리할 수 있을까요?"

로트코프 대령의 턱이 말 그대로 딱 벌어졌다.

"저는 전쟁에 이르는 대부분의 브리핑을 해왔습니다. 저는 카타르의 센트콤CENTCOM과 유럽의 V군단에서, 그리고 워싱턴의 펜타곤에서도 브리핑을 했습니다. 하지만 저는 그 질문을 하는 사람을 한 번도 보지 못했습니다." 로트코프가 말했다. "제 말은, 그런 질문이 터무니없는 걸로 여겨져왔다는 겁니다. 사담은 이길 수 없어야 했습니다. 그는 지구상에서 가장 큰 군사 조직에 대항했습니다. 우리는 그를 박살내려 했습니다. 다만 얼마나 오래 걸릴 지가 문제일 뿐이었습니다. 그것이 누군가가 물은 유일한 질문이었습니다. 지금까지는."

피터슨 중령은 로트코프 대령이나 기도회의 멤버 중 다른 누군가가 고려한 것과는 전혀 다른 최악의 시나리오를 설명했다. 이라크 독재자는 저항하거나 싸우지 않을 것이다. 그는 땅속에 숨어서 충성스러운 바트 당원들에게도 똑같이 지하에 숨도록 명령할 것이다. 그는 자신의 공화국 수비

대원들에게 전국 곳곳에 비밀 무기고를 만들라고 지시할 것이다. 그런 다음 군복을 벗고 이라크의 도시 속으로 잠입하라고 지시할 것이다. 그들은 이라크의 범죄 조직, 지하경제, 암거래 시장을 이용할 것이다. 그들은 연결망을 만들고, 세포를 만들고, 기다릴 것이다. 그들은 미국과 연합국이 전쟁에서 승리했고 이라크가 진정됐으며 사담 후세인과 그의 부하들이 더 이상 위협이 아니라고 확신할 때까지 기다릴 것이다. 그런 다음 그들은 공격을 개시할 것이다.

"모든 일이 다 이루어졌습니다. 피터슨 중령이 예상한 것처럼 모든 일이 벌어졌어요. 그가 틀린 유일한 건 사담 후세인이 그걸 이끌지 못했다는 겁니다." 로트코프가 12년 전을 회상하며 내게 말했다. "우리는 캔자스시티에서 함께 점심을 먹는 중이었습니다." 그는 이라크 저항세력이 미국과 연합국에 피와 막대한 자금을 쏟아붓게 만들었다며 머리를 가로저었다. "우리는 그 당시에도 피터슨 중령이 옳았다는 걸 알았어요. 우리는 전쟁 계획의 일부로 간주될 필요가 있는 사항을 우연히 발견했습니다. 그래서 보고서를 작성해서 마크스 소장에게 브리핑했습니다. 그는 그 보고서에 충격을 받았고 우리에게 맥키어넌 장군과 공유하라고 말했습니다. 맥키어넌 장군 또한 상당한 충격을 받았고 그걸 토미 프랭크스 장군에게 보내는 문서와 함께 보내라고 말했습니다. 그런데 거기서 끝나버렸어요. 그 이상 전달되지 못했습니다. 저는 그 이유를 모릅니다. 하지만 저는 우리가 다음 전쟁에 나설 때는 그런 사항들이 제대로 고려되었는지 확인하고 싶었습니다."

로트코프 대령은 곧 이를 확인할 기회를 얻었다.

레드팀 대학

2003년 8월 피터 슈마커Peter Schoomaker 장군이 육군참모총장으로 취임했다. 자신이 "비대한 육군"이라고 불렀던 관료주의를 거의 참을 수 없었던 전설적인 특수작전사령관 슈마커는 군대 자체의 상상력 상실을 두고 분노했다. 다른 장군들이 미국 국민에게 테러와의 전쟁이 수년간 지속될 것이라고 경고했지만 아무도 그 말을 실제로 믿지 않았다. 결과적으로 슈마커 장군은 탄약이 적고 병사가 적으며 새로운 사고가 절실히 필요한 군대를 물려받았다. 그는 신선한 아이디어를 원했다.

최고의 아이디어 중 하나는 스티브 로트코프에게서 나왔다. 그는 바그다드 함락 이후 전역했고 워싱턴으로 돌아왔다. 그곳에서 그는 육군정보국 사령관인 키예프 알렉산더Keith Alexander 중장을 보좌하는 '교훈을 얻은' 팀을 이끌기 위해 고용되었다. 펜타곤에서 로트코프와 그의 그룹은 일요일 오후 기도회를 모델로 활용했다. 그들은 군대의 전략과 계획을 비판적이고 독립적으로 분석하는 임무를 맡을 상설적인 역발상적 사고자thinker팀을 창설할 것을 제안했다.

"육군은 역사적으로 공학적인engineering 사고방식을 갖고 있었어요. 육군 장교들은 요망되는 최종 상태가 무엇인지를 가능한 한 빨리 결정하여 거기에 도달하는 방법을 알아낼 수 있기를 희망했습니다. 문제는 우리가 속해 있는 환경과 급변하는 세계에서 생각하는 것을 멈출 수 없다는 점입니다. 당신은 혹시라도 자신이 잘못 알고 있을지도 모른다는 생각에 열려 있어야 합니다." 로트코프가 말했다. "저는 우리의 전략과 계획에 관해 실질적이고 의미 있는 대화를 나눌 수 있는 이러한 공간을 우리가 어떻게 마련했는지 이야기했어요. 저는 거기서 무엇이 나올 수 있는지를 알고 있었습니다. 그리고 그것이 제가 역발상적 사고의 전도사가 되려는 이유였습니다. 우리가 그런 생각을 펼칠 수 있다면 실제로 차이를 만들어낼 수 있다는 걸 저는 알았습니다."

슈마커 장군은 그 아이디어를 좋아했다. 그에게는 그 아이디어가 특수부대를 운영하는 방식과 상당히 비슷하게 들렸다. 군대의 관료적 의사결정 프로세스에 구속받지 않은 채, 그들은 한 팀에 계획을 개발하도록 한 다음 그 계획을 다른 팀에 제공하여 철저히 비판하고 분석하도록 했다. 슈마커 장군은 육군 전체에 레드팀을 창설하도록 지시했다. 그는 또한 레드팀원과 레드팀 지휘관을 양성하기 위해 새로운 학교 설립을 지시했다.

육군은 2004년 캔자스주 포트 레번워스에 레드팀 훈련 학교를 설립했다. 군대의 최대 보안 감옥이 있었던 것 외에도, 그 기지에는 육군의 지휘참모대학과 군 엘리트를 위한 고급군사학교가 있었다. '육군의 지능센터'로서 해외군사문화연구대학을 설립하기로 한 것은 탁월한 선택이었다. 그 명칭은 새로운 학교의 진정한 목적을 위장하려는 의도가 담겨 있었다. 그러나 대부분의 군 관계자들은 여전히 '레드팀 대학'이라고 부르거나 약칭을 선호하는 군대의 특성에 따라 간단히 UFMCS라고 언급했다.*

UFMCS의 초대 학장은 전역 대령인 그레그 폰트노트Greg Fontenot였다. 로트코프와 마찬가지로 폰트노트는 군대를 내부에서부터 변화시키려는 '전사형 철학자warrior-philosopher'였다. 그러나 둘은 아주 다른 유형이었다. 로트코프가 영화 〈대부〉의 비토 콜레오네와 호머 심슨의 혼합형이라면, 폰트노트는 영화 〈지옥의 묵시록〉의 커츠 대령의 제정신인 버전과 조지 패튼 장

---

* UFMCS는 육군 교육사령부 정보과의 지원하에 설립되었다. 정보과장 맥시 맥파랜드Maxie McFarland는 새로운 레드티밍 프로그램의 실행을 지휘했고 첫 번째 대학 학장을 선임했다.

군의 좋은 측면이 섞인 형이었다.

군사역사가로도 활동한 열정적인 전차 지휘관 폰트노트는 자신의 속마음을 말하는 걸 두려워하지 않았다. 때로는 자신에게 손해가 될지라도 말이다. 폰트노트 대령은 1991년 걸프전의 '사막의 폭풍' 작전에서 탱크 부대를 지휘했고, 고급군사학교의 교장으로 근무한 후 1995년에 보스니아에서 기갑여단을 이끌었다. 거기서 자기 검열의 부족이 그의 발목을 잡았다. 그는《월스트리트저널WSJ》기자에게 보스니아 내전의 여러 파벌에 대한 자신의 진솔한 생각을 거침없이 쏟아낸 후 장군으로 승진할 기회를 날려버렸다.

육군은 그를 조용히 미국으로 불러들여 전투 지휘 훈련 프로그램의 총책임자로 일하도록 조치했다. 육군은 새로운 학교의 학장으로 선임하기 전에 그를 민간인 신분의 워게임 분석가로 고용했다.•

"육군 관계자들은 사람들을 악마의 옹호자가 되도록 훈련시켜서 군대의 계획을 내부에서 비판하도록 만들고 싶다고 말했습니다." 폰트노트가 회상했다. "그걸 실행하는 방법을 알아내기 위해 제게 1년이라는 시간이 주어졌습니다."

폰트노트는 커리큘럼 개발팀을 구성했다. 그는 로트코프에게 도움을 청했다. 로트코프가 국방부에서 레드티밍 제안서를 작성하는 데 참여한 사실을 알고 있었기 때문이다. 그런 다음 폰트노트는 그를 최고급 교육 과정의 수석교관으로 임명했다. 두 사람은 여러 면에서 달랐지만, 군대의 주요 의사결정 방식을 바꿀 필요가 있다는 신념을 공유했다.

• 이 역할을 통해 그레그 폰트노트는 DART 레드티밍 훈련에 실제로 여러 번 참여했다.

시험에 들게 하라

그들의 직속상관인 데이비드 퍼트레이어스David Petraeus 장군도 그 신념에 동의했다. UFMCS가 설립되었을 때 포트 레번워스와 제병협동본부 Combined Arms Center의 사령관이던 그는 레드티밍의 초창기 지지자가 되었다. 퍼트레이어스 장군이 2007년 초 이라크에서 다국적군을 지휘하면서 주도했던 '거대한 물결surge'은 이 새로운 접근법이 미국의 군사 전략을 어떻게 형성할 것인지를 보여주는 첫 번째 사례 중 하나였다.

2006년 말이 되자 미국 국민은 이라크 전쟁에 지쳤다. 이라크인도 마찬가지였다. 알코에이의 무서운 예언이 모두 현실이 되었다. 그가 2002년 미국인들에게 경고했던 종파 간 폭력은 이라크에 남아 있던 것마저 파괴했다. 스스로 분열되는 나라에서 표면적인 질서를 유지하기 위해 고군분투하는 동안 점점 더 많은 연합군 병사들이 죽어갔다. 명백한 해결책이자 대부분의 미국인이 선호하는 해결책은 미국이 손실을 감수하고 완전히 철수하는 것이었다. 하지만 역발상적 분석은 그 해결책에 큰 문제가 있음을 발견했다. 미군이 철수하면 미국 내의 유권자들을 달랠 수는 있지만, 세계에서 미국의 명성에 더 큰 타격을 줄 것이었다. 또 이라크인들에게는 악몽 같은 치안 불안을 불러일으킬 것이었다. 국가는 붕괴되고 테러리스트들의 안식처가 될 것이 분명해 보였다. 퍼트레이어스 장군은 미군 병력을 철수시키는 대신 평화 유지를 위해 3만 3000명을 더 파견해달라고 요청했다. "이것이 미국이 탈출하는 가장 좋은 방법입니다."라고 그는 주장했다.

퍼트레이어스 장군이 단순히 더 많은 군대를 요청한 것이 아니었다. 그는 군대가 운영되는 방식도 바꿨다. 요새화된 기지에서 웅크린 채 중무장한 병력이 공격적으로 순찰을 돌면서 충돌을 불러오는 대신에, 퍼트레이어스 장군은 연합군 병사들에게 이라크 민중 속으로 들어가라고 명령했다. 연합군은 곧 수니파와 시아파를 분리시켰고, 이라크 경찰과 함께 바그다드와 다른 도시들의 가장 위험한 지역을 순찰하면서 이라크에서 정상적인 생활로의 복귀를 막는 수많은 문제를 해결하기 위해 국민들과 협력했다. 연합군은 새로운 이라크군과 협력하여 저항세력을 근거지에서 몰아내고 나라 전체를 되찾았다. 퍼트레이어스 장군은 나중에 이렇게 말했다. "이라크에서 가장 중요한 물결은 거대한 힘의 물결surge of force이 아니었습니다. 이 나라의 폭력을 궁극적으로 감소시킨 전략을 이끌었던 것은 거대한 생각의 물결surge of idea이었습니다."

그리고 그것은 잘 작동했다. 적어도 워싱턴의 정치인들이 개입해서 성급하게 승리를 선언하고, 퍼트레이어스 장군의 지시 사항이 완료되기도 전에 미군을 이라크에서 철수시킬 때까지는 말이다. 그 후 이라크가 혼란에 빠지게 된 것은 거대한 물결의 실패를 뜻하는 게 아니라 오히려 그것이 지속적으로 올바른 전략이었음을 보여주는 고통스러운 증거다. 병력 증강에 반대한 정치인들조차도 나중에 이를 인정했다.

이것은 레드티밍의 핵심을 보여준다. 레드티밍은 최고위층에서 포용할 때만 제대로 작동한다. 미군이 항상 그런 포용력을 발휘했던 건 아니었다. 그러나 레드티밍이 작동하도록 허락된 분야에서 레드티밍은 육군이 새로운 위협에 훨씬 효과적으로 대응하고, 신기술을 활용하고, 급변하는 지정학적 현실에 대처할 수 있도록 도와주었다. 육군 레드팀의 많은 성과가 기밀로 분류되었기 때문에 레드티밍이 군대의 사고방식을 바꾼 여러 방법을 더 자세하게 설명하기는 어렵다. 하지만 육군 레드팀이 수행하는 임무의 광범위한 분야는 고위 장성들이 레드티밍을 받아들인 방식에 대해 많은 것을 말해준다.

2010년 말 미 육군은 레드팀의 지휘관을 불러서 2011년 이라크 주둔 미군의 최종 철수 계획을 분석하도록 지시했다. 이것은 미군에 중요한 순간이었다. 왜냐하면 미군은 가능한 한 드라마틱하지 않게 이 나라를 떠나고 싶었다. 사람들에게 1975년 남베트남에서 미군의 굴욕적인 철수를 떠올리게 할 만한 장면을 피하고자 했기 때문이다. 레드팀은 그 계획을 세밀하게 조율하는 데 도움을 주었고, 이는 효과가 있었다. 또한 미 육군은 한반도에서부터 아프리카 중부 지역에 이르는 군사전략을 비판하기 위해 레드팀을 활용했고, 이러한 분석 덕분에 중요한 전략 수정을 도출했다. 2016년 로트코프는 합동참모본부 의장을 보좌하여 이른바 IS(이슬람 국가)에 대응하기 위한 미국의 전략을 검토하는 레드팀을 이끌었다. 그 결과에 깊은 인상을 받은 합참의장은 이후 로트코프를 다시 불러 중대한 전략적 문제를 두고 더 많은 레드팀 훈련을 이끌도록 지시했다. 육군은 레드티밍을 전쟁 계획에 국한하지 않았으며, 윤리 정책을 재정립하는 데까지도 활용했다.

군비 지출의 대규모 삭감으로 미군 고위급 장교들이 다음 전쟁을 치를 만한 자원을 갖게 될지에 의문을 제기하는 와중에, 포트 레번워스의 레드팀 교육 훈련 프로그램은 오히려 확장되었다. 이는 육군에서 레드티밍이 가지는 가치를 가장 잘 보여주는 증거라고 할 수 있다.

"레드티밍은 육군 교리의 일부가 되었지만, 더욱 중요한 점은 이곳 UFMCS에서 우리가 가르치는 분석 도구와 기법이 모든 새로운 임무와 사명에 관한 모든 대화의 일부가 되었다는 사실입니다." 로트코프가 말한다. 그는 2013년 폰트노트가 은퇴한 후 UFMCS의 학장직을 이어받았다. "우리의 아이디어는 현재 지역 차원에서 이루어지는 수백만 건의 소규모 결정을 통해 매일같이 우리에게 다시 반영되고 있어요. 그리고 그 작은 결정들이 육군을 변화시켜 21세기의 도전에 더 잘 대처할 수 있게 만들고 있습니다."

레드티밍의 확산

육군이 레드티밍을 성공적으로 실행한다는 소식이 알려지면서 다른 군대도 이를 배우기 위해 UFMCS에 장교들을 파견했다. 해병대는 매우 깊이 감명을 받아 2010년부터 버지니아주 콴티코의 해병 대학에서 자체적인 레드팀 교육 훈련 프로그램을 시작했다.

"우리는 집단사고를 완화시키는 데 도움을 줄 수 있습니다." 콴티코의 상설 해병대 레드팀을 이끌고 있는 브라이언 맥더모트Brian McDermott 중령이 말했다. "우리는 사령관과 참모들이 작전 환경을 더 잘 이해할 수 있도록 도울 수 있습니다."

공군과 해군은 레드티밍 교육을 위해 장교들을 포트 레번워스에 파견했으며 임시 레드팀을 통해 중요한 정책 결정을 검토한다. 2016년 공군은 여성을 전투 자원으로 통합하려는 계획을 평가하기 위해 레드티밍을 실행했다. 육군 특공대, 해병 특전사, 해군 특수부대 등 미국의 엘리트 부대를 총괄하는 합동 조직인 SOCOM(미군특수작전사령부)은 레드티밍을 자체 계획 프로세스의 필수 요소로 포함시켰다.

레드티밍이 미군에 미치는 영향을 본 연합국들도 포트 레번워스에 자국의 장교를 파견하여 교육을 받기 시작했다. 이후 이들 국가 중 다수가 자체적인 레드티밍 프로그램을 개설했다. 영국이 첫 사례였다. 미국의 동맹국으로서 영국은 이라크와 아프가니스탄에서 매우 뼈저린 교훈을 얻었다. 그것은 그들이 결코 반복해서는 안 될 일에 대한 교훈이었다.

"6~7년 전, 영국 국방부는 상당한 자기성찰의 시간을 가지면서 아마도 수차례의 잘못된 결정을 내렸을 수도 있다고 판단했어요." 은퇴한 영국 육군 준장 톰 롱랜드Tom Longland가 2015년 내게 말했다. 당시 그는 영국 국방부 레드티밍 프로그램의 책임자였다. "우리의 의사결정 방식에는 큰 흐름이 있었습니다. 그런 흐름 중 일부는 증거에 기초한 의사결정이라는 아이디어에서 나왔습니다. 그건 그럴듯하게 들리기 때문에 사실상 반대 의견을 표명하기가 매우 어려워요. 그러나 증거의 가치를 판단하고 그런 결정을 내릴 수 있는 도구가 반드시 필요했습니다. 물론 우리가 그 도구를 제공했습니다."

롱랜드가 언급한 '우리'는 슈리븐햄에 있는 영국 국방아카데미의 DCD센터(개발, 개념, 교리 센터)를 의미했다. 이 센터는 영국 육해공군에 분석을 제공하는 싱크탱크 역할을 한다. 전통적으로 DCD센터의 임무는 군사 교범을 만들고 개념을 개발하는 것이었다. 이 센터는 처음에는 여왕 폐하의 군대Her Majesty's Armed Forces(영국군의 별칭)를 위해 레드티밍 매뉴얼을 제작하는 단순한 임무를 맡았다. 그러나 그 역할은 빠르게 확장되었고, 현재는 영국 국방부의 공식적인 레드팀이 되었다.

"우리는 제안된 논문, 계획, 철학을 분석할 때 레드티밍 기법을 본질적으로 적용합니다." 롱랜드가 설명했다. "우리는 영국 해군 조직 체계와 국방부 개편과 국방력 검토를 위해 레드티밍을 수행했습니다. 거의 모든 일을 위해 레드티밍을 수행할 수 있습니다. 그리고 반드시 수행해야 합니다."

캐나다 육군, 호주 국방부, 뉴질랜드 방위군도 레드팀을 창설했다. NATO 역시, 프로그램 대안 분석program alternative analysis이라는 명칭으로 부르고 있지만, 사실상 레드팀을 운용하고 있다.

"우리는 집단사고를 너무 많이 합니다." 버지니아주 노퍽에 있는 연합군 지휘혁신 사령부에서 NATO의 대안 분석 프로그램 책임자로 일하고 있는 요하네스 니지스Johannes Nijs가 말했다. "우리는 현재 우리가 하고 있는 일을 다르게 생각해야 합니다. 우리는 군대에서 임무를 수행하는 방식에 대해 변화와 혁신을 일으켜야 합니다."

레드티밍의 성공은 군대 밖에서도 관심을 불러일으켰다. 영국에서는 노동연금부가 복지정책 개혁을 검토하기 위해 레드팀을 구성했다. 미국에서는 국무부, 국제개발처, FBI(연방수사국), 국토안보부 및 기타 정부 기관들이 레드티밍을 자신의 기획 과정의 일부로 만들기 위해 모두 육군에 도움을 요청했다.

2012년 포트 레번워스의 한 강좌는 지방경찰, 주경찰, 연방경찰과 협력하여 캔자스시티에서 개최될 메이저리그 야구 올스타 경기에 대한 레드팀 보안 계획을 세우도록 요청받았다. 이 강좌는 모든 법 집행기관이 서로 통신할 수 있게 허용하는 통신 네트워크를 중대한 약점으로 확인했다. 테러리스트들이 이 통신망을 혼란시킨다면 어떻게 대처할 것인지에 대한 아무런 계획도 발견되지 않았다.

"그건 불가능합니다." FBI 요원 중 한 명이 주장했다. "우리는 그런 혼란을 걱정할 필요가 없습니다."

FBI의 통신 네트워크 보안이 얼마나 철저한지에 대해 그가 설명을 마치기도 전에, 강좌의 교육생인 소령 한 명이 (우연히도 그는 육군 특수부대의 신호정보 장교였다) 전체 네트워크를 다운시킬 수 있는 전파방해 장치가 아마존에서 판매되고 있다는 사실을 발견했다. 그는 제품 설명서를 출력해서 FBI 요원에게 넘겨줬다. FBI는 즉시 만약의 사태에 대비해 계획을 세웠다.

또 다른 강좌에서는 논란이 되고 있는 캔자스시티의 공항 확장 계획을 두고 레드티밍을 실시했다. 결과는 놀라웠으며, 캔자스시티 시장은 포트 레번워스의 사령관에게 편지를 보내 캔자스시티의 모든 주요 사업이 앞으로도 비슷하게 검토받을 수 있는지 질문했다.

나중에 레드티밍을 들은 뉴욕의 연방준비은행은 자신의 준정부적 지위를 활용하여 육군이 연방은행에 포트 레번워스의 레드팀원들을 파견해서 도움을 주도록 설득했다.

포트 레번워스에서 수행된 작업에 대한 소문을 들은 주요 기업들은 육군에 비용을 지불하면 자신들의 전략과 계획에 레드팀을 활용할 수 있는지를 문의했다. 어떤 기업은 자신의 직원을 강좌에 파견하여 레드티밍을 실행하는 방법을 배우게 해달라고 요청했다. 대답은 "안 됩니다."였지만 육군은 내게는 허락해주었다. 그리고 나는 거기서 내가 배운 모든 것을 다음 장에서 독자들과 공유할 것이다.

제2장

레드티밍이란 무엇인가

> 비상 상황이 닥쳐오고 자기 보호의 본능이 경종을 울릴 때까지 예지력이 부족한 것, 분명한 판단력이 결여된 것, 권고의 혼란을 일으키는 것, 행동이 간단하고 효과적인 경우에도 우유부단하게 행동하지 않는 것. 이것이 역사에서 끝없는 반복되는 특징이다.
> – 윈스턴 처칠

2015년 8월 11일 구글의 공동 창업자 래리 페이지Larry Page는 직원들에게 최근 첨단기술 산업의 역사에서 가장 놀라운 발전 중 하나를 발표하는 편지를 보냈다. 구글이 새로운 회사인 알파벳Alphabet Inc.을 설립한다는 내용이었다. 알파벳은 새로운 유형의 지주회사가 될 것이며, 구글은 많은 자회사 중 하나가 될 것이었다. 그것은 구글의 모든 직원은 물론이고 어느 누구도 예상하지 못한 파격적인 변화였다. 직원들에게 보낸 편지에서 페이지는 변화의 이유를 이렇게 설명했다.

우리는 오랫동안 기업들이 같은 일을 하는 것이 편하다고, 점진적인 변화만 가하면 된다고 믿어왔습니다. 그러나 혁신적인 아이디어가 미래의 거대한

> 성장 영역을 주도하는 기술 산업에서, 여러분은 관련 분야에 안주하는 것을 조금 불편하게 느낄 필요가 있습니다.

이것이 바로 레드티밍이 하는 일이다. 레드티밍은 당신의 계획과 그 계획이 기반으로 하는 가정에 도전한다. 레드티밍은 당신이 비즈니스를 다르게 생각하고 대안적인 관점을 고려하도록 압박한다. 레드티밍은 비판적이고 역발상적인 사고를 당신 기업의 기획 프로세스의 일부로 만들고, 당신의 전략을 스트레스-테스트하는 데 사용할 수 있는 일련의 도구와 기법을 제공한다. 레드티밍은 당신이 고객과 경쟁업체를 더 잘 이해할 수 있도록 돕는다. 레드티밍은 당신이 비즈니스 환경에서 위기와 기회를 모두 파악할 수 있도록 돕는다. 레드티밍은 당신 앞에 놓인 위험과 그 위험을 당신의 장점으로 바꾸는 방법을 알려준다. 레드티밍은 당신의 조직을 약간 불편하게 만들지도 모르지만, 당신이 상황을 제대로 파악하고 경쟁에서 앞서 나가고, 점증하는 불확실한 세계에 대처하는 데 도움을 줄 것이다.

미 국방부는 다음과 같이 설명한다.

> 레드티밍은 진취적 정신에 의해 수립되어, 바로 그 진취적 정신이 만들어낸 계획과 프로그램과 가정에 도전한다. 레드티밍이 다른 관리 도구와 차별화되는 점은 이러한 의도적인 도전이다.

모든 계획은 가정에 기반을 두고 있으며, 모든 가정은 이해를 바탕으로 하고 있으며, 그 이해는 때로는 제한적이고 때로는 결함이 있다. 레드티밍은 당신의 가정에 도전함으로써 당신의 계획을 더욱 강하게 만든다. 그러나 레드티밍에는 단순히 가정에 도전하는 일보다 더 많은 것이 담겨 있다. 당신이 복잡한 문제를 해결하고 의도하지 않은 결과를 파악하는 데 도움이 되는 레드티밍 기법이 있고, 당신의 계획이 어떻게 실패하고 미래가 예상치 못한 방식으로 전개될 수 있는지를 보여주는 레드티밍 기법이 있다. 또한 당신이 더 잘하는 일을 하도록 도움을 주는 레드티밍 기법도 있다. 이 혁신적인 도구는 당신 회사가 값비싼 실수를 회피하고 당신이 그 존재조차 알지 못하는 기회를 활용하도록 도움을 줄 수 있다. 그러나 레드티밍 활용법을 배우기 전에, 먼저 레드티밍이 무엇인지를 이해해야 한다. 즉, 레드티밍이 아닌 것과 구별해야 한다.

레드티밍이 의미하는 것

레드티밍은 과학이자 예술이다 레드티밍의 과학은 이러한 도구와 기법을 사용하여 인간 의사결정의 한계를 극복하는 데 있다. 다음 장에서 자세히 살펴보겠지만, 레드티밍은 인지 과학cognitive science과 의사결정 심리학에 뿌리를 두고 있다. 수백 년 동안 우리는 인간이 이용 가능한 정보를 가지고 최선의 결정을 내린다고 일반적으로 생각했다. 그러나 지난 수십 년 동안 연구자들은 그것이 사실이 아니라는 점을 분명히 확인했다. 그들은 우리가 불편해할 진실을 발견했다. 즉, 우리가 아무리 현명하고 교육을 잘 받았고 의도가 좋았을지라도, 우리는 인지적 편향과 논리적 오류의 어지러운 배열에 부당하게 영향을 받는다. 그 영향이 의사결정을 왜곡하고 의도하지 않은 방향으로 이끈다는 걸 깨닫지도 못한 채 말이다. 레드티밍은 우리에게 이러한 편견과 한계를 인식시켜줄 뿐만 아니라 이를 극복할 수 있는 방법을 제공한다.

레드티밍의 예술은 어떤 상황에서 어떤 도구와 기법을 사용할 것인지를 결정하는 데 있다. 이러한 방법 중 일부는 특정 유형의 문제를 분석하도록 설계되었다. 다른 방법들은 좀 더 일반적으로 모든 분석에 도움이 될 수 있다. 일부 방법은 시간과 인력 및 기타 자원에 대한 상당한 투입을 필요로 하지만, 다른 방법은 준비와 비용이 거의 필요 없이 수행할 수 있다. 일부 방법은 기획 과정의 초기에 가장 잘 적용되며, 다른 방법은 당신이 마지막 순간에 결정을 내리는 데 도움을 줄 수 있다. 이러한 도구와 기법을 어떻게 사용하는지를 아는 것만으로는 충분하지 않다. 언제 어디서 사용해야 하는지도 알아야 한다.

포괄적인 레드티밍 분석은 일반적으로 세 단계로 나뉜다. 시작 단계는 분석 도구를 사용하여 정기적인 계획 프로세스에서 의문이 제기되지 않은 채 너무 자주 지나가는 주장과 가정에 의문을 제기하는 것이다. 다음 단계는 숨겨진 위험과 기회를 포착하기 위해 상상력이 풍부한 기법을 사용하여 그 계획에서 무엇이 잘못될 수 있는지(그리고 무엇이 올바를 수 있는지)를 파악하는 것이다. 마지막 단계는 역발상적 생각을 활용하여 그 계획에 도전하고 조직이 대안적 관점을 고려하도록 압박하는 것이다.

또한 레드티밍의 예술은 레드티밍을 언제 중단해야 하는지를 알고 실행하는 데 있다. 당신은 어떤 결정을 지나치게 많이 생각할 수 있다. 군대에서는 이를 '분석 마비analysis paralysis'라고 부른다. 하지만 뛰어난 레드팀 리더는 상황에 따라 어느 정도의 레드티밍이 충분한지를 알고 있으며 그 이상 진행하지 않는다.

레드티밍은 사고방식이자 일련의 도구다 레드팀원이 사용하는 도구들은 정보 분석가의 기술과 인지심리학자의 연구에서 나온다. 이 방법들은 기존의 가정과 정형화된 사고방식을 철저히 분석하고 그것에 도전하기 위해 고안되었다. 이는 비즈니스의 가장 큰 두 가지 골칫거리인 집단사고와 현실 안주를 정면으로 겨냥한 무기들이다. 레드티밍을 기획 프로세스에 통합함으로써 당신의 조직에서 두 골칫거리 모두를 제거할 수 있다.

레드티밍의 사고방식을 받아들인다는 건 어떤 것도 당연하게 생각하지 않는다는 걸 의미한다. 의문을 제기할 수 없는 것에 의문을 던지고, 상상할 수 없는 것을 상상하고, 모든 것에 도전한다는 걸 의미한다. 과거에 집착하지 않고 미래를 바라보는 걸 의미한다. 경쟁사, 공급업체, 당신의 직원, 기타 주요 이해관계자의 관점에서 문제를 바라보는 걸 의미한다. 레드티밍은 당신이 고객의 관점에서 (또는 더 바람직하게는, 미래의 고객의 관점에서) 자사의 제품과 서비스를 바라보도록 도와준다. 레드티밍은 단순히 '틀을 벗어나는' 생각에 관한 것이 아니라 생각의 틀 자체를 조사하고 그 틀이 당신의 생각을 어떻게 형성하는지 이해하는 것이다.

레드티밍은 독립적이다 당신의 조직을 생각해보라. 각 부서, 각 그룹, 각 개인은 저마다 기득권을 갖고 있으며 그걸 보호하고 확대하려 애쓴다. 따라서 사람들, 그룹들, 부서들이 자신과 관련되거나 자신이 책임지는 계획 또는 전략을 비판적·객관적으로 생각하는 건 매우 어렵다. 또한 그 기득권은 그들에게 가깝고 소중한 뭔가에 영향을 미친다. 반면 레드팀은 아무것도 소유하지 않는다. 보호해야 할 영역이나 기득권이 없으며, 그런 다툼에 실질적인 관련이 없다. 그들은 진실에만 의존한다. 그래서 레드팀은 왜곡되지 않은 렌

즈를 통해 진실을 보고, 객관적으로 전략이나 계획을 분석하고, 문제와 단점을 확인하고, 이를 개선할 수 있는 방법을 제안하는 능력을 갖게 된다.

이것이 적어도 이상적이다. 당신의 조직에 레드티밍을 통합하는 방법은 여러 가지가 있다. 상설 사내 레드팀에서 조력자인 사외 레드팀까지 다양하게 선택할 수 있다. 각 모델에는 장단점이 있다. 그러나 어느 접근법을 선택하든, 당신의 레드팀이 효과적이기 위해서는 어려운 질문을 던지고 정직한 대답을 얻어낼 지적 자유intellectual freedom가 있어야 한다.

레드티밍은 보편적이다 앞 장에서 논의했듯이 전 세계 국가들은 레드티밍을 군사 및 정보 계획에 포함시켰다. 각 국가는 레드티밍 방법론에 중요한 공헌을 했다. 외국 기업 또한 레드티밍을 실험하기 시작했다. 나와 레드티밍을 공유한 첫 번째 조직은 DBJ(일본개발은행) 산하의 투자자문 회사다. 이 회사는 2009년 DBJ가 부가가치 투자를 통해 일본 기업을 돕기 위한 목적으로 설립했다. 해리 무라카미Harry Murakami DBJ 회장은, 한때 위대했던 일본 회사들이 과거의 성공에 갇혀 있는 걸 목격하면서 일본에서 어떻게 레드티밍이 진정한 가치를 더할 수 있을지를 빠르게 이해했다.

"일본은 수십 년간 성공을 거두었고, 그 성공이 순응성을 키웠어요." 레드티밍에 대한 첫 번째 토론에서 무라카미 회장이 내게 말했다. "1990년대 이후로 우리는 그런 성공을 당연시할 수 없었습니다. 그러나 여전히 너무나 많은 일본 회사가 자신이 하는 일과 행동 방식에 의문을 제기하지 않고 있어요."

무라카미 회장은 레드티밍을 통해 그 회사들이 오랫동안 당연시하며 받아들인 일들을 면밀히 되돌아보도록 도울 수 있는 방법을 발견했다. 레드티밍은 당신 회사도 그렇게 하도록 도움을 줄 수 있다.

레드티밍은 변화를 수용하는 것이다 비즈니스 환경에서 레드티밍은 '회사에는 최종 상태end state가 없고 시장에는 균형equilibrium이 없다'라는 지식에 근거한다. 변화만이 유일한 상수constant다. 현재 당신 회사가 아무리 시장 지배적이고 위대하다 할지라도, 그 위대함을 지속시킬 수 있는 유일한 방법은 계속 진화하는 것뿐이다. 이 말이 의심된다면, 2002년 출판된 짐 콜린스Jim Collins의 비즈니스 고전 《좋은 기업을 넘어 위대한 기업으로Good to Great》를 읽어보고 그가 모범으로 선정한 회사 중 얼마나 많은 수가 아직도 위대한지 (또는 아직도 살아있는지) 확인해보라. 짐 콜린스는 훗날 새로운 저서 《강자는 어떻게 몰락하는가How The Mighty Fall》에서 이렇게 썼다.

> 현재의 관행과 성공의 지속 원리를 구별하지 못하고 관행에 화석처럼 고착되는 실수를 저질렀을 때, 기업들은 스스로를 쇠락의 길로 이끌었다.

MIT 경영학 교수인 피터 센게Peter Senge는 자신의 대표작 《제5경영The Fifth Discipline》에서 이렇게 표현했다.

> 영구적인 우월함에 도달했다는 의미에서 볼 때 어떤 기업도 '우월'할 수 없다. 기업은 항상 더 나아지거나 더 나빠지는 학습 훈련을 실행하는 상태에 있다.

가장 혁신적인 기업은 변화의 필요성을 이해할 뿐만 아니라 변화를 스스로 받아들이는 기업이다. 래리 페이지의 편지를 보라. 구글의 공동 창업자인 래리 페이지와 세르게이 브린Sergei Brin은 1998년 회사를 설립했을 때 변화의 필연성을 이해했고 이를 구글의 DNA로 만들었다. 이것이 다른 많은 (크고 작은) 회사들이 어느 날 아침, 잠에서 깨어 구글이 그들의 영역에 뛰어들기로 결정했다는 소식을 듣게 될까 봐 두려워하는 이유다. 변화가 당신 기업의 태생적인 DNA가 아니더라도 레드티밍을 통해 변화를 회사 문화의 일부로 만들 수 있다.

스티브 잡스Steve Jobs가 했던 것처럼 변화를 수용한 비즈니스 리더의 사례는 거의 없다. 여러 면에서 잡스는 1인 레드팀one-man red team이었다. 애플의 1997년 광고 슬로건 "다르게 생각하라Think Different"는 레드티밍의 정신을 완벽하게 담고 있다. (문법적으로는 완벽하지 않다). 애플의 부활에 관한 이야기는 잡스가 비판적이고 역발상적 분석을 통해 회사의 발전을 저해하는 혼란 요소를 제거하고 레이저와 같은 선명함으로 애플이 나아갈 방향을 제시한 사례로 가득 차 있다. 이런 사례 중 가장 신랄한 상황은 1997년 잡스가 CEO로 애플에 복귀한 직후 제품 검토 과정에서 나타났다. 월터 아이작슨Walter Isaacson은 2011년 잡스의 자서전에 이렇게 썼다.

> 제품 검토 결과, 애플이 얼마나 초점을 잃었는지가 분명해졌다. 관료주의적인 압력 때문에 그리고 소매업체의 변덕을 만족시키기 위해 애플은 각 제품마다 여러 버전을 생산해내고 있었다. "그건 정말 말도 안 되는 상황이었어요." 애플의 마케팅 팀장 필 실러Phil Schiller는 회상했다. "그 수많은 제품 대부분이 엉망이었지요." 애플의 매킨토시 버전은 10여 개에 달했고, 각각에는 1400에서 9600까지 버전 번호들이 복잡하게 매겨져 있었다. "직원들에

게 3주 동안 설명을 들었는데도 전혀 이해할 수가 없더군요." 잡스가 말했다. 그는 마침내 이런 식으로 간단한 질문을 던지기 시작했다. "내 친구들한테 어떤 걸 사라고 하면 좋을까?" …

몇 주 후, 마침내 잡스는 결단을 내려야겠다고 결심했다. "그만해요!" 그는 중요 제품 전략 회의에서 소리쳤다. "이건 정신 나간 짓이에요." 그는 화이트보드 앞으로 성큼성큼 다가가 매직펜을 손에 쥐고 가로 선과 세로 선을 그어 커다란 정사각형을 네 칸으로 나눈 표를 그렸다. "지금 애플에게 필요한 건 바로 이겁니다." 그는 사각형 위쪽에 '소비자용', '프로용'이라고 적었다. 사각형 왼쪽에는 '데스크톱', '휴대용'이라고 적었다. 잡스는 도표를 가리키면서 각 사분면에 해당하는 뛰어난 제품을 만드는 게 애플이 해야 할 일이라고 역설했다. "방 안은 쥐 죽은 듯이 조용해졌습니다." 실러는 회상했다.

애플은 수년 동안 광야에서 방황하고 있었고 잡스가 돌아왔을 때는 거의 파산 상태였다. 그 순간 그는 회사를 올바른 방향으로 되돌려놓았다. 잡스는 애플의 제품 라인업을 비판적으로 생각함으로써 그 일을 해냈다. 그는 처음부터 회사가 이러한 모든 다른 기기를 승인하도록 이끈 가정에 도전함으로써 그 일을 해냈다. 그는 애플의 고객이 누구이며 그들이 정말로 원하는 게 무엇인지를 이해함으로써 그 일을 해냈다. 다시 말해, 그는 레드팀원처럼 생각함으로써 그 일을 해낸 것이다.

전략을 분석할 때, 레드팀은 처음에 그 전략을 정당화하기 위해 사용한 주장을 고려하기보다는, 그 전략을 뒷받침하는 핵심 가정을 확인하고 평가하면서 시작한다. 이것이 잡스가 회의실에 앉아서 애플의 제품 프로그램 리더가 자신들의 제품을 설명하는 걸 들으면서 했던 일이다. 아마도 이 열두 가지의 서로 다른 컴퓨터를 시장에 내놓은 데는 논리적인 이유가 있었을 것이다. 이 제품을 옹호하는 사람들은 애플 고위 경영진의 승인을 얻기 전에 제품에 대한 설득력 있는 사례를 만들었음이 분명하다. 그러나 잡스는 12년 전 회사에서 강제로 퇴출되었기 때문에 그 주장을 듣지 않았다. 그래서 그는 이러한 제품 각각을 객관적으로 볼 수 있었고, 이를 통해 대부분이 불필요하다는 것을 알 수 있었다. 잡스는 애플의 독창적인 브랜드의 신뢰도에 대해 깊이 이해하고 있었지만 외부인으로 이 문제에 접근하고 있었기 때문에, 애플이 너무 많은 사람에게 너무 많은 제품을 시도하고 있음을 알 수 있었다. 잡스가 그 사실을 알았던 이유는 똑같은 시장을 보면서도 수십 개의 작은 부분에 주목한 것이 아니라 소비자와 전문직, 데스크톱과 랩톱이라는 네 가지 큰 분야에 주목했기 때문이다. 그리고 그는 애플을 다시 위대하게 만드는 방법은 그 네 분야에서 최고의 기기를 제공하는 것임을 알았다.

브렌트 슐렌더Brent Schlender와 릭 테트젤리Rick Tetzeli는 《스티브 잡스 되기Becoming Steve Jobs》에서 이렇게 지적했다.

> 그 사분면은 윈도우 PC 제조사와 정반대의 방향으로 애플을 끌어 올렸다. 윈도우 PC 제조사들은 빠르고 강력하지만 특별한 게 없는 모든 기기를 정신없이 쏟아냈다. 그 사분면은 애플을 역사적인 임무로 되돌려놓았다. 그 임무는 최고급 소비자 및 전문가 시장에 최첨단 제품을 제공하는 것이었다.

앨런 멀러리는 태생적인 레드팀원으로 볼 수 있는 또 한 명의 CEO다. 2006년 빌 포드는 힘겹게 버티던 자신의 자동차 회사를 구하기 위해 멀러리를 고용했다. 포드자동차는 파산 직전에 있었고 자동차업계의 어느 누구도 포드가 살아날 수 있을 거라고 생각하지 않았다. 포드자동차의 문제점은 너무나 심각했다. 제품은 고리타분했고, 노동계약은 경쟁력이 없었고, 기업 문화는 완전히 녹이 슬어 있었다. 포드자동차의 임원들은 토요타나 GM과 경쟁하는 것보다 서로 싸우는 데 더 많은 시간을 허비했다. 포드는 가망이 없었다. 디트로이트의 모든 사람이 그 사실을 알고 있었다. 그러나 앨런 멀러리는 디트로이트 출신이 아니었다. 그는 시애틀 출신의 우주항공 엔지니어였고 보잉의 상업항공 부문 사장이었다. 그의 고용에 관한 뉴스는 포드의 맞은편 동네의 경쟁자들에게 웃음거리가 되었다. GM과 크라이슬러의 경영진은 디트로이트(자동차업계)의 작동 방식에 대해 아무것도 모르는 사람이 포드를 구하려 한다며 그 아이디어를 비웃었다.

"그들이 옳았어요. 저는 그들이 디트로이트에서 어떻게 했는지 몰랐습니다." 멀러리가 나중에 내게 말했다. "하지만 저는 그 방식이 작동하지 않는다는 걸 알고 있었습니다."

그리고 그것이 그가 알아야 할 전부였다. 앨런 멀러리는 다른 모든 사람에게 극복할 수 없는 것처럼 보이는 문제를 조사하고 해결 방법을 알아냈다. 그는 잡스가 애플에서 했던 것처럼 포드의 제품 라인업을 간소화했고 절감한 비용을 활용하여 포드의 나머지 제품들에 동급 최강의 기능과 입이 벌어질 정도로 놀라운 디자인을 장착했다. 멀러리는 전미자동차노동조합에 계약 변경 선택권을 주어 미국에서 새로운 차량을 유리하게 생산하거나 멕시코에 아웃소싱할 수 있도록 허용했다. 결과적으로 노조로부터 다른 어떤 자동차 회사보다 많은 양보를 이끌어냈다. 그리고 그는 회사의 임원들에게 서로 경쟁자가 되는 것보다 팀으로서 함께 일할 때 더 성공할 수 있다는 걸 보여줌으로써 포드자동차가 낡은 출세 제일주의 문화에서 벗어나도록 도왔다. 앨런 멀러리는 2006년 말부터 2010년 초반까지 불과 3년 만에 포드자동차를 구했을 뿐만 아니라 세계에서 가장 수익성 있는 자동차 회사 중 하나로 만들었다. 대공황 이후 세계 최악의 경제위기하에서도 정부의 구제금융을 받지 않고 이를 성취해낸 것이다.

앨런 멀러리는 레드티밍을 들어본 적이 없으며 레드티밍의 도구나 기법에 대한 공식 교육도 받지 않았다. 그러나 애플의 잡스가 그랬듯이 멀러리는 레드팀과 동일한 방식으로 포드의 문제점에 접근했다. 그는 회사의 사업 전략을 뒷받침하는 가정을 철저히 조사하여 잔뜩 끼어 있는 비누 거품을 터뜨렸다. 그는 날 선 질문을 던지고 "왜냐하면 그것이 우리가 항상 해왔던 방식이기 때문입니다."라는 상투적인 답변을 거부했다. 그는 자동차 제조 회사의 관점에서뿐만 아니라 딜러, 협력업체, 노동조합의 관점에서 포드의 문제를 생각했으며, 그들과 포드자동차의 요구 사항을 모두 만족시키는 해법을 찾아냈다. 가장 중요한 건 세계경제가 침체되어 자동차 시장이 위기에 빠졌을 때, 그는 그 재앙을 포드자동차의 장점으로 바꾸는 방법을 알아내어 경쟁사와는 정반대의 방식으로 대응했다는 점이다. GM과 크라이슬러가 현금을 비축하기 위해 신제품에 대한 투자를 삭감했을 때, 앨런 멀러리는 포드자동차의 구성원들에게 투자의 가속 페달을 밟으라고 명령했다. 다른 자동차 업체들이 연방 정부에 구제금융을 신청했을 때, 그는 국민의 혈세인 구제금융을 사양하면서 포드가 만든 문제는 포드 스스로가 해결하겠다고 미국인들과 약속했다. 그리고 GM과 크라이슬러가 파산했을 때, 포드자동차는 기록적인 수익을 올렸다.

이것이 바로 레드티밍의 힘이다. 당신 회사에 스티브 잡스나 앨런 멀러리 같은 인물이 없을지도 모르지만, 당신은 잡스와 멀러리가 애플과 포드에 가

겨다준 것과 똑같은 비판적 분석과 역발상적 사고를 제공하는 레드팀을 구축할 수 있다.

200년 전, 프로이센 군대는 나폴레옹을 무찌르기 위해 유사한 접근법을 사용했다.

1806년 나폴레옹은 예나(독일 남부의 도시)에서 프로이센군을 격파하고 프로이센을 벼랑 끝으로 몰아갔다. 프로이센 장군들은 자신들을 심각하게 되돌아보고 자신들은 나폴레옹과 동등한 존재가 아니라는 사실을 깨달았다. 그러나 또한 그들은 팀으로 함께 협력하면 그를 이길 수 있다는 사실도 알았다. 그들은 군대의 개혁을 한 명의 장군에게 맡기지 말고 가장 명석하고 뛰어난 장교들로 이루어진 팀에 맡기도록 프로이센 국왕을 설득했다. 그들은 이 팀을 '작전 참모General Staff'라고 불렀다. 작전 참모들은 서로 함께 협력하여 프로이센 군대를 재건했고 6년 후 라이프치히 전투에서 나폴레옹을 물리치는 것을 도왔다. 2년 후, 교활한 프랑스 황제가 엘바에서 탈출했을 때, 프로이센군은 영국이 주도한 동맹국들과 함께 워털루에서 다시 프랑스군을 격파했다.

그리고 프로이센군은 19세기의 나머지 동안 계속 승리하여*, 미국을 포함한 다른 많은 국가들이 그들의 작전 참모 시스템을 채택하도록 만들었다.

아마존이나 우버를 현대의 나폴레옹 화신으로 생각해보라. 예전에 나폴레옹이 유럽을 분열시키고 기존 질서를 뒤집고 왕조를 쓰러뜨린 것과 같은 방

• 프로이센군 작전 참모는 1871년 독일 통일 이후 독일군 작전 참모가 되었다. 제1차 세계대전과 제2차 세계대전에서 독일이 패배한 데에는 빌헬름 2세와 아돌프 히틀러가 주요 문제에 대해 작전 참모의 의견을 묵살한 점도 상당한 영향을 끼쳤다.

식으로 그들은 비즈니스 세계를 뒤흔들고 있다. 프로이센이 장군들을 조직화하여 나폴레옹과의 전쟁에서 형세를 역전시킬 수 있었던 것처럼, 기업 정복자들의 표적이 된 회사들은 레드팀을 구성함으로써 그러한 위협에 대응할 수 있을 뿐만 아니라 그들 자신이 정복자 중 하나가 될 수 있다.

레드티밍이 의미하지 않는 것

레드티밍은 리더십에 대한 도전이 아니다 레드팀의 역할은 의사결정을 내리거나 지도자 또는 관리자의 권한을 약화시키는 것이 아니다. 레드팀의 역할은 지도자와 관리자에게 비즈니스 환경에 대한 더욱 객관적인 분석과 더욱 포괄적인 설명, 그리고 고려해야 할 대안을 제공하여 더 나은 결정을 내릴 수 있는 힘을 부여하는 것이다.

"리더들은 레드티밍을 채택하는 것이 자신의 권력도 포기하는 게 아니라는 걸 반드시 알아야 합니다." 퇴역 대령 스티브 로트코프가 설명한다. "레드팀은 리더의 선택을 강요하지 않아요. 레드팀은 '이걸 해라', '저걸 하지 마라' 같은 말을 결코 하지 않습니다. 레드팀을 고용한 지도자는 여전히 자신이 원하는 모든 의사결정을 내릴 수 있습니다. 레드팀이 하는 일은 지도자들이 당면한 문제에 대한 좀 더 분석적인 이해를 바탕으로 결정을 내릴 수 있도록 도와주는 겁니다."

레드티밍은 리더를 위한 일종의 보험 역할을 할 수도 있다. 엄격한 규제 및 이사회 조사가 진행되는 이 시대에, 새로운 계획 또는 전략 변화에 대한 철저한 레드티밍 분석을 실시하는 것은 모든 위험과 합리적인 대안이 적절하게 평가되고 고려되었다는 증거를 제공하는 것이다.

레드티밍은 계획을 대체하는 것이 아니다 "레드팀은 계획을 세우지 않습니다. 계획을 더 잘 세우도록 만듭니다." 버지니아 콴티코에 있는 해병 대학의 레드팀 훈련 프로그램 책임자인 레이 댐Ray Damm 대령이 설명했다. 레드팀이 이를 수행할 수 있는 이유는 조직의 전략과 계획의 기반이 되는 가정에 도전하고, 조직에 내재된 논리적인 오류를 노출시키고, 의사결정을 너무 자주 흐리게 만드는 집단사고를 차단시키기 때문이다.

레드팀은 이러한 계획과 전략을 개발하는 데 직접적으로 관여하지 않을 때 가장 효과적으로 작업을 수행할 수 있다. 레드팀이 직접 계획을 개발하게 하는 건 레드팀을 만든 원래의 목적을 무효화시키는 것이다. 물론, 레드티밍 과정에서 원래 계획을 세운 그룹의 구성원을 포함시키는 것이 합리적인 때와 상황이 있을 수 있다. 그러나 그럴 때조차도 그 구성원은 새로운 눈으로 문제에 접근해야 한다.

레드티밍은 행동하지 않는 것에 대한 변명이 아니다 조지 패튼George Patton 장군은 이런 격언을 남겼다. "지금 당장 실행할 수 있는 괜찮은 계획이 다음 주의 완벽한 계획보다 낫다." 그러나 검증받지 않은 계획은 결코 독립적 조사와 비판적 분석을 거친 계획만큼 좋지 않을 것이다.

어떤 레드티밍 기법은 효과적으로 활용하는 데 상당한 시간 투자가 필요하며, 어떤 결정은 그만큼 신중한 접근 방식이 필요하다. 그러나 극단적으로 시간이 제약된 경우에는 레드티밍을 빠르고 효과적으로 수행할 수도 있다. 이 책에서 설명할 도구 중 일부는 당신이 결정을 내리기 전에 몇 분만 투자

해도 효과적으로 사용할 수 있다.

몇 분도 투자할 수 없다면 레드티밍을 해서는 안 된다. 군대가 레드팀 지휘관에게 가르치는 가장 중요한 규칙 중 하나가 바로 이것이다. 적이 눈앞에 있다면 레드티밍을 하지 마라.

레드티밍은 점성술이 아니다 레드팀의 임무는 미래를 예측하는 게 아니다. 미래에 나타날 수 있는 모든 합리적인 가능성을 설명하여 조직의 전략을 보장하는 것이다. 이러한 이유로 (그리고 이것이 핵심 포인트다) 레드팀이 효과적이기 위해 반드시 옳을 필요는 없다. 사실, 레드티밍이 제대로 작동하려면 틀려도 괜찮은 환경에서 진행되어야 한다.

레드팀의 임무는 더 나은 계획을 세우는 것이 아니라 기존 계획을 더 좋게 만드는 것임을 명심하라. 이는 기존 계획에 대안적인 설명을 제공하고, 기존 계획의 가정에 도전하며, 기존 계획의 실행 중에 돌발할 수 있는 문제를 예상함으로써 가능해진다. 정말로 틀을 벗어나는 사고를 하기 위해 레드팀 구성원에게는 틀려도 괜찮은 생각의 자유가 필요가 있다. 조직이 자신의 전략과 계획을 더 깊이 비판적으로 생각하게 만든다면 레드팀은 임무를 완수한 것이다. 그 과정에서 원래 계획이 모두 옳았음을 발견할지도 모른다. 그러나 레드티밍이 제공하는 신중하고 중요한 조사를 거치기 전에는 결코 그것을 옳다고 확신해서는 안 된다.

레드티밍은 냉소적이지 않다 비판적인 것과 부정적인 것은 차이가 크다. 그리고 의심하는 것과 냉소적인 것에도 큰 차이가 있다. 두 경우 모두 레드팀은 항상 전자여야 하며, 후자가 되지 않도록 경계해야 한다.

레드팀이 제공하는 피드백은 항상 긍정적이고 협력적이며 건설적이어야 한다. 레드팀의 임무는 직원 또는 경영진의 결점이나 단점을 폭로하는 게 아니다. 조직이 전략과 계획에 대해 더 깊이 생각하도록 도와줌으로써 직원과 경영진 모두를 지원하는 것이다.

"레드팀이 실패하는 이유는 감시자 또는 경찰의 내부 감찰반처럼 행동하기 때문입니다." 레이 댐 대령이 경고한다. "당신이 나타나면 사람들이 짜증을 내는 단계에 도달해서는 안 됩니다."

마찬가지로 조직 구성원도 레드티밍이 지향하는 건설적이고 협력적인 정신으로 레드팀의 피드백을 받아들여야 한다. 그들이 레드팀의 비판을 사적인 것 또는 공격적인 것으로 인식하면, 레드티밍이 제공하는 통찰력과 분석을 장점으로 활용하기가 어려워질 수도 있다.

레드티밍은 단순히 실수를 줄이거나 위험을 완화시키는 활동이 아니다

기업이 오류를 줄이고 위험을 관리하는 데 도움이 되는 다양한 시스템이 제안되었다. 레드티밍은 이러한 두 가지 주요 목표를 달성하는 데도 도움을 줄 수 있지만, 그 이상의 목표를 추구한다. 그건 바로 새로운 대안과 새로운 기회를 확인하는 것이다.

게리 클라인Gary Klein 박사는 레드티밍이 기업에 얼마나 중요한지를 내게 분명히 인식시켜주었다. 의사결정 분야의 저명한 학자인 게리 클라인은 레드티밍의 가장 강력한 도구 중 하나인 사전검사분석Pre-Mortem Analysis을 개발하는 책임을 맡고 있다. (사전검사분석은 제7장에서 자세히 살펴볼 것이다.) 어느 날 함께 점심 식사를 하면서 내가 레드티밍을 설명하자, 그는 종이 한 장을 꺼내 간단한 공식을 썼다.

$$P = \uparrow + \downarrow$$

클라인 박사는 P가 '성능 향상performance improvements'을 의미하며 위쪽 화살표는 '통찰력insights'을, 아래쪽 화살표는 '오류errors'를 나타낸다고 설명했다.

"식스시그마*와 같은 대부분의 시스템의 문제점은 오류를 식별하고 줄이는 데에만 집중한다는 겁니다." 그가 내게 말했다. "시스템이 실제로 조직의 성과를 높이려면 오류만 줄이는 게 아니라 새로운 통찰력을 제공해야 해요. 레드티밍이 두 가지 모두를 할 수 있다면 진정한 차이를 만들 가능성이 있습니다."**

레드티밍은 그렇게 할 수 있고, 그렇게 하고 있다.

레드티밍은 다른 관점으로 문제를 바라보고 대안적 해법을 모색함으로써 계획자가 간과한 기회를 인식하는 데 도움을 준다. 또한 레드팀은 경기침체 및 기타 시장 변동성을 활용하는 방법을 파악하기 위해 경쟁자가 취할 가능성이 있는 경로와는 다른 방식으로 이러한 불확실한 물결을 헤쳐 나가는 경로를 차트로 표시하는 역발상적 분석을 사용한다.

레드티밍은 리더만을 위한 것이 아니다 레드티밍은 조직 전체가 포용할 때 가장 효과적이지만 단일 부서, 분과, 프로젝트팀, 공장, 소매점 등 자신의

● 식스시그마는 1980년대에 모토로라가 품질 향상 및 불량 감소를 위해 개발한 데이터 중심 접근 방식이다. 이후 많은 기업, 특히 제조업이 이를 채택했다.
●● 게리 클라인의 공식에 대한 자세한 내용은 그의 저서 《다른 사람들이 보지 못하는 것을 보다: 우리가 통찰을 얻는 놀라운 방법 *Seeing What Others Don't: The Remarkable Ways We Gain Insights*》(New York, PublicAffairs, 2013)을 참조하라.

전략과 계획을 개발하고 실행하는 책임이 있는 소규모 그룹에서 사용하는 경우에도 큰 차이를 만들 수 있다. 당신보다 월급을 많이 받는 사람들이 그룹의 전략을 수립한 경우에도 레드티밍을 사용하여 전략을 실행하는 가장 좋은 방법을 파악할 수 있고, 전략이 실패할 수 있는 방법을 찾아내어 그런 문제를 사전에 해결하는 방법을 결정할 수 있다. 이 책에서 설명하는 방법을 사용함으로써 당신은 다른 사람들이 놓친 기회를 포착해서 활용하도록 계획을 수정할 수 있다. 또한 당신 그룹이 겪고 있는 문제점의 근본 원인에 도달하여 해결책을 찾아내기 위해 레드티밍을 사용할 수 있다.

자신 이외의 다른 사람을 통솔하고 있지 않은 경우에도, 당신은 자신의 의사결정을 더 잘 평가하고 자신의 업무와 삶을 더 냉철하게 생각하기 위해 동일한 도구와 기법을 사용할 수 있다.

레드티밍은 군대나 기업의 운영만을 위한 것이 아니다 모든 규모의 기업은 레드티밍의 이점을 활용할 수 있다. 비영리단체와 자선단체도 마찬가지다. 육군이 가장 효과적으로 레드티밍을 응용한 사례 중 하나는 소아마비 박멸을 위해 빌 앤 멜린다 게이츠 재단Bill & Melinda Gates Foundation과 협력한 것이었다. 다른 자선단체들도 레드티밍을 활용하여 자금 지원을 받을 후보자를 심사하는 방법을 모색하기 시작했다. 벤처캐피탈 회사들은 잠재적인 투자 대상을 평가하기 위해 유사한 기법을 활용하고 있다. 투자 회사들은 주식 선택을 위해 레드티밍 도구를 성공적으로 사용하고 있다.

전략을 스트레스-테스트하고, 계획을 세밀하게 조정하고, 대안적 관점을 고려하고, 더 나은 결정을 내리고자 하는 모든 조직에 레드티밍은 이상적이다. 이는 레드티밍이 상장 회사 및 헤지펀드뿐만 아니라 비영리단체와 개인 투자자에게도 가치가 있다는 걸 의미한다.

레드티밍은 만병통치약이 아니다 어떤 회사라도 사용하기만 하면 모든 비즈니스의 병폐를 치료할 수 있고 미래의 성공이 보장된다고 큰소리치는 새로운 비즈니스 시스템이 해마다 등장한다. 레드티밍은 그런 시스템이 아니다.

레드티밍은 훌륭한 제품이나 매력적인 서비스를 위한 새로운 대안이 아니라 기존의 제품과 서비스를 개선하는 데 도움을 주는 것이다. 레드티밍은 경기변동business cycle을 뛰어넘을 수는 없지만, 회사가 그런 변동에 더 잘 대처하도록 도울 수 있다. 레드티밍은 새로운 경쟁자가 시장에 진입하거나 더 나은 일을 하는 것을 막을 수는 없지만, 당신이 단점을 사전에 보완할 수 있도록 당신의 취약점을 미리 알려줄 수 있다. 레드티밍은 진화evolution를 원치 않은 조직을 바꿀 수는 없지만, 진화를 원하는 조직에 강력한 통찰력과 가이드를 제공할 수 있다. 마지막으로, 레드티밍이 나쁜 리더십을 극복할 수는 없다. 왜냐하면 레드팀이 효과적으로 운용되려면 리더의 적극적인 지원이 필요하기 때문이다. 하지만 이러한 지원을 통해 레드티밍은 좋은 리더를 위대한 리더로 만들 수 있다.

변화냐 죽음이냐

2004년 8월, 토요타자동차의 초 후지오 사장은 미시간 대학교 자동차연구센터에서 주최한 연례 자동차 산업 콘퍼런스에서 발표를 요청받았다. 이 일본 자동차 제조회사는 그 당시에도 여전히 미시간을 적대적인 지역으로 생각했다. 이 회사는 앤아버에 있는 미시간 대학에서 그리 멀지 않은 평범한 연구 개발 시설을 갖고 있었고 거기에 새로운 설계 스튜디오를 이제 막 개설한 상태였다. 그러나 토요타는 디트로이트의 3대 자동차 회사가 지배했던 시장으로 거침없이 진입하는 자신의 행보에 대한 지역민의 반발을 상당히 우려했다. 그래서 건물에 자신의 이름과 로고를 내걸지 않았다. 지난 10년 동안 토요타의 미국 자동차 시장 점유율은 해마다 증가했지만 GM, 포드, 클라이슬러의 점유율은 계속 하락했다. 이것이 수천 명의 자동차 노동자가 실업 상태인 미시건주에서 토요타가 겸손함을 유지한 이유였으며, 초 후지오 사장이 기조연설을 요청받은 이유이기도 했다.

그가 무대에 올랐을 때 시큰둥한 박수가 있었다. 강당은 전 세계 주요 자동차 제조업체의 임원들로 가득 차 있었지만, 군중들은 현지 자동차 업체의 복장을 한 사람들이 대부분이었다. 초 후지오 사장은 토요타자동차가 어떻게 전 세계 모든 시장에서 전략적 목표를 초과 달성했는지를 보여주는 상세한 슬라이드 프레젠테이션으로 시작했다. 인상적인 내용이었다. 강당에 있는 많은 미국 자동차 임원들은 그가 연설을 끝낼 즈음에 질투로 얼굴을 찌푸리고 있었다. 그다음 초 후지오 사장은 발언을 멈추고 그의 연설문에서 고개를 들더니 토요타자동차가 전략을 다시 생각할 때가 되었다고 선언했다.

"스스로 혁신하는 위험을 기꺼이 감수하지 않는 회사는 모두 퇴출될 것입니다." 그가 말했다.

토요타는 경쟁의 최상위에 있는 지금이 혁신을 실행할 시점이었다.

"오늘날 세계는 너무 빨리 변하고 있습니다." 토요타자동차가 핵심 사업 전략을 재평가하고 개선하기 위해 취한 조치를 자세히 설명하기 시작하면서 그는 경고했다. "우리 업계가 지금보다 더 치열하게 경쟁한 적은 없었습니다."

초 후지오 사장이 발언을 끝내자 죽은 듯한 침묵이 흘렀다. 아무도 그 발언을 어떻게 받아들여야 할지 모르는 듯했다. 거기에 있던 임원 중 절반은 토요타의 인상적인 수익에도 불구하고 자신들이 토요타를 궁지에 몰아넣을 수 있다는 의기양양한 자신감이 있었다. 그날 오후에 커피를 마시면서 GM 임원 중 한 명은 내게 그들이 GM이기 때문에 1위를 유지할 거라고 큰소리쳤다. 나머지 절반의 임원들은 초 후지오 사장의 선언에 당황스러워했다. 그들이 토요타자동차가 이미 하고 있던 일에 대응하기 위해 연장근무를 하고 있는 동안, 이곳에서 토요타의 수장은 그가 미래에 대해 얼마나 걱정하는지를 이야기하고 있었고, 앞에 놓인 과제에 대처할 방법을 알아내기 위해 그의 회사가 그만큼 더 열심히 일하도록 만들겠다고 맹세하고 있었다.

초 후지오 사장이 미시간에서 그날 요구한 것이 레드티밍이었다. 레드티밍이란 명칭을 사용하지는 않았지만 그는 레드티밍이 실행하는 것과 똑같은, 엄격하고 자기 비판적인 분석을 지지하고 있었다. 그리고 토요타가 한 일이 바로 레드티밍이다. 자신의 성공을 당연하게 생각하거나 경쟁자들에게 따라잡히기를 기다리는 대신에, 토요타는 이미 잘하고 있는 일을 더 잘하는 방법을 연구했다.

5년 후 토요타는 전 세계 자동차 산업의 선두 주자가 되었다. 그 과정에서 비틀거리기도 했지만, 토요타는 그런 실수를 저지른 이유를 냉철하게 분석했고 이를 고치기 위해 단호하게 움직였다. GM도 역시 비틀거렸지만 더 많은 변명만 늘어놓았다. 토요타가 시장 점유율을 잠식하고 왕관을 뺏으면서 세계 최대의 자동차 회사가 되는 걸 바라만 보았다. 그것이 당신 조직에 레드팀의 생각을 적용할 때와 그렇지 않을 때 일어날 수 있는 차이점이다.

토요타 같은 회사는 모든 해답을 얻는 건 불가능하다는 걸 인식한다. 그렇기 때문에 그들은 레드팀이 대답하도록 고안된 질문과 동일한 질문을 계속해서 던지는 것이다. 어떠한 조직이라도 레드티밍을 올바르게 수행하면 막대한 보상을 받을 수 있다. 이는 계획과 가정을 테스트하고 그것이 견고한지를 확인할뿐더러, 레드티밍을 알게 된 모든 사람에게 잠재적인 문제·위험·기회를 더 잘 인식하게 해준다. 레드티밍 프로세스를 통해 관리자는 더 좋은 기획자가 될 수 있고 더 깊은 사고력을 발휘할 수 있다. 내가 컨설턴트로 일하는 회사에서 레드티밍 토론은 임원회의실에서 끝나지 않으며 복도에서도 이어지고 다음 단계의 직원회의에서도 계속된다.

레드티밍의 혜택을 받기 위해 반드시 책임자가 될 필요는 없다. 더 잘 계획하고, 더 비판적으로 생각하고, 자신이나 자신의 조직을 위해 더 나은 결정을 내리고 싶은 사람이라면 누구라도 이 책에서 소개하는 도구와 기법을 활용할 수 있고 활용해야 한다. 그러나 만약 당신이 책임자라면, 한 가지를 분명히 해두자. 당신이 기존 전략과 계획의 타당성을 찾고 있다면 레드티밍은 당신을 위한 것이 아니다. 그러나 최고의 회사와 가장 효과적인 지도자는 어떤 일이건 항상 개선의 여지가 존재한다는 걸 알고 있다는 사실을 기억하라. 당신의 레드팀이 그걸 찾지 못하면 자신의 임무를 제대로 수행하지 못한 것이다. 그러므로 조직을 더 경쟁력 있고 성공적으로 변화시키려는 의지가 있는 경우에만 레드티밍을 활용해야 한다. 자신이 지금 있는 곳에서 만족하고 변화를 원치 않는다면 레드티밍을 활용할 필요가 없다. 그냥 현재의 상황에 안주하면서 경쟁자 중 한 명이 당신 대신 그것을 활용할 때까지 기다려야 한다.

제3장

레드티밍의
심리학

> 단순히 편견을 재배열하고 있음도 자신이 생각하고 있다고 생각하는 사람들이 너무나 많다.
> – 윌리엄 제임스

1759년, 보이지 않는 손이 시장을 움직이고 재화를 분배한다는 걸 애덤 스미스Adams Smith가 처음 발견한 이후 '인간은 스스로 이용할 수 있는 정보를 가지고 최선의 결정을 내린다'는 믿음이 널리 퍼졌다. 예외가 있기는 했지만, 이런 믿음은 분노와 두려움 또는 튤립에 대한 강박 관념 같은 강렬한 감정에도 적용되었다. 그러나 1970년대에 인지심리학자와 행동경제학자들은 이러한 합리적 선택 이론rational choice theory이 틀렸다는 걸 증명하기 시작했다. 여러 차례의 실험을 통해 대니얼 카너먼Daniel Kahneman 박사와 아모스 트버스키Amos Tversky 박사 같은 연구자들은 인간이 실제로는 예측 가능한 비합리적 존재라는 사실을 보여주었다.●

그들은 인간의 두뇌가 절차를 무시하고 지름길을 택하는 사례를 많이 발

● 카너먼은 2002년 이 연구로 노벨경제학상을 수상했다. 트버스키가 1996년 세상을 떠나지 않았더라면 아마도 카너먼과 공동 수상했을 것이다.

견했다. 그렇게 하면 빠르게 생각할 수 있다. 이는 사자가 입맛을 다시는 이유를 깊이 생각하는 게 생존에 거의 도움이 되지 않는 아프리카 정글에서 살아가야 할 경우에는 유용한 특성이다. 그러나 서브프라임 담보 대출을 받아야 할지 말아야 할지를 고민하는 경우처럼 복잡한 문제를 두고 복잡한 결정을 내려야 할 때는 이러한 정신적 지름길이 실제 문제를 일으킬 수 있다.

현재 대부분의 인지심리학자들은 인간이 결정을 내릴 때 두 가지 정신적 시스템에 의존한다고 믿는다. 시스템 1은 본능적이며 사물과 연관성이 있다. 즉, 불은 뜨겁고 얼음은 차가우며, 갈색 눈, 금발 머리, 사과처럼 붉은 뺨을 가진 사람이 엄마라는 사실을 인식하는 것이다. 이런 인식은 생각하지 않고도 알게 되며, 당신이 화염이나 아이스크림 또는 엄마와 마주칠 때 도움이 된다. 시스템 2는 훨씬 더 정교하다. 이 시스템이 오늘의 날짜, serendipity라는 단어의 글자 수, 그리고 서브프라임 담보 대출을 받을 것인지 여부를 당신에게 알려준다. 이런 판단은 직관적으로 이루어지는 게 아니라 이해를 통해 이루어진다. 결과적으로, 시스템 2의 사고방식은 시스템 1보다 훨씬 느릴뿐더러, 제대로 작동하려면 많은 노력과 주의가 필요하다. 그러나 그 결과는 대개 그만한 가치가 있다.*

안타깝게도 시스템 2에는 큰 문제가 있다. 그건 바로 우리의 뇌가 게으른 까닭에 대답을 할 때 시스템 1에 자주 의존한다는 점이다.

대니얼 카너먼은 호평을 받은 저서 《생각에 관한 생각Thinking, Fast and

● 철학자이자 심리학자인 윌리엄 제임스William James가 이러한 이중 프로세스 이론dual-process theory을 처음으로 제안했다고 알려졌다. 시스템 1과 시스템 2라는 용어는 키스 스타노비치Keith Stanovich와 리처드 웨스트Richard West가 〈추론의 개인차: 합리성 논쟁에 대한 암시인가?〉라는 논문에서 처음 사용했다. 이 논문은 2000년 《행동 및 뇌 과학Behavioral and Brain Sciences》 저널에 발표되었다.

Slow》에서 이렇게 설명했다. "세심한 시스템 2는 우리가 생각하는 자기 자신이다. 시스템 2는 판단을 분명히 하고 선택을 내리지만, 종종 시스템 1에 의해 생성된 아이디어와 감정을 지지하거나 합리화한다. 당신은 당신의 마음속에서 무슨 일이 일어나는지 안다고 믿는다. 이는 하나의 의식적인 생각을 구성해 종종 순차적으로 또 다른 생각으로 이어진다. 그러나 그것이 마음이 작동하는 유일한 방법은 아니며, 실제로 전형적인 방법도 아니다. 대부분의 인상과 생각은 의식적인 경험에서 나온다. 그것이 어떻게 거기에 도달했는지 알지 못한 채 말이다."

대니얼 카너먼은 시스템 1을 "성급한 결론으로 비약하는 기계"라고 묘사한다. 이러한 결론은 불과 얼음 또는 어머니의 경우처럼 종종 정확하다. 그러나 그것은 인지적 편향cognitive bias과 휴리스틱heuristics(경험적 지식을 통한 어림짐작)의 어지러운 배열에 의해 왜곡될 수 있다. 인지적 편향은 예측 가능한 패턴을 따르는 사고방식에 내재된 체계적인 오류다. 휴리스틱은 빠른 의사결정을 내릴 수 있는 정신적 지름길이지만, 반드시 옳은 것은 아니다. 트버스키와 카너먼은 이 주제를 두고 1974년 《사이언스Science》 저널에 기고한 획기적인 글에서 이렇게 썼다. "이러한 휴리스틱은 상당히 유용하지만 때로는 심각하고 체계적인 오류를 초래한다."

다행히도 레드티밍은 이러한 오류를 피할 수 있도록 우리를 도와준다. 그러나 레드티밍을 시작하기 전에 우리는 이러한 인지적 편향과 휴리스틱이 무엇인지 알아야 한다. 그래야만 인지적 편향과 휴리스틱이 다른 사람의 생각에 어떻게 영향을 미치는지 이해할 수 있다. 또 우리 안에 있는 인지적 편향과 휴리스틱으로부터 자신을 보호할 수 있다. 이번 장에는 학습해야 할 많은 내용이 있지만, 바로 이 정보가 효과적인 레드티밍에 필수적인 전제조건이다. 《생각에 관한 생각》, 《상식 밖의 경제학 Predictably Irrational 》, 《스위치》, 《넛지 Nudge》 등의 책에는 이러한 트릭trick이 우리 마음을 조종하는 방법이 자세하게 나온다. 당신이 이러한 개념을 이미 잘 알고 있다면 이 부분은 가볍게 넘어가도 된다. 그러나 미국과 해외에서 여러 CEO들과 함께 일하면서 나는 많은 사람이 이를 잘 모르고 있다는 사실을 발견했다. 이러한 이유로 나는 비즈니스 기획에 가장 심각한 위협이 되는 인지적 편향과 휴리스틱에 대한 개요를 설명하고자 한다.

인지적 편향과 휴리스틱

감정 휴리스틱 때때로 우리는 객관적인 데이터가 아닌 강렬한 감정에 따라 의사결정을 내린다. 긍정적 감정은 우리가 골치 아픈 통계를 외면하도록 만든다. 담배 광고가 성공하는 이유도 이 때문이다. 부정적 감정은 우리의 인식을 더욱 강하게 왜곡시킬 수 있다. 예를 들면, 심리학자 게르트 기거렌처 Gerd Gigerenzer는 2001년 9월 11일 워싱턴과 뉴욕에 대한 테러 공격 이후 몇 개월 동안 미국인의 비행기 여행 확률은 낮아지고 자동차 여행 확률이 높아진 사실을 발견했다. 그 결과, 미국에서 고속도로 사망이 크게 증가했다. 테러라는 요소를 고려하더라도 자동차 사고로 사망할 확률이 비행기 추락 사고로 사망할 확률보다 훨씬 높기 때문이다. 실제로 게르트 기거렌처의 분석에 따르면, 9·11 테러로 사망한 사람들보다 테러 이후 몇 달 동안 비행기를 타지 않기로 결심한 사람들이 더 많이 사망한 것으로 나타났다. 강렬한 감정에 영향을 받으면 사업적 판단도 이와 비슷하게 흔들릴 수 있다. 닷컴

버블의 비이성적 광풍이 몰아친 1990년대 후반에 기술업체 합병에 과다한 비용을 지출한 수많은 회사를 생각해보라. 가장 비용이 많이 든 사례 중 하나는 인터넷 검색엔진에 무려 125억 달러를 지불한 스페인 통신회사 테라 네크웍스Terra Networks의 2000년 라이코스Lycos 인수였다. 하지만 라이코스는 사람들의 기억에서 잊혀갔고, 4년 후 한국 인터넷 업체인 다음Daum에 겨우 9억 5400만 달러에 팔렸다.*

레드티밍은 전략과 계획을 감성이 아니라 객관적으로 고려함으로써 감정 휴리스틱의 영향력을 차단한다. 또한 레드티밍은 이 같은 경향이 소비자와 경쟁자의 행동에 영향을 미칠 수 있는 방법을 식별하는 데도 도움을 줄 수 있다.

기준점 편향 우리에게 주어진 첫 번째 데이터가 때로는 전체 토론의 기준을 설정할 수 있다. 인지심리학자들은 돈과 관련된 협상의 첫 제안이 양 당사자의 기대 범위를 결정하는 경향이 있음을 보여주었다. 금액이 높을수록 기대치가 높아지고 금액이 낮을수록 기대치가 낮아지는 경향이 있다는 것이다. 첫 번째 숫자가 양 당사자의 마음속에 토론의 방향을 고착화시킨다. 뛰어난 협상가는 노조 협상에서 공급자와의 가격 협상에 이르기까지 모든 것을 형성하기 위해 앵커링Anchoring(무의식적으로 고착화된 편견)을 사용하여 이를 자신의 이점으로 활용한다. 그런데 앵커링은 눈에 잘 띄지 않는 방식으로 의사결정을 왜곡시킬 수 있다. 예를 들어 형사 사건을 맡은 두 그룹의 독일 판사들이 있다고 하자. 이들은 사건을 검토하고 형량을 결정하기 전에 조작된 주사위를 굴리도록 요청받았다. 첫 번째 그룹에는 항상 3이 나오는 주사위

* 6년 후 다음은 라이코스를 인도의 이브란트디지털Ybrant Digital이라는 회사에 3600만 달러에 매각했다.

가, 두 번째 그룹에는 항상 9가 나오는 주사위가 주어졌다. 9가 나오는 그룹의 평균 형량은 3이 나오는 그룹의 평균 형량보다 대략 50퍼센트가 높았다. 맡은 사건과 전혀 관련이 없는 숫자가 재판관들의 결정에 영향을 준 것이다.

레드티밍은 관련된 숫자가 객관적으로 검토되는지를 확인함으로써 기준점 편향을 완화하도록 돕는다. 이러한 객관적 검토는 원래 토론에 참여하지 않은 사람들에 의해 이루어진다. 따라서 다른 앵커Anchor(편견에 고착화된 사람)에 무의식적으로도 영향받지 않는다.

자동화 편향(자동화 맹신) 조직이 이러한 편견과 정신적 지름길로 가려는 경향을 완화하려는 한 가지 방법은 사람의 실수 가능성을 없애기 위한 자동 시스템이나 공식 프로세스를 만드는 것이다. 이러한 시스템은 오류를 줄이고 의사결정을 빠르게 하는 데 도움이 될 수 있다. 하지만 핵심적인 정보를 무시하여 잘못된 권고로 이어질 수도 있다. 일단 우리가 자동 시스템에 의존하기 시작하면 거기에 의문을 제기하지 않는 경향이 있다. 조종실 시뮬레이터에서 진행된 파일럿에 대한 연구 결과에 따르면, 이들 중 절반 이상이 자동 시스템이 경고하지 않으면 중요한 정보를 무시하거나, 자동 시스템이 잘못된 정보를 주었을 때 위험한 실수를 범했다. 자동화 편향은 1972년 이스턴항공 401편과 2009년 에어프랑스 447편의 비극적인 인명 사고를 비롯한 실제 충돌 사고의 요인으로도 지적되었다. 자동화된 거래 알고리즘의 문제점은 자동화 편향이 비즈니스에서 얼마나 많은 대가를 치르게 하는지를 분명히 보여준다. 2012년 나이트캐피탈Knight Capital은 새로운 프로그램이 45분 만에 4억 4000만 달러의 거래 오류를 저질렀고, 회사는 거의 파산 위험에 처했다. 자동화 편향은 기업이 인공지능과 전문가 시스템에 더 많은 기획 책임을 위임할수록 더욱 큰 문제가 될 것이다.

레드티밍은 자동 시스템에 의해 생성된 권장 사항을 독립적이고 비판적으로 검토함으로써 자동화 편향을 방지한다.

가용성 휴리스틱(경험칙의 위험성) 우리는 이미 알고 있는 정보를 더 신뢰하는 경향이 있다. 이런 경향은 신뢰가 무의식적으로 이루어지는 경우에도 마찬가지다. 정보가 극적이거나 감성을 자극하는 경우 특히 신뢰가 커진다. 24시간 뉴스 보도는 이러한 영향을 심각한 수준으로 확대시켰다. 이는 여론을 흔들려는 집단에 테러리즘이 효과적인 전술이 된 이유를 잘 설명해준다. 중요한 뉴스거리 역시 금융 문제에 대한 우리의 생각에 불균형한 영향을 미칠 수 있다. 프랭클린 템플턴Franklin Templeton이 2012년 실시한 글로벌 투자심리 조사에서 응답자의 66%는 2009년에 S&P 500 지수가 하락했거나 보합이었다고 응답했다. 응답자의 약 절반이 2010년과 2011년 역시 하락세였다고 믿었다. 하지만 사실 S&P 500 지수는 그 3년 동안 계속 상승했다. 왜 이런 착오가 생긴 걸까? 투자자들은 2008년 세계 경제위기의 충격에서 여전히 벗어나지 못했다. 이는 너무 충격적인 사건이어서 경기회복이 시작되고 한참 후에도 금융 시장에 대한 사람들의 견해를 계속 지배했기 때문이다. 긍정적 정보 또한 우리의 결정에 잘못된 영향을 미칠 수 있다. 이는 2000년대 중반 부동산 붐을 겪은 미국에서 분명하게 드러났다. 당시 친구와 이웃이 집을 팔아 돈을 버는 걸 목격한 수많은 미국인이 자신도 부자가 될 거라고 확신하면서 평생 저축한 돈을 위험한 부동산 투자에 펑펑 쏟아부었다.

레드티밍은 잠재적 위험과 대가를 객관적으로 고려하고 가장 마음에 두고 있는 옵션뿐만 아니라 다양한 옵션을 확인함으로써 가용성 휴리스틱의 위험성을 극복한다.

밴드왜건 효과(악대차 효과)　주변의 다른 사람들이 뭔가를 사실이라고 믿는다면 우리도 역시 그것을 사실이라고 믿으려 한다. 반대로, 같은 조직 내의 사람들이 뭔가를 거짓이라고 생각하면 우리 역시 그것을 사실이 아니라고 생각할 가능성이 크다. 이는 집단사고의 고전적인 사례. 밴드왜건 효과는 2008년 미국 주택 시장의 붕괴를 촉진시킨 서브프라임 담보 대출 위기를 설명하는 데 도움이 된다. 대부분의 대출 기관이 처음에는 신용 점수가 낮거나 대출 실적이 없는 사람들에게 자금을 대출하는 데 우려를 표명했다. 하지만 위험도가 높은 대출을 제공하는 금융 기관이 경쟁적으로 늘어남에 따라 의구심은 사라지기 시작했다. 밴드왜건 효과는 개인과 조직을 더 나은 판단에 반대로 행동하도록 만든다. 혹은 합리적으로 생각하던 사람들을 몰려다니는 들쥐 떼로 바꿀 수도 있다.

레드티밍은 주어진 제안에 대해 인기보다는 그것이 가진 장점을 보고 판단함으로써 밴드왜건 효과를 차단한다.

기저율의 오류(기본 성취도 오류)　우리는 선천적으로 일반적인 정보를 무시하고 더 구체적이지만 중요하지 않은 데이터에 초점을 맞추는 경향이 있다. 특히 그 데이터가 우리가 원하는 것을 보여주면 그런 경향이 더 강해진다. 기업은 항상 이런 경향의 희생자가 된다. 예를 들어, 2012년 크라이슬러의 한 임원은 오랜 품질 문제를 극복하기 위해 자신의 회사가 이루어낸 '엄청난 발전'을 자랑스러워했다. 발전의 증거로서 그는 품질 측정을 위해 자동차 업계에서 사용하는 표준 오류 항목 수에서 크라이슬러의 몇몇 주요 차종이 전

년 대비 두 자리 수 감소를 보인 내부감사 결과를 제시했다. 그건 확실히 인상적으로 보였다. 하지만 내가 전반적인 품질 등급을 검사한 결과, 그 차량들은 신뢰성 측면에서 여전히 낮은 점수를 기록했다. 크라이슬러는 자동차 업계의 기본 성취도를 무시함으로써 자신이 이룬 성장을 과대평가한 것이다. 여러 회사가 다양한 방식으로 이런 오류의 희생양이 된다. 그들은 새로운 제품이나 서비스에 대한 기존 고객의 반응이 시장 전체가 어떻게 반응할 것인가에 대한 좋은 척도라고 생각한다. 자신의 시장점유율이 줄어드는 건 무시하면서 일부 고객에 대한 성공에 도취되는 것이다. 혹은 유망한 스타트업에 너무나 매혹되어 해당 기술 분야의 높은 실패율을 간과하고 성급하게 인수하기도 한다.

레드티밍은 모든 통계의 문맥을 냉철하게 고려함으로써 기저율의 오류에 도전한다.

클러스터 착각(규칙성 환상) 인간은 패턴 찾기에 너무 집착하기 때문에 실제로 패턴이 없는 곳에서도 패턴을 보려 한다. 주근깨에서 기하학적 문양을 찾아내고, 화성의 바위에서 사람 얼굴 모양을 찾아내고, 구운 토스트에서 종교적 아이콘을 애써 찾아낸다. 제2차 세계대전 때 런던의 신문들은 영국 수도를 향한 로켓 공격 지점을 표시한 지도를 정기적으로 발표했다. 독일의 공격 목표가 어디인지 혹은 어디가 아닌지를 추정하는 이론을 만드는 데 공을 들인 것이다. 이런 이론을 보면 노동 계급이 거주하는 지역에 더 많은 미사일이 떨어지는 것처럼 보였다. 이 때문에 독일이 영국의 계급 간 갈등을 불붙이기 위해 고의로 노동자를 조준하면서 부유층은 배제한다는 주장이 가장 인기를 얻었다. 전쟁이 끝나자 독일 로켓 기술자들은 자신들의 미사일에 그렇게 높은 정밀도가 있다고 판단한 영국인들의 착각에 웃음을 터트렸다. 독일군은 단순히 런던을 겨냥했고 뭔가에 명중하기를 바랐을 뿐이었다. 기업도 전쟁에 지친 런던 시민들처럼 이런 종류의 환상에 쉽게 빠진다. 그들은 완전히 무작위인 일련의 숫자에서 애써 규칙성을 발견한다. 너무 작아서 아무런 의미가 없는 데이터 샘플에서 애써 중요한 결론을 이끌어낸다. 클러스터 착각은 기업가에게는 특별한 위협이다. 그들은 종종 새로운 제품이나 서비스에 대한 초기의 높은 수요를 의미 있는 기준점으로 잘못 해석한다. 그래서 무리하게 생산을 늘리고, 직원을 더 고용하고, 새로운 사무실을 열거나, 제조 설비를 증설한다. 이런 경향이 지나치게 확장되면 결국 파산으로 이어질 수밖에 없다.

레드티밍은 데이터의 이면을 해석하고 인식된 패턴에 도전함으로써 클러스터 착각을 방지하도록 돕는다.

확증 편향(확인 편견) 우리는 우리가 믿는 것을 지원하는 정보나 우리가 결정한 것을 입증하는 정보를 더 크게 신뢰하는 경향이 있다. 반대로 우리는 이미 우리가 진실이라고 결정한 것에 의문을 제기하는 정보를 간과하는 경향이 있다. 과학자들은 인간의 두뇌가 자신이 강하게 믿는 신념을 확인해주는 정보와 거기에 도전하는 정보에 어떻게 반응하는지를 분석하여 이런 편견이 실제로 존재함을 입증했다. 2004년 미국 대통령 선거 당시, 에모리 대학교Emory University의 연구자들은 특정 정당을 지지하는 유권자들에게 조지 W. 부시 공화당 후보, 존 케리John Kerry 민주당 후보, 그리고 정치적으로 중립적인 남성 유명인사의 서로 모순되는 성명서를 읽게 한 후 그들의 뇌를 MRI 장비로 분석했다. 그 실험은 피실험자들이 자신이 반대하는 후보자의 진술에서 모순을 찾아낼 가능성이 훨씬 더 높다는 점과, 피실험자의 두뇌가 자신이 선호하는 후보자의 모순된 진술을 다르게 처리한다는 사실을 보여주었다. 이는 우리가 자기 자신의 가정에 도전하는 일이 왜 그렇게 어려운지를 설명한다. 이는 또한 믿기 힘든 신념의 끈기도 설명한다. 조직이 오랫동안 사실이라고 믿은 것이 있으면, 그것이 잘못되었다고 주장하는 새로운 정보를 받아들이기 힘든 이유도 이 때문이다. 새로운 정보가 아무리 설득력이 있더라도 말이다. 시장의 신규 참여자는 이런 편견을 이용하여 기존 참가자들을 혼란에 빠뜨림으로써 경쟁에서 손쉽게 승리할 수도 있다.

레드티밍은 조직에 역발상적 관점과 대안적 전망을 고려하도록 강제함으로써 확증 편향을 상쇄시킨다.

지식의 저주 정보가 풍부한 사람은 정보가 부족한 사람의 관점에서 문제를 생각하는 걸 종종 어렵게 느낀다. 이는 소비자가 제품에 어떻게 반응할 것인지를 기업이 예측할 때 느끼는 어려움을 보여준다. 파나소닉은 자사의 플라즈마 TV 기술이 경쟁사들의 LCD 기술보다 월등히 우수하다는 점을 알았다. 대부분의 비디오 애호가도 그 우수성을 잘 알았다. 플라즈마 TV가 더 진한 검정색, 더 사실적인 색감, 더 높은 명암비, 더 적은 잔상과 더 넓은 시야각을 제공하기 때문이다. 그러나 LCD TV에는 눈에 띄게 우수한 장점이 하나 있다. 밝은 조명 아래에서 더 잘 보인다는 점이다. 이 장점은 대형 소매점에 설치된 조명 아래에서 위력을 발휘한다. 불행하게도, 대부분의 소비자는 구입할 TV를 결정할 때 기술적 장점이나 거실에서 얼마나 좋은 성능을 발휘할지를 고려하지 않았다. 전자 제품 매장 진열대에서 가장 좋아 보이는 제품을 선택할 뿐이었다. 파나소닉은 전문가 평가에서는 줄곧 1위를 했지만, 2014년 플라즈마 TV 생산을 포기해야 했다. 지식의 저주는 엔지니어가 마케팅 담당자에게 왜 그렇게 실망하는지를 설명한다. 그리고 거꾸로 마케팅 담당자가 엔지니어에게 실망하는 이유 또한 설명한다.

레드티밍은 일반적인 기획 프로세스에서는 간과되기 쉬운 다양한 관점으로 문제를 분석하는 도구를 제공함으로써 지식의 저주를 극복한다.

프레이밍 효과(틀짜기 효과) 우리는 정보가 어떻게 제공되는지에 따라 같은 정보에서 다른 결론을 도출하는 경향이 있다. 광고주와 정치인의 스핀닥터spin doctor(홍보 비서관)들은 매일같이 이를 활용한다. 그들은 사람들의 원초적인 감정인 손실에 대한 혐오와 이익에 대한 갈망을 이용하여 제품을 팔고 정치적 지지를 얻는다. 그러나 프레이밍은 비즈니스 의사 결정에 큰 영향을 줄 수 있다. 제안된 거래의 잠재적 이익을 강조하는 프레젠테이션은 위험을 강조하는 것보다 호의적으로 받아들여질 게 분명하다. 또한 프레이밍은 조금 애매한 방식으로 비즈니스 의사 결정에 영향을 줄 수 있다. 제록스Xerox는 개인용 컴퓨터 혁명의 기반이 된 많은 기술을 개발했다. 제록스의 스타 워크스테이션Star workstation은 비트맵 디스플레이, 윈도우 기반 GUI(그래픽 사용자 인터페이스), 아이콘, 폴더, 이더넷 네트워킹, 전자메일 및 마우스를 제공하는 최초의 상용 컴퓨터였다. 그러나 제록스는 스스로를 복사기 제조업체로만 인식했고, 인식의 프레임(틀)을 뛰어넘지 못했기 때문에 스타 워크스테이션을 문서관리 기기로만 판매했다. '개인 사무 시스템'의 일부로 판매된 스타의 가격은 1981년 출시 당시 5만 달러에서 10만 달러 사이였다. 제록스는 이 워크스테이션을 거의 판매하지 못했고, 컴퓨터 산업에서 경쟁력을 갖지 못했다. 애플과 마이크로소프트 같은 회사는 제록스가 다른 프레임을 통해 개척한 기술을 눈여겨보았고, 이를 활용하여 컴퓨터 산업을 지배했다.

레드티밍은 제시된 방식에 관계없이 객관적으로 옵션을 고려함으로써 프레이밍 효과를 상쇄한다. 또한 새로운 통찰력과 관점을 제시함으로써 문제의 프레임을 재구성하도록 돕는다.

도박사의 오류와 뜨거운 손 오류 이 편견은 미래의 확률이 과거의 사건에 의해 변경된다는 잘못된 믿음에서 비롯된다. 도박사의 오류란 현재 어떤 일이 정상적인 경우보다 더 자주 발생한다면, 미래에는 그 일의 발생 빈도가 줄어들 거라는 오해를 말한다. 이와 관련한 유명한 사례가 1913년 8월 18일 몬테카를로 카지노에서 등장했다. 룰렛 게임에서 검은색이 26회 연속으로 나온 것이다. 이 놀라운 소문이 퍼지면서 도박꾼들이 카지노 테이블로 몰려들었다. 그들은 검은색이 이제는 더 이상 안 나올 거라는 잘못된 믿음으로 빨간색에 계속 베팅했다가 수백만 프랑을 잃고 말았다. 사실, 룰렛을 돌릴 때마다 검은색이 나올 확률은 매번 똑같다. 동전 던지기에서 100번 모두 뒷면이 나왔다 해도 101번째에 앞면이 나올 확률은 여전히 50:50인 것과 마찬가지인 셈이다.*

뜨거운 손 오류는 이와 반대다. 지금까지 자주 발생한 상황이 앞으로도 계속 이어질 거라는 믿음을 말한다. 이 명칭은 농구에서 연속적으로 득점한 선수를 가리켜 종종 '뜨거운 손'을 가지고 있다고 표현하는 말에서 나왔다.

이러한 두 편향을 가진 기업은 행운을 기술적 재능으로 오인하여 나쁜 결정을 내릴 위험이 있다. 1973년 프린스턴 대학교의 경제학자 버튼 말키엘 Burton Malkiel은 "눈가리개를 한 원숭이가 신문의 경제란에 다트를 던져 고른

• 하지만 과학자들은 사람이 동전을 던지면 앞뒷면 중 어떤 면을 선호하는가에 따라 51:49의 확률이 나타난다는 걸 증명했다. 물론, 기계가 던지면 확률은 정확히 50:50이 된다.

포트폴리오도 전문가들이 엄선한 포트폴리오와 똑같은 수익률을 낼 수 있다."라고 주장했다. 1988년 《월스트리트저널》은 그 주장이 사실인지 확인하기 위해 테스트를 했다. 10년 동안 (안전상의 이유로 원숭이 대신) 눈을 가린 언론인과 주식 포트폴리오 관리 전문가가 대결하는 100가지 주식 고르기 대회를 개최한 것이다. 그 결과 버튼 말키엘이 틀렸다는 게 증명되었다. 하지만 크게 틀리지는 않았다. 주식 전문가들의 승률은 100회 가운데 겨우 61회에 불과했기 때문이다. 이에 따르면, CEO가 지금까지 실시한 세 번의 인수합병에서 홈런을 쳤다고 해서 다음 경기에서도 그럴 거라는 보장은 없다. 뜨거운 손 오류는 회사가 소속 직원들의 능력을 과대평가하도록 만들 수 있고, 경쟁 업체의 기술력을 실제보다 더 뛰어나다고 착각하게 할 수도 있다.

레드티밍은 성공과 실패의 확률을 객관적으로 분석하고, 성공과 실패의 진짜 이유를 파악하고, 기술로 인한 결과와 우연히 이루어진 결과를 구분함으로써 이러한 두 오류를 모두 극복한다.

사후 과잉확신 편향(뒤늦은 깨달음의 편견) 우리는 종종 사건이 발생한 후에 그걸 사전에 예측해서 피할 수 있었을 거라고 오해한다. 예를 들자면, 회사 주식의 가격이 급등한 경우 이를 미리 이용할 수 있었을 거라는 오해다. 연구자들은 건강관리 분야에서 이 편견이 심각한 문제가 될 수 있다는 점을 발견했다. 사망률 연구와 부검을 통해 의사보다 더 빨리 의학적 문제를 발견할 가능성을 과장할 수 있기 때문이다. 비즈니스에서 이러한 편견은 직원에게 비현실적인 요구를 하게 만든다. 투자자에게는 불합리한 기대를 하도록 한다. 사후 분석에서 이 편견은 실패를 유발한 모든 다른 원인을 조사하는 대신 단 하나의 원인에 집착하도록 사람들을 오도할 수도 있다. 반대로 성공한 계획자를 자만하도록 만들 수도 있다.

레드티밍은 사건이 발생한 이유를 완전히 조사함으로써 사후 과잉확신 편향에 의한 왜곡을 차단한다.

통제 착각(통제력 환상) 우리는 외부 사건에 영향을 미치는 자기의 능력을 과장하는 경향이 있다. 이는 비즈니스에서 큰 문제를 야기할 수 있다. 런던 금융가의 4대 투자 은행에서 일하는 증권 거래인에 관한 2003년 연구에 따르면, "통제 착각 경향이 강한 사람들은 통제 착각 경향이 약한 사람들보다 수익성이 낮았고 적게 벌었다."라는 사실이 밝혀졌다. 같은 연구에서 "통제 착각과 형편없는 위험 관리 및 위험 분석" 사이에 강한 상관관계가 있음이 밝혀졌다. 통제 착각 탓에, 임원진은 최고의 인재를 찾아내고 우수한 제품을 설계하며 필요한 자금을 확보할 수 있다는 등 자신들의 능력을 과장할 위험이 있다. 관리자는 자신의 계획에 사전에 의문을 제기하는 시간이나 자신의 성공을 보장하기 위해 필요한 지루하고 고된 작업을 하는 시간을 너무 적게 할애할 위험이 있다. 역설적이게도, 사람들이 통제력이 충분한 상황에서 실제로 발휘하는 통제의 규모를 과소평가하는 경향이 있다는 점도 발견됐다. 이로 인해 회사는 경쟁업체의 성공에 일정 부분 기여한 자신의 실수를 파악하지 못할 위험이 있다.

레드티밍은 모든 효과에 대한 실제 원인을 찾아내어 통제 착각을 없앤다.

손실 회피 성향 선택권이 주어지면 대부분의 사람은 보상을 받기보다는 손실을 회피하는 쪽을 택하려 한다. 이렇게 되면 값비싼 실수를 피할 수는 있지만, 위험 회피로 인해 수익성 있는 기회를 활용할 수 없다. 손실 회피 성향은 폴라로이드Polaroid의 몰락에 큰 역할을 했다. 1990년대 후반 폴라로이드는 디지털 사진 분야의 선두주자였다. 그런데 고위 경영진은 새로운 기술에 집중하는 것도 전통적인 필름 사업을 포기하는 것도 꺼렸다. 왜냐하면 폴라로이드에서 만드는 인스턴트 필름의 수익률이 디지털 카메라의 수익률보다 훨씬 높은 65% 이상이었기 때문이다. 디지털 카메라 분야의 선도자가 될 수도 있었던 이 회사는 전통 필름 산업이 사양화되면서 결국 2001년 파산하고 말았다. 손실 회피 성향은 단기적 판단을 내리는 데는 도움이 되지만, 장기적으로 기업에 비용 부담을 안기는 경우가 자주 발생한다. 이는 수리가 지연되면서 고장 날 때까지 기계를 무리하게 가동하거나, 성과가 뛰어난 직원의 문제점이 뒤늦게 드러나는 이유를 설명해준다.

레드티밍은 사용 가능한 여러 옵션의 위험과 보상을 객관적으로 평가함으로써 손실 회피 성향을 극복하도록 돕는다.

부정 편향 우리는 긍정적인 기억보다 불쾌한 기억을 더 생생하게 떠올리기 때문에 나쁜 경험을 과대평가하는 경향이 있다. 때로는 머릿속으로 그런 불쾌한 기억에 실제보다 더 큰 신빙성을 부여하기도 한다. 연구자들은 사람들이 긍정적 요소와 부정적 요소를 모두 가진 결과를 평가할 때 전체 상황을 부정적 시각으로 보는 경향이 있음을 발견했다. 손실 회피 성향과 마찬가지로 이런 편향은 우리가 동일한 실수를 두 번 반복하지 않도록 해주는 바람직한 특성이 될 수도 있다. 하지만 긍정적인 경험을 과소평가하도록 만들 수도 있다. 이전에 여러 번 성공한 접근 방식일지라도 한 번의 중대한 실패는 회사에 치명적일 수 있다. 부정 편향은 소비자의 인식에도 영향을 줄 수 있다. 고객은 회사가 잘한 일보다 잘못한 일을 기억할 가능성이 높다. 또한 이러한 편견은 우리가 싫어하는 사람이나 그룹을 평가할 때도 작용한다. 그들의 긍정적인 행동은 외적 요인으로, 그들의 부정적인 행동은 본질적인 성격으로 파악하는 경향을 보이는 것이다. (반면, 우리 자신의 긍정적인 행동은 우리의 본질적인 성격으로, 부정적인 행동은 외적 요인으로 돌려버린다.) 이는 핵심 프로젝트나 사업 단위를 이끌어갈 인물을 선정할 때 문제가 될 수 있다. 또 회사가 경쟁업체의 강점을 올바르게 파악하지 못하도록 만들 수도 있다.

레드티밍은 경험을 냉정하게 고려하고, 개인과 조직을 객관적으로 평가함으로써 부정 편향에 맞선다.

정상화 편향 아직 발생하지 않은 재난을 대비하고 대응하기란 쉽지 않다. 이 때문에 우리는 최악의 시나리오가 벌어질 가능성을 과소평가하고 잠재적인 영향을 축소한다. 이는 왜 긴급사태가 발생했을 때 어떤 사람들은 대피명령을 거부하는지, 왜 타이태닉호에 구명정이 충분하지 않았는지를 설명하는 데 도움이 된다. 또한 왜 회사가 강력한 비상 계획을 수립하지 못하는지, 왜 최악의 경우에 대비해 회사가 수립한 예측이 뒤늦게 옳다고 느껴지는지를 설명하는 데도 도움이 된다. 예를 들면, 2006년 1월 포드자동차는 "나아갈 길Way Forward"이라고 명명한 북미 비즈니스를 위한 전면적 구조조정 계획을 시작했다. 포드는 향후 10년 동안 휘발유 가격이 낮아지고, 회사의 대형 트럭 및 SUV에 대한 수요가 완만하게 감소할 것으로 예상했다. 그러나 그해 4월이 되자 미국의 휘발유 평균 가격은 갤런당 3달러로 치솟았다. 점진적으로 감소하리라고 예상한 트럭 판매는 급격하게 감소했다. 나심 니콜라스 탈레브Nassim Nicholas Taleb는 베스트셀러 《검은 백조The Black Swan》에서 정상화 편향의 위험성을 논했다. '검은 백조'란 예측 영역 밖에 존재하지만 일단 발생하면 큰 영향을 미치는 사건을 가리킨다. 2001년 9·11 테러 이후 시장의 붕괴가 대표적인 검은 백조 사건이다. 2008년의 주식 대폭락도 마찬가지다. 검은 백조 사건은 오늘날과 같이 빠르게 변하는 세계에서 불규칙적으로 발생하는 듯 보인다. 이 때문에 정상화 편향은 과거보다 훨씬 더 큰 골칫거리가 되고 있다.

레드티밍은 조직이 타인의 경험으로부터 교훈을 얻도록 도와줌으로써 정상화 편향에 맞선다. 그리고 반사실적 추론counterfactual reasoning을 사용하여 기업이 위험을 정확하게 평가하도록 돕는다. 이는 탈레브가 검은 백조 사건을 완화하기 위해 권장하는 행동과 정확히 일치한다.

낙관적 편향 우리는 너무 자주 자신의 단점을 과소평가하고, 자신의 능력을 과대평가하며, 미래를 예측할 가능성을 과장한다. 심리학자들은 우리 대부분이 기만적 우월감을 가지고 있다고 말한다. 1977년 네브래스카 대학교 University of Nebraska의 교수들을 대상으로 한 설문조사에 따르면, 설문에 응한 교수의 94%가 자신이 동료 교수보다 낫다고 평가한 것으로 나타났다. 2000년 스탠포드 대학교 MBA 과정 학생들을 대상으로 한 설문조사에 따르면, 87%가 자신의 학업 성취도를 상위 50% 이상으로 평가했다. 자신의 수리 능력이 평균 이하라고 평가한 학생은 10%에 불과했다. 미국인 중 자신이 평균 이상의 운전 실력을 갖고 있다고 생각하는 사람은 놀랍게도 93%에 달한다. 이는 모두 통계적으로 말도 안 되는 일이지만, 이러한 부당한 낙관주의에도 장점이 아예 없는 건 아니다. 기업과 사회 그리고 문명을 발전시키는 원동력인 위험을 감수하도록 우리를 독려한다는 게 바로 그 장점이다. 또한 우리가 역경에 직면해도 인내하도록 도와준다. 카너먼은 낙관적 편견을 심지어 '자본주의의 엔진'이라고 부른다. 그러나 또한 낙관적 편견 탓에 많은 기업(특히 소규모 기업)이 실패한다고 지적한다. 미국 중소기업 중 최근 5년 동안 경쟁에서 살아남은 비율은 35%에 불과하다. 하지만 미국 중소기업 경영자를 대상으로 한 설문조사에 따르면, 평균적으로 자신의 비즈니스가 성공할 확률이 60%라고 응답했다. 실패할 확률이 0%이라고 응답한 사람도 무려 33%에 달했다.

레드티밍은 조직의 진정한 능력과, 전략 또는 계획의 진정한 위험을 정확히 반영하는 객관적인 성공 가능성 평가를 통해 낙관적 편향을 바로잡는다.

타조 효과 나쁜 뉴스를 좋아하는 사람은 없다. 그래서 많은 이들이 적극적으로 (그리고 종종 무의식적으로) 그런 뉴스를 외면한다. 연구자들은 우리가 자신의 가정과 모순되거나 자신의 가정을 반박할 가능성이 있는 부정적인 정보나 데이터를 무시하려고 애쓴다는 사실을 보여주었다. 스웨덴과 미국의 투자자를 대상으로 한 2009년 연구 결과에 따르면, 약세 장에서 자신이 투자한 기업의 가치를 확인하는 비율이 현저히 낮았다. 이는 위험한 경향이다. 왜냐하면 투자를 분석할 때 부정적이거나 모순되는 데이터를 생략하면, 결과를 왜곡하고 잘못된 결정을 내릴 수 있기 때문이다.

레드티밍은 전략이나 계획의 기본 가정에 도전하는 데이터를 적극적으로 찾아내고, 문제의 모든 측면을 철저히 조사함으로써 타조 효과를 방지한다. 비록 그것을 외면하고 싶더라도 말이다.

결과 편향 우리 모두는 승자를 사랑한다. 그래서 결과가 긍정적이면 결정이 옳았다고 자연스럽게 추측한다. 하지만 우리가 그저 운이 좋았을 뿐이었다면 어떻게 될까? 음주 운전을 하면서 자신이나 다른 사람을 다치게 하지 않고 집으로 무사히 돌아왔다고 해서 술을 마시고 운전하는 게 좋은 생각이라고 주장하는 바보는 없을 것이다. 그런데 우리는 사업에서 일단 성공한 계획이나 전략에 관해서는 질문을 별로 던지지 않는다. 또한 우리는 성공한 경험을 가진 사람들에게 더 많은 신뢰를 보내는 경향이 있다. 그들이 성공한 이유를 분석도 하지 않은 채 말이다. 과거의 성과가 미래의 수익을 보장하는 건 아니라는 걸 명심하라.

레드티밍은 아무리 성공적인 전략도 비판적으로 분석하고 장래에도 계속 성공할 수 있을지 여부를 테스트함으로써 결과 편향을 차단한다. 그리고 더 많은 성공을 거둘 수 있는 대안을 적극적으로 찾아낸다.

과잉 확신 성공은 우리에게 자신의 전문성을 너무 과신하도록 만들 수 있다. 필립 테틀록 Philip E. Tetlock이 주도한 연구 결과는 이를 극명하게 보여준다. 테틀록의 연구는 월스트리트와 정보기관 그리고 학계의 최고 예측 전문가들과 예측 전문성이 없는 약 2만 명의 아마추어들의 대결에 관한 것이었다. 필립 테틀록은 2011년부터 '지적 호기심이 많은 일반인' 그룹을 모으기 시작했다. 그리고 매년 그들에게 질문을 던졌다. "니케이 지수가 언제쯤 9500선에 도달할 거라고 보십니까?" "금 가격이 1850달러를 초과할 거라고 생각하십니까?" "이스라엘이 이란 핵 시설을 공격할 거라고 보십니까?" "OPEC이 석유 생산량을 감축할 거라고 생각하십니까?" "그리스가 유로존을 탈퇴할 거라고 예상하십니까?" 해당 분야의 최고 전문가들과 직업적 예측가들로 구성된 네 개의 다른 그룹도 똑같은 질문을 받았다.

결과는 놀라웠다. 아마추어들이 지속적으로 전문가들보다 월등히 뛰어난 적중률을 보였다. 아마추어의 상위 2%는 기밀 정보에 대한 접근 권한을 가진 정보 분석가보다도 뛰어난 결과를 보였다. 어떻게 이런 일이 가능할까? 필립 테틀록은 비전문가들이 더 열린 마음으로 이러한 질문에 접근했고, 자신들이 처음에 내린 결론을 덜 확신했으며, 답을 제출하기 전에 주제에 대한 다양한 견해를 더 많이 고려했다는 사실을 알아냈다. 2015년 출간한 저서 《슈퍼 예측, 그들은 어떻게 미래를 보았는가 Superforecasting》에서 그는 이렇게 말했다. "선견지명은 타고난 신비로운 선물이 아니다. 정보를 수집하고 신념을 수정할 수 있는 유연한 사고방식의 결과물이다." 테틀록은 전문가들이 스스로에게만 의존하고 자신의 기존 견해에 따라 의사 결정을 내릴 확률이 아마추어보다 더 높다는 점을 발견했다. 이는 미국 뮤추얼 펀드의 3/4이 왜 지난 10년간 시장을 이기지 못했는지를 설명해준다.

레드티밍은 전문가에게 자신의 전문 지식뿐만 아니라 그 이상의 것에 의존하여 자신이 권고한 사항의 유효성을 증명하도록 요구함으로써 과잉 확신을 차단한다. 레드팀은 테틀록의 초예측가와 매우 유사한 역할을 수행한다. 열린 마음으로 문제에 접근하고, 최대한 많은 정보를 수집하며, 결론을 도출하기 전에 자신의 편견과 가정에 도전하는 것이다.

계획 오류 이는 대니얼 카너먼과 아모스 트버스키의 말처럼 "비현실적으로 최상의 시나리오에 가까운" 예측과 계획을 세우는 경향을 의미한다. 카너먼은 1969년부터 1998년까지 전 세계에 건설된 철도 프로젝트를 조사한 2005년 연구를 인용했다. 철도 기획자들은 당시 승객의 90% 이상이 신설 노선을 이용할 거라고 과대평가했다. 실제로는 이용률이 저조할 가능성이 높다는 보고서가 올라갔고 그 데이터에 쉽게 접근할 수 있었지만, 후임 기획자들의 기대치를 낮추는 데에는 아무 영향을 미치지 않은 것으로 보인다. 이들 역시 새로운 철도 프로젝트의 승객 수를 평균 106%나 과대평가했다. 이 탓에 초과 지출된 평균비용이 45%에 달했다. 이제는 빅 데이터 때문에 사업 기획자들이 통계 증거를 평가의 근거로 삼지 않을 수 없다. 하지만 그들은 여전히 눈을 감은 채 최상의 결과를 꿈꾸는 걸 좋아한다.

레드티밍은 예측을 유사 사례와 비교하고, 목표와 타깃을 합리적인 관점으로 제시하는 관련 데이터를 찾아냄으로써 계획 오류를 차단한다.

회귀적 오류 이것은 편향이나 휴리스틱이라기보다는 어려운 통계적 현실(즉, 평균 회귀)을 설명하는 데 실패하는 것이다. 평균 회귀란 첫 번째 측정에서 극단값을 가진 변수가 후속 측정에서 평균값에 더 가까워지는 경향을 보이는 통계적 가능성을 말한다. 이 사실을 이해하지 못하면 우리는 세상이 작동하는 방식에 대해 모든 종류의 잘못된 결론을 내리게 된다. 이를 증명하기 위해 대니얼 카너먼은 "우울증에 걸린 어린이를 에너지 음료로 치료하면 병세가 3개월 만에 상당히 호전된다."라는 주장을 꾸며냈다. 그 이유를 이렇게 설명했다.

> 나는 신문 헤드라인에 실린 이런 주장을 꾸며냈지만, 보도된 내용은 사실이다. 에너지 음료를 사용하여 우울증에 걸린 어린이 그룹을 일정 기간 동안 치료하면 임상적으로 의미 있는 개선을 보인다. 물구나무를 서거나 하루에 20분 동안 고양이를 안고 있는 우울증 어린이들 또한 개선된다. 그런 헤드라인을 읽는 대부분의 사람들은 당연히 에너지 음료나 고양이 포옹이 우울증을 개선했겠거니 추측하지만, 이런 결론은 절대로 정당화되지 않는다. 우

우울증에 걸린 아이들은 극단값을 가진 그룹이며, 대부분의 다른 아이들보다 우울 증세가 심하다. 극단값을 가진 그룹은 시간이 지남에 따라 평균값으로 회귀한다. 연속적인 테스트에서 우울증 지수 간의 상관관계는 완벽하지 못하기 때문이다. 즉, 우울증에 걸린 아이들은 고양이를 품에 안거나 레드불을 마시지 않더라도 시간이 지나면 어느 정도 나아지게 된다.

이 사실이 비즈니스에 미치는 영향은 중요하다. 통계적 예외나 뜻밖의 행운의 합리화에 불과한 경영 이론이 얼마나 많은가? 대니얼 카너먼은 《성공하는 기업들의 8가지 습관 Built to Last》에서 조사했던, 크게 성공한 기업과 별로 성공하지 못한 기업 간의 수익성 및 주식 수익률 차이가 그 연구 이후 평균적으로 거의 0으로 줄어들었다고 지적했다. 《초우량 기업의 조건 In Search of Excellence》에서 확인된 회사의 평균 수익률 또한 급격히 떨어졌다. 경제 전문지 《포춘 Fortune》의 '가장 존경받는 기업'에 관한 연구에 따르면, 최악의 등급을 가진 회사가 가장 존경받는 회사보다 20년 동안 지속적으로 훨씬 높은 주식 수익률을 나타낸 것으로 밝혀졌다. 물론, 시장의 주기적 특성을 감안할 때 어떤 회사가 영원히 정상에 머물러 있기를 기대하는 건 무리다. 나를 비롯한 경영 연구자들은 일시적인 성공을 성취하는 회사에서도 가치 있는 통찰력을 얻을 수 있다고 믿는다. 그러나 때로는 회사와 경영진이 그저 운이 좋았을 뿐이라는 점을 (또는 운이 나빴을 뿐이라는 점을) 기억하는 것이 중요하다.

레드티밍은 과거 실적을 평가하고 미래를 계획할 때 평균 회귀를 가능성 있는 원인으로 고려함으로써 회귀 오류를 완화시키도록 돕는다.

현상유지 편향 우리는 사물이 기존의 방식대로 존재하는 걸 선호하는 경향이 있다. 이는 우리의 선택에 큰 영향을 끼칠 수 있다. 미국의 주식형 뮤추얼 펀드 투자자에 관한 연구 결과에 따르면, 현재의 펀드가 더 이상 최고의 선택이 아닐지라도 그대로 유지하겠다는 강한 선호도가 있는 것으로 나타났다. 또한 이러한 선호가 투자자에게 선택권을 하나 더 부여하는 것으로 나타났다. 다시 말해, 선택권이 주어져도 많은 사람이 전혀 선택하지 않는 걸 선호한다는 뜻이다. 이와 관련된 편향에는, 이미 존재하기 때문에 어떤 것을 단순히 더 좋다고 인식하는 경향인 존재 편향, 그리고 긍정적인 관점이 어떤 것을 더 오래 존재하도록 만드는 경향인 장수 편향이 있다. 현상유지 편향은 왜 어떤 회사들이 비효율적인 프로세스를 따르는 걸 고집하는지, 그리고 왜 그들이 같은 실수를 반복하는지를 설명하는 데 도움이 된다.

레드티밍은 조직이 전략과 계획을 검토하도록 강제하고, 그것이 여전히 이용 가능한 최상의 옵션인지를 확인하게 함으로써 현상유지 편향에 맞선다.

매몰비용 오류 우리 중 대다수는 현재의 행동 방침이 더 큰 손실로 이어질 거라는 압도적인 증거에도 불구하고 자신의 손실을 줄이는 데 어려움을 겪는다. 이는 왜 제조업체가 돈을 날리면서도 공장을 계속 운영하는지, 왜 실패한 제품을 선반에 계속 진열하는지, 왜 비효율적인 CEO가 고용계약을 갱신하면서 자리를 유지할 수 있는지를 설명하는 데 도움이 된다. 매몰된 비용이 반드시 금전일 필요는 없다. 시간, 정치적 자본, 그 밖의 유한한 자원일 수도 있다. 또한 매몰비용 오류는 불합리한 비용 상승으로 이어질 수 있다. 우리는 원하는 결과에 도달하기 위해 투자를 계속 늘린다. 입찰 전쟁에서 승리한 사람이 증명하듯 실제 가치보다 훨씬 더 많은 비용을 지불한다.

레드티밍은 실패한 전략이나 계획이 가져올 위험을 객관적으로 분석함으로써 조직이 매몰비용 오류의 희생양이 되는 걸 막는다.

시간 할인 이는 즉각적인 만족감을 바라는 우리의 욕망에 연결된 편향의 스펙트럼을 의미한다. 우리는 대부분 내일 큰 보상을 받기보다는 오늘 당장 작은 보상을 받기를 원한다. 미래에 문제를 해결하는 데 더 많은 비용이 들지라도 지금 당장은 문제 해결을 미루는 걸 선호한다. 복리 이자율을 이해하는 걸 어려워한다. 시간 할인은 지금 당장은 긍정적인 결과를 가져오는 결정에 내재된 미래의 부정적인 결과를 경시하도록 유도한다. 어떤 행동의 장기적인 영향은 충분히 고려하지 않고, 즉각적인 결과에만 초점을 맞추는 원인이 되는 것이다. 이 모든 것은 비즈니스에 막대한 파급효과를 일으킨다. 많은 기업이 강제로 해결해야 할 때까지 문제 해결을 회피하는 이유와, 많은 회사와 투자자가 장기적인 수익성보다 단기적인 성공을 강조하는 이유가 이 때문이다.

레드티밍은 조직이 의사 결정의 단기적 영향뿐만 아니라 장기적 영향을 고려하도록 강제함으로써 시간 할인을 해결한다.

모든 인지심리학자가 이러한 편향과 휴리스틱이 우리의 사고 과정에서 중심적이고 해로운 역할을 한다고 확신하지는 않는다. 게리 클라인^{Gary Klein}이 그런 회의론자 중 한 명이다. 그는 사람들이 대니얼 카너먼이 주장하는 것보다 더 나은 결정을 내릴 수 있다고 믿는다. 그는 우리가 훌륭하고 직관적인 결정을 내리기 위해 무의식적으로 경험의 힘을 끌어들이는 방법을 보여주는 몇 가지 인상적인 연구를 수행했다. 그러나 그 역시 우리의 한계를 걱정하고 있다. 자연주의적 의사 결정에 관한 흥미로운 논문〈힘의 근원: 사람들은 어떻게 결정을 내리는가?〉에 그는 이렇게 썼다.

> 나는 경험으로 얻는 어려움 때문에 더욱 곤란해진다. 우리는 원인과 결과 사이의 명확한 연관성을 보지 못하는 경우가 많다. 너무 많은 변수가 개입하고, 시간 지연으로 인해 그 변수들이 더욱 복잡해진다. 관리자가 일정과 예산에 맞춰 프로젝트를 완료하는 데 성공했다면, 그 성공은 자신의 기술에서 나온 걸까, 아니면 부하 직원의 기술, 일시적인 행운, 고위급 관리자의 중재, 이러한 요소들의 혼합 또는 다른 원인에 의한 것일까? 뭐라고 쉽게 단정할 수는 없다. 우리는 경험에서 잘못된 교훈을 배울 수 있다. 우리가 경험에 대한 이야기를 축적할 때마다, 그 경험을 틀리게 만들고 잘못된 전략을 승인하는 도장을 찍을 위험이 있다.

정신 모형

우리의 의사 결정 과정은 (종종 무의식적으로) 정신 모형에 영향을 받는다. 정신 모형이란 경영 전문가 피터 셍게가 "우리가 세상을 이해하고 행동을 취하는 방식에 영향을 미치는, 깊이 몸에 밴 가정, 일반화, 심지어 그림 혹은 이미지"라고 정의한 것이다. 정신 모형은 우리의 편견과 경험에 관련이 있으며, 이에 따라 형성되는 경우가 많다. 편견 및 경험과 마찬가지로, 정신 모형은 적어도 어느 지점까지는 유용한 기능을 제공한다. 우리가 복잡한 현실을 이해하는 데도 도움을 준다. 그러나 그런 현실에 대한 자신의 견해를 바꾸는 걸 어렵게 할 수도 있다. 우리는 종종 우리 자신이 이러한 정신 모형에 의존한다는 사실을 모르고 있다. 이 때문에 새로운 증거와 통찰력에도 불구하고 정신 모형이 도전받지 않도록 허용한다. 피터 센게 교수는 1990년에 발표한 저서 《제5경영》에서 이러한 사례를 제시했다.

> 나는 20년 전 처음으로 일본 공장을 방문하고 돌아온 디트로이트 자동차 업계 경영진 그룹과 대화를 나눈 시간을 결코 잊지 못할 것이다. 당시는 일본 업체들이 꾸준히 시장 점유율과 수익을 확대하고 있음을 미국 자동차 회사들이 마침내 깨달았던 바로 그 무렵이었다. 이런 일본 업체들의 성공은 '값싼' 노동력이나 보호받는 국내 시장을 가졌다는 이유뿐만 아니라, 그들의 관리 방식에서 기인한 것일 수도 있다. 대화가 진행되면서 디트로이트 임원들이 큰 인상을 받지 않았음이 명백해졌다. 왜 그런지 물어보자 누군가가 말했다. "일본인들은 우리에게 진짜 공장을 보여주지 않았습니다." 그 말이 무슨 의미인지 내가 되묻자, 그가 답했다. "어떤 공장에도 재고가 없었습니다. 나는 거의 30년 동안 제조업계에서 일해왔습니다. 재고가 없는 건 실제 공장이 아니라고 분명히 말할 수 있습니다. 그 공장은 우리의 방문을 위해 꾸며진 게 틀림없습니다." 오늘날 우리는 그것이 정말로 실제 공장이었고 '적시 공급 생산 방식Just-In-Time' 시스템의 사례였다는 사실을 알고 있다. 이는 일본인들이 수년 동안 작업해온 시스템으로서, 제조 시스템 전반에 걸쳐 공정 중 재고의 필요성을 획기적으로 줄인 것이었다.

우리의 정신 모형은 조사되지 않은 상태로 남아 있는 경향이 있다. 그래서 정신 모형과 더 넓은 세계의 진화하는 현실 사이의 격차는 시간이 갈수록 커진다. 그렇게 되면 우리는 새로운 혁신을 활용하지 못할 뿐만 아니라 우리의 행동 또한 점점 역효과를 낳게 된다.

레드티밍은 역발상적 사고방식으로 우리의 정신 모형에 도전하고, 우리가 그 정신 모형을 재검토하도록 강제한다. 그렇게 함으로써, 레드티밍은 우리에게 정신 모형을 수정하여 그것을 당면한 현실과 더 잘 조화되도록 하는 기회를 제공한다.

집단사고 및 기타 조직적 오류

조직은 또한 의사 결정 과정에 비합리적인 경향이 있다. 이러한 경향은 종종 회사의 문화에 깊이 뿌리내려 있기 때문에 분리하고 근절하기가 어렵다. 이 경우에도 레드티밍이 도움될 수 있다.

집단사고 어빙 재니스Irving Janis가 집단사고를 "응집력 있는 의사 결정 그룹이 어떠한 희생을 치르더라도 대안 평가와 반대 의견을 억누르고 합의를 이끌어내려는 심리적 충동"으로 정의한 것은 매우 유명하다. 가장 양호한 경우에도 집단사고는 조직이 스스로의 가정에 의문을 제기하는 것과 새로운 정신 모형을 받아들이는 것을 어렵게 만든다. 그러나 집단사고는 종종 훨씬 더 위험하다. 그럴 경우 집단이 비합리적 결정을 내릴 위험이 발생한다. 정치 분야에서 집단사고는 1961년 잘못 계획된 미국의 쿠바 피그만 침공에서부터 2003년 사담 후세인이 이라크에 대량 살상 무기를 비축했다는 잘못된 믿음에 이르기까지 모든 비난 대상의 원인이었다. 집단사고는 또한 스위스에어Swissair 파산과 엔론Enron 사태처럼 세간의 주목을 끈 많은 경영 실패의 원인으로 비난받았다.

어빙 재니스가 확인한 집단사고의 여덟 증상은 다음과 같다.

1. 불패의 환상: 그룹은 실패할 수 없다는 믿음.
2. 도덕성: 그룹의 동기는 본질적으로 훌륭하고 정확하다는 믿음.
3. 합리화: 모순되는 정보나 데이터를 해명하려는 경향.
4. 고정관념화: 그룹에 반대하는 사람들을 악마나 바보로 묘사하는 경향.
5. 자기 검열: 그룹 구성원들이 갖게 되는 의구심을 내부적으로 해결하려는 경향.
6. 만장일치의 환상: 침묵은 동의와 같다는 믿음.
7. 마인드가드: 그룹의 가정에 도전할 수 있는 정보로부터 그룹을 적극적으로 보호하는 자칭 사상경찰의 출현.
8. 순응성: 반대 의견을 배신으로 간주하는 경향.

나중에 연구자들은 집단사고의 본질과 병폐에 대해 몇 가지를 추가했지만, 이 여덟 가지 증상은 대기업이나 정부 관료를 위해 일한 경험이 있는 우리들에게는 너무나 익숙한 것이다.

레드티밍은 조직의 가정에 직접적으로 도전하고 역발상적 의견을 적극적으로 장려함으로써 집단사고를 차단한다.

애빌린 패러독스 이 현상은 집단사고와 유사하다. 그러나 집단사고가 무의식적으로 발생하는 반면, 애빌린 패러독스는 그룹의 조화와 응집력을 유지하기 위해 그룹의 구성원이 의식적으로 자신의 희망이나 신념에 반대로 행동하는 상황을 나타낸다. 이는 우리가 '예'라고 말하지만 실제로는 '아니오'를 의미할 때 발생한다. 애빌린 패러독스라는 용어는 경영 전문가인 제리 하비Jerry B. Harvey가 만들어낸 것이다. 하비는 텍사스 애빌린으로 가는 즐겁지 않은 가족 여행을 예로 들면서, 아무도 자신이 본 것을 실제로 설명하기를 원치 않는 상황을 조직의 역기능(동의를 관리할 능력이 없음)의 주요 원인으로 지적했다. 애빌린 패러독스는 속담에 등장하는 '방 안의 코끼리'에 관해 그룹의 누구도 이야기하려 하지 않을 때 나타난다. 그 코끼리는 애빌린이 가족 외식을 위한 특별히 유쾌한 목적지가 아니라는 믿음에서부터, 한때 매우 유망해 보였던 계획이 분명히 작동하지 않을 것이라는 인식에 이르기까지 어떤 것이라도 될 수 있다.

레드티밍은 조직이 나아가려는 여행이 정말로 필요한지 질문을 던짐으로써 애빌린 패러독스를 해결하도록 돕는다.

순응성 우리의 순응성에 대한 열망은 너무나 강력하여 가장 기본적인 수준에서도 현실에 대한 우리의 시각을 왜곡시킬 수 있다. 이는 심리학자인 솔로몬 애시Solomon Asch가 1951년 시작한 일련의 실험을 통해 보여줌으로써 유명해졌다. 애시는 피실험자들에게 그들이 인지 연구에 참여하고 있다고 말하면서 한 쌍의 카드를 주었다. 첫 번째 카드(그림 1)에는 직선이 하나 있다. 두 번째 카드(그림 2)에는 직선이 세 개 있다. 직선 A는 분명히 첫 번째 카드의 직선보다 짧고, 직선 B는 분명히 더 길다. 직선 C는 첫 번째 카드의 직선과 정확히 길이가 같다.

애시 실험의 샘플 카드

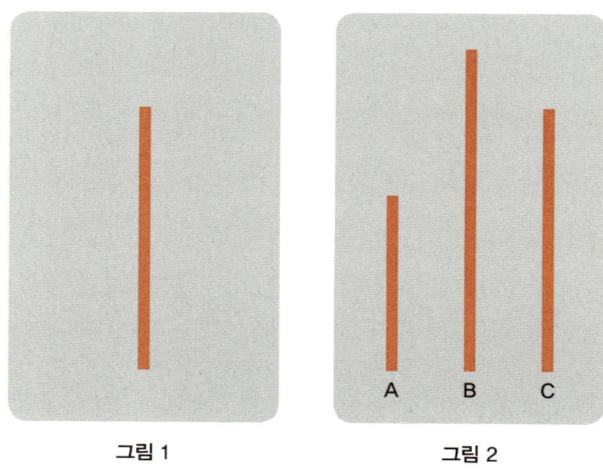

그림 1   그림 2

그다음 애시는 참가자들에게 세 개의 직선 가운데 어떤 것이 첫 번째 카드의 직선과 일치하는지 확인해달라고 요청했다. 이는 간단한 작업이었고 통제 집단에서 오류율은 1% 미만이었다. 그러나 애시는 실제로는 인지 연구를 한 게 아니었으며, 그의 피실험자 대부분은 통제 집단으로 분류되지 않았다. 대신, 그들은 일곱 명의 다른 학생들과 같은 그룹에 배정되었다. 그 학생들은 모두 연기자였다. 그룹에 한 쌍의 카드가 제시되었다. 그룹의 각 사람은 두 번째 카드의 어느 직선이 첫 번째 카드의 직선과 일치하는지 묻는 질문에 답해야 했다. 배우들은 항상 먼저 질문을 받았고 모두 똑같은 대답을 했다. 처음 두 번은 배우 모두가 정답을 말했다. 다음 열여섯 번의 질문에서는 배우들 모두가 열두 번의 틀린 대답을 했다. 놀랍게도 실제 시험 대상의 75%가 열여섯 번 중 적어도 한 번 오답을 말했다.

애시는 또한 매번 배우 중 한 명만 정답을 말하더라도 테스트 피실험자가 배우 대부분이 말하는 오답을 따라갈 확률이 크게 줄어드는 점을 발견했다. 혼자 의견을 달리하는 목소리가 굳이 정답을 말할 필요도 없었다. 단순히 다른 관점을 제공하기만 해도 실험 대상에게 스스로 생각할 수 있는 여건을 조성한 것이다.

레드티밍은 조직 내에서 이처럼 혼자 의견을 달리하는 목소리를 제공함으로써 다른 사람들이 스스로 생각할 수 있게 해준다.

만족화 이는 이용 가능한 첫 번째 옵션을 (최선의 옵션이 아닐지라도) 선택하여 결정을 내리는 관행이다. 허버트 사이먼 Herbert A. Simon이 처음으로 확인한 만족화는 특히 시간 제약하에서 결정을 내릴 때 상당히 가치가 있다. 문제는 조직이 자신의 옵션을 철저히 분석하는 데 필요한 시간과 자원이 있더라도 기본 의사 결정 방법으로 만족화를 사용하는 경우가 종종 있다는 점이다.

시간과 자원이 허락하는 경우, 레드티밍은 조직이 더 깊이 탐색하여 최적의 솔루션을 찾도록 만든다.

빨간 약 삼키기

이러한 편향과 휴리스틱에 관해 읽은 당신은 영화 〈매트릭스〉의 주인공처럼 빨간 약을 삼키고 새로운 세상에 눈을 뜬 것 같은 느낌이 들 수 있다. 그런 생각을 하면서 당신은 밤늦게까지 잠을 못 이룰 것이다. 그 느낌은 당신이 과거에 결정한 선택에 대해 의문을 던지게 만들고 미래에 결정을 내려야 할 때 주저하도록 만들 것이다. 포트 레번워스의 레드팀 훈련 과정의 일환으로 인간 의사 결정의 과학과 심리학을 연구하는 데 며칠을 보낸 후 급우들과 나는 피자를 주문하는 것조차 쉬운 일이 아니라는 걸 깨달았다. 버섯 토핑을 추가로 주문한 당신은 정말로 버섯 토핑을 원하는 걸까, 아니면 단순히 밴드웨건 효과가 그렇게 만든 걸까?

우리 두뇌가 이러한 편견에 취약하고 이러한 생각의 지름길을 이용하는 걸 좋아한다고 해서, 우리가 반드시 형편없는 판단이나 나쁜 결정을 내리게 된다는 뜻은 아니다. 합리적 사고에 대한 이러한 위협을 인식함으로써 우리는 거기에 맞서 스스로를 보호할 수 있다. 레드티밍을 통해 우리는 자신이 속한 조직 또한 이런 위협을 극복하도록 도울 수 있다.

〈매트릭스〉에서처럼 '모른다는 사실조차 모르는' 것이 실제 우리의 현실일 수도 있다. 하지만 우리는 레드티밍을 사용해 우리가 몰랐던 사실을 찾아낼 수 있다.

제4장

어떻게 레드티밍을
시작할 것인가

> 전투에서 이기는 장군은 전투를 개시하기 전에 머릿속으로 많은 고민을 한다. 전투에서 패하는 장군은 사전에 거의 고민을 하지 않는다. 그러므로 고민이 많으면 승리할 것이고, 고민이 적으면 패배할 것이다.
> – 손자

2014년 10월 어느 날 오후, 나는 비가 내리는 런던에서 빗물을 튕기며 호스 가즈 로드를 가로질렀다. 클리브 스텝스 언저리에 있는 영국 재무부의 한적한 모퉁이로 직접 연결되는 다소 소박한 건물의 출입구로 달려가 벙커 현관에서 젖은 우산의 물기를 털어냈다. 이 벙커는 제2차 세계대전의 포화가 영국을 암흑으로 뒤덮었을 때 윈스턴 처칠의 사령부로 쓰였다. 공식적으로 내각 전쟁 상황실로 알려진 밀폐된 방의 역사적 중요성을 인식한 영국 정부는 이 장소를 전쟁이 끝났을 때와 똑같이 일종의 역사박물관으로 남겨 보존하기로 결정했다. 처칠이 사용한 책상의 재떨이에는 반쯤 피운 시가 모형도 있었다. 희미한 조명이 켜진 비좁은 복도를 돌아다니면서 나는 이 작고 겹겹이 요새화된 공간에 엄청난 양의 정보가 채워져 있다는 사실을 알고는 놀랐다. 처칠의 침실을 포함하여 모든 방의 벽이 지도와 보고서로 도배되다시피

했다. 거기에는 유럽 전선에 배치된 연합군의 현재 위치에서부터 매주 런던을 공습하는 V2 로켓의 규모에 이르기까지 모든 정보가 있었다. 이 미사일과 독일 폭격기 때문에 처칠 수상이 지하 요새로 들어갈 수밖에 없었는지 모르겠지만, 벙커 벽을 뒤덮은 엄청난 데이터와 미로처럼 얽힌 전화선과 통신선은 그가 새로운 통찰력과 정보를 얻기 위해 바깥세상을 살펴보는 걸 결코 멈추지 않았음을 분명히 보여준다.

벙커에서 이를 가장 극명하게 드러내는 장소는 63번 문 뒤에 숨겨진 밀실이다. 벙커 직원 대부분은 '열지 말 것'이라는 경고 문구가 새겨진 이 밀실을 처칠의 개인 화장실이라고만 알고 있었다. 이 꾸며낸 이야기는 왜 수상이 그 안으로 종종 사라졌다가 한참 후에 자욱한 시가 연기 속에서 나타나는지를 설명하는 데는 도움이 되었다. 사실 이 작은 밀실에는 백악관으로 연결되는 직통 전화가 있었다. 이처럼 철저하게 보안이 유지된 비밀 전화 덕분에 처칠 수상은 프랭클린 루스벨트 대통령과 여유롭게 이야기를 나눌 수 있었다. 두 사람은 전쟁의 진행 상황을 논의하면서 거의 한 시간 이상을 통화하는 경우가 많았다. 이를 통해 서로의 아이디어를 교환하고 당시 인류가 직면한 가장 중대한 문제를 분석했다.

처칠의 벙커는 튼튼한 콘크리트 벽으로 둘러싸여 있었지만 텅 빈 상태가 아니었다. 그곳은 오히려 전 세계의 정보와 아이디어를 흡수하는 신경중추였고, 파시즘으로부터 세계를 구하기 위해 필요한 지적 탄약을 처칠 수상에게 공급하는 무기고였다.

아돌프 히틀러가 총통엄폐호Furerbunker에서 찍은 몇 장의 사진을 살펴보면 차이점이 두드러진다. 물론 그 사진에도 회의실에 몇몇 지도가 걸려 있는 게 보인다. 그러나 히틀러의 개인 침실을 포함하여 대부분의 공간 벽은 헐벗은 콘크리트였다. 약탈한 예술품을 어울리지 않게 배치한 걸 제외하고는 아무것도 걸려 있지 않았다. 히틀러는 차트와 통계자료가 아니라 호박 속의 곤충처럼 유화로 그려낸 독일의 영광스러운 과거의 상징물로 자신을 감쌌다. 부하 장군들이 점점 더 우울한 전황 소식을 전했을 때, 히틀러는 욕설을 퍼부으며 그들을 무능력하다고 비난했고 악명 높은 장광설로 그들을 조롱했다. 처칠도 장군들과 논쟁을 벌였지만 결코 그들의 의견을 무시하지 않았다.

"총통엄폐호 같은 환경에서는 레드티밍을 할 수 없습니다." 내가 성공적인 레드티밍을 위해 무엇이 필요한지 물었을 때 스티브 로트코프가 말했다. "보호막이 필요합니다. 조직 고위층의 포용이 필요합니다. 새로운 아이디어와 통찰력에 열려 있는 고위층이 필요합니다. 고위층은 자신의 전략과 계획에 개선할 여지가 있을 가능성을 기꺼이 고려해야 합니다. 그렇지 않으면 레드티밍이 별 의미가 없습니다."

당신 조직이 최상부에서 레드티밍에 필요한 포용력을 갖고 있다고 가정하자. 계획 프로세스의 일환으로 레드티밍을 수용할 준비가 되면, 다음 단계는 만들려는 레드팀의 종류를 결정하는 것이다. 상시적인 레드팀을 만들려는 경우에도 마찬가지다.

올바른 레드팀 모델 선택

레드티밍은 공식적으로 또는 비공식적으로 실행될 수 있다. 비판적 사고 기법을 위해 선정된 직원들로 구성된 특별위원회인 회사의 수석 리더십 팀원들이 이를 수행할 수 있다. 또는 조직의 전략과 계획을 조사하기 위해 새로운 시각을 제공하는 임무를 담당하는 전문적인 레드팀이 수행할 수도 있다. 내부 전문가나 외부 조력자가 레드팀을 이끌 수도 있다. 레드티밍에는 여러 모델이 있다. 각 접근 방식에는 장점과 단점이 있다. 회사, 조직, 부서, 그룹이 레드티밍에서 얻고자 하는 게 무엇인지, 그리고 레드티밍에 기꺼이 헌신할 수 있는 어떤 자원이 있는지에 따라 올바른 모델을 선택하는 방식이 달라진다.

비공식적 레드티밍 실제로 레드팀을 구성하거나 레드티밍 교육을 실시하는 대신, 수석 리더십 팀 또는 계획 담당자는 자신의 계획이나 전략을 구현하기에 앞서, 이 책에 설명된 하나 이상의 레드티밍 기법을 사용하여 사전에 자세하게 살펴볼 수 있다. 하지만 나는 이를 권장하지 않는다. 왜냐하면 공식적인 레드티밍의 분석적 엄격함과 객관성이 없기 때문이다. 이런 종류의 비공식적 분석에 참여하는 사람들은 조사하고자 하는 전략이나 계획에 대한 그들 나름대로의 의견을 이미 가지고 있을 가능성이 높아, 편견에 빠지기 쉽다. 집단사고와 기타 조직적 압력에 빠지기 쉬운 건 말할 필요도 없다. 즉, 이 책의 도구와 기법을 사용하면 계획을 수립하고 비즈니스가 직면한 어려움과 기회를 좀 더 명확하게 생각하는 데 도움이 될 것이다. 다만, 그것이 공식적인 레드티밍이 아니라는 점을 기억하라.

외부적 레드티밍 상시적인 내부 레드팀을 구성하고 유지하는 비용을 지출하는 대신 당신 조직은 레드팀 컨설팅 회사에 의뢰하여 전략 또는 계획을 분석할 수 있다. 이 접근법의 장점은 비용을 미리 예상할 수 있고, 시간 투자를 최소화할 수 있으며, 적절한 컨설턴트에게 전화하는 것만으로도 간단히 레드티밍을 진행할 수 있다는 것이다. 독립적인 레드팀은 조직의 편견에 대해 예방접종이 되어 있으며, 내부 정치에 영향을 받지 않고, 고위층의 지도력에 대해 정직한 평가를 제공할 수 있다. 그러나 이 모델에도 심각한 단점이 있다. 외부의 레드팀은 당신 회사, 업계 또는 경쟁 환경에 대한 지식이 부족하기 때문에 중요한 맥락을 놓칠 수 있다. 이는 그 자체만으로도 큰 문제가 될 수 있을 뿐만 아니라, 고위 경영진이 레드팀의 분석 결과를 쉽게 무시하도록 만든다. 더욱이, 외부 레드팀을 부르기로 결정하면 조직의 직원들과 적대적인 관계가 형성될 수밖에 없다. 대니얼 카너먼은 내게 이렇게 말했다. "이는 컨설턴트를 데려올 때마다 항상 발생하는 현상이에요. 당신 회사에는 이미 회사의 문제를 해결하는 업무를 담당하는 사람들이 있습니다. 그 문제가 레드팀에 의해 분석되는 겁니다. 그 담당자들은 레드팀을 방해하고, 마비시키고, 필요한 정보 제공을 거부하고, 어리석게 보이도록 만들기 위해 모든 노력을 기울일 겁니다."

조력적 레드티밍 이 접근법은 한 명 이상의 외부 레드팀 리더를 조력자로 초빙하는 것이다. 이런 숙련된 전문가는 조직의 리더십 팀과 협력하여 특정 전략이나 계획에 대한 엄격한 분석을 수행하게 된다. 외부 레드티밍 전문가를 활용하면 집단사고를 완화할 수 있으며, 팀 구성원이 자신의 가정에 도전하고 자신의 편향을 조사하도록 강제할 수 있다. 회사의 리더가 이러한 분석에 참여하여 자신의 결론을 이끌어내면 레드팀의 조사 결과가 진지하게 받아들여지고 무시되지 않도록 하는 데 도움이 된다. 또한 이는 팀이 레드티밍 전문가의 경험과 통찰력을 활용할 수 있게 해준다. 이 모델의 또 다른 장점은 조직이 레드티밍 교육에 대한 비용을 지불할 필요가 없으며 상시적인 레드팀에 직원을 투입할 필요가 없다는 것이다. 외부적 레드티밍과 마찬가지로, 컨설팅 비용을 미리 예상할 수 있으며 회사가 레드티밍을 쉽게 시작하도록 해준다. 이 접근 방식의 단점은 특히 대규모 조직에서 가치가 있는 회사 내부의 맞춤형 레드티밍 기능을 제공하지 않는다는 것이다. 이 접근 방식은 레드티밍의 중요한 부가적 가치인 조직 문화 변화에 있어서는 큰 역할을 기대하기 어렵다.

특별 레드티밍 이 모델은 훈련된 사내 레드티밍 리더가 조직 내에 팀을 구성하여 전략, 계획, 문제를 필요에 따라 분석하도록 한다. 이 접근법에는 많은 장점이 있지만, 몇 가지 중요한 단점도 있다. 이 모델은 모든 레드팀 구성원이 회사와 업계에 익숙하다는 장점이 있지만, 이는 조직의 나머지 부분에 영향을 주는 동일한 편향 및 집단사고에 경도되기 쉽다는 걸 의미한다. 특별 레드티밍은 회사의 고위층이 종종 수행하기 때문에 무시하기 어렵다. 또한 레드팀을 내부 정치에 취약하도록 만든다. 이러한 접근 방식을 통해 기업은 사내 맞춤형 레드티밍 능력을 갖게 된다. 하지만 다른 업무 부담 때문에 팀원들은 레드티밍에 충분한 시간과 에너지를 할애하지 못할 수도 있다. 주된 비용은 직원 중 한 명을 레드팀 리더가 되도록 교육시키는 데 쓰인다. 이는 리더십 개발에 귀중한 투자가 될 수도 있다. 실제로 이러한 접근 방식을 통해 회사는 조직 전체에 레드티밍을 확산시키고 전체 기업 문화를 좀 더 사려 깊고 분석적으로 만들 수 있다. 레드팀 리더의 지위를 고위직 임원으로 가는 필수 코스인 순환 보직으로 만드는 경우가 특히 그렇다. 시간이 지남에 따라 이 접근 방식을 사용하는 비즈니스는 레드티밍의 기법에 정통한 고위 리더십 팀으로 완성될 것이며, 이는 그들을 더 나은 계획자, 더 나은 전략가 그리고 더 민첩하게 생각하는 사람으로 만들 것이다.

전문적 레드티밍 레드티밍의 원래 모델인 이 접근법은 레드티밍 도구 및 기법의 전체 과정을 훈련받은 전문 분석가들로 이루어진 영구적인 상설 팀을 구성하는 것과 관련이 있다. 이 팀의 전체적인 목적은 조직의 전략과 계획에 대한 대안적 분석과 비판적 검토를 제공하는 것이다. 또한 이는 개별적 문제를 분석하고 경쟁업체와의 워게임을 시뮬레이션하는 경우에도 활용될 수 있다.

이 접근법의 장점은 사내 맞춤형 레드티밍 기능을 제공하여 (올바르게 조직하고 효과적으로 지휘한다면) 회사 내부의 정치로부터 자유로워지고 집단사고 및 다른 조직 편향에 덜 취약하게 된다는 것이다. 또한, 전문적 레드팀은 포괄적인 분석을 실행하고 다양한 대안과 가능성을 탐색하는 데 필요한 시간과 공간을 갖게 된다. 이 상설 레드팀은 현재 진행되는 전략이나 계획을 모니터링할 수 있으며, 그것이 실행될 때 직원들에게 조언과 지원을 계속해서 제공할 수 있다. 이를 통해 당신 회사는 변화하는 비즈니스 환경에 더 빠르게 적응하고 새로운 기회가 생길 때 이를 활용할 수 있다. 이상적으로는 레드팀의 성과는 분석의 깊이와 조직의 가정에 도전할 수 있는 능력에 따라 판단되며, 레드팀은 다르게 생각할 자유와 있는 그대로의 평가 자료를 제공받음으로써 장기적인 성공을 이끌기 위한 강력한 도구가 된다.

이 모델의 가장 큰 단점은 돈과 재능 면에서 많은 비용이 든다는 점이다. 레드팀이 최고로 기능을 발휘하기 위해서는 조직에서 가장 훌륭하고 열린 마음을 가진 직원의 지원이 필요하다. 이런 재능 있는 개인을 상설 레드팀으로 배정하는 것은 그들을 다른 작업에는 활용할 수 없다는 걸 의미한다. 결과적으로, 이 접근법은 대기업에 적합한 옵션일 수 있다. 대기업의 경우 직원을 레드팀으로 순환 배치하면 이 단점을 상쇄할 수 있기 때문이다. 또한 전문적 레드팀은 조직의 나머지 구성원과 적대적 관계가 될 위험이 있다. 숙련된 레드팀 리더가 이를 예방하겠지만, 레드팀과 일반 기획 직원 모두가 아군과 적군이라는 이분법적 사고를 갖지 않도록 하는 것이 중요하다.

레드티밍의 진화

레드티밍에 대한 미 육군의 원래 개념은 최고사령부, 군단, 사단, 여단 별로 영구적인 상설 레드팀을 창설하는 것이었다. 각각은 숙련된 레드팀원인 장교들로 구성되며 인증된 레드팀 리더가 이끄는 개념이었다. 이 방법은 일반적으로 매우 효과적임이 입증되었지만, 항상 그런 건 아니었다.

육군 레드팀은 배정된 조직에 적합하도록 구성될 때 잘 작동했으며, 보좌하는 지휘관들에게 그들의 가치를 빠르게 입증해 보였다. 그러나 그들이 나머지 장교들보다 우월하다고 주장하면서 다른 사람들보다 더 똑똑하다는 걸 입증하기 위해 나섰을 때 문제가 발생했다. 이런 복합적인 경험은 중동에서의 전력 감축과 워싱턴에서 벌어지는 예산 전쟁으로 인한 가혹한 재정 현실과 맞물리면서, 육군이 레드티밍에 대한 접근 방식을 다시 생각하도록 만들었다. 육군은 현재 최고사령부 수준*에서 전문적 레드팀을 유지하고 있지만, 특별 레드팀을 훨씬 많이 운용하고 있다.

* 이 수준의 레드팀마저도 2017 회계연도 말까지 단계적으로 폐지되었다.

"우리는 다른 임무 외에도 레드팀 지휘관과 레드팀원으로 일할 스태프 장교들을 교육시키고 있습니다. 그들은 모두 평소에는 다른 임무를 맡고 있지만, 지휘관은 문제를 살펴보거나 계획을 분석할 필요가 있을 때 팀원들을 소집할 수 있습니다." 스티브 로트코프가 설명한다. "이런 방식은 매우 성공적임이 입증되었으며, 예산 삭감과 재정 긴축 시기에도 육군의 레드티밍 프로그램이 계속 성장하는 이유입니다."

NATO의 대안 분석 그룹은 종종 이런 종류의 조력을 제공한다. 훈련된 분석관들이 조약국 내 다른 조직에 대한 레드티밍 훈련을 이끌되, 각 그룹에 자체적인 상설 레드팀을 두는 건 아니다.

"NATO의 문화가 공손하기 때문에 상설 레드팀은 없습니다. 유럽인이 미국인과 함께 일할 때, 비판적으로 상황을 바라보는 방법이 반드시 도움이 되는 건 아닙니다. 우리는 필요성 때문에 중간 지점을 만들었습니다." NATO 대안 분석 프로그램의 책임자인 요하네스 드 니즈Johannes de Nijs는 말한다. "우리는 이해당사자가 아닙니다. 우리는 항상 다른 누군가를 돕고 있습니다. 그건 우리가 특정 옵션이나 결과로부터 분리된 관점을 유지하는 데 도움이 됩니다."

미국 해병대는 레드티밍에 대해 약간 다른 접근 방식을 취하고 있다.

"우리는 상설 레드팀과 특별 레드팀을 모두 보유하고 있습니다." 레이 댐Ray Damm 대령은 말한다. "레드티밍은 아마도 해병대보다 육군에서 더 제도화되어 있을 겁니다. 우리의 접근 방식은 육군보다 덜 공식적입니다."

뉴질랜드 방위군의 레드티밍 프로그램을 이끌고 있는 크리스티 힐Kristy Hill은 뉴질랜드가 해병대 방식의 프로그램을 모델로 결정했다고 말했다.

"뉴질랜드 방위군의 레드팀인 키위스Kiwis는 상당히 실용적이고 독립적으로 생각하는 사람들이에요. 뉴질랜드군은 작은 규모이기 때문에 모두가 하나 이상의 역할을 수행해야 합니다. 우리의 목표는 특별한 상황에서 소집할 수 있는 레드팀 지휘관을 양성하는 것입니다."

그런가 하면, 영국 국방부는 다양한 관점으로 선발한 외부의 레드팀원들로 보강한 두 개의 전담 분석관 팀을 운영하면서, 정교하고 고도로 구조화된 레드티밍 방식을 개발했다. 프래커fracker로 알려진 첫 번째 그룹은 계획을 구성 단위로 분해하고 그것을 기반으로 하여 명시되거나 명시되지 않은 가정을 모두 추출하는 임무를 맡고 있다. 매퍼mapper로 알려진 두 번째 그룹은 이 원시 데이터를 가지고 이러한 가정을 연결하는 상관관계와 종속관계를 보여주는 차트로 전환한다. 매퍼는 이 차트를 분석하고 취약한 링크와 불일치를 확인한 다음 최종 보고서를 작성하기 전에 발견한 내용을 프래커와 함께 검토한다. 이들의 목표는 계획에 담긴 아이디어를 계획 작성자가 제시하는 방식에서 분리하는 것이다. 영국 국방부는 레드팀과 브리핑 수석 장교를 위해 이 데이터를 디스플레이할 수 있는 자체적인 3차원 매핑 소프트웨어를 개발했다.

"솔직히 말하자면 이 레드티밍 방식의 장점은 대부분의 고위급 장교들이 지루해하는 브리핑을 줄이는 것입니다." 그룹의 리더인 톰 롱랜드는 말한다. "장교들에게 길고 장황한 브리핑을 하는 경우, 그들의 눈은 게슴츠레해지고 약 30분 후에는 졸기 시작합니다. 하지만 문제를 지도로 보여주면 그들은 관심을 보이고 집중하며 모든 올바른 질문을 합니다. 그래서 우리가 이런 작업을 합니다. 우리는 전체를 관통하는 논리가 있는지, 또는 매우 매력적으로 보이고 훌륭하게 들리지만 실제로는 우리가 이야기하고 있는 것과 관련이 없는 아이디어가 있는지를 명확히 보여줄 수 있는 개념의 지도를 만들어냈습니다."

레드티밍은 의사 결정을 지원하고 대안 분석을 제공하는 일을 유일한 임무로 하는 숙련된 전문가들로 구성된 독립적인 팀에 의해 수행될 때 가장 효과적이다. 하지만 이것이 항상 실용적인 건 아니며 오히려 바람직하지 않은 경우도 있다.

"최근의 글로벌 경제 위기 이후 전 세계 기업들이 비용을 절감하고 레드팀을 낮은 수준으로 유지해야 한다는 압박감이 엄청나게 커졌습니다. 특히 최고위층에서는 더욱 그렇습니다. 이 때문에 많은 회사가 전문적인 레드팀을 꾸리는 걸 부담스러워합니다." 일본개발은행 부설 투자자문 회사의 해리 무라카미Harry Murakami 사장이 지적한다. "그렇다고 기업이 레드티밍을 활용하는 다른 방법을 찾을 수 없다는 의미는 아닙니다."

기업들은 이제 막 레드티밍을 실험하기 시작했을 뿐이다. 나는 미 육군에서 사용하는 종류와 같은 전문적 사내 레드팀을 창설한 기업을 아직까지는 보지 못했다. 대부분의 기업들은 덜 공식적인 접근법을 취한다. 하지만 휴스턴에 본사를 둔 투자관리 회사인 본 넬슨Vaughan Nelson에 따르면 그것만으로도 큰 도움이 되고 있다.

주로 대규모 기관 고객을 대상으로 활동하는 본 넬슨은 경쟁이 치열한 분야에서 차별화를 꾀하는 방법으로 레드티밍을 시작했다. 본 넬슨의 포트폴리오 매니저는 대부분의 기업에서 채택하는 공식 투자위원회 모델 대신, 투자 계획을 개발하여 동료에게 제시하고 동료가 계획이 실패할 수 있는 방법을 지적할 때 이를 방어하도록 권장받는다.

"우리의 프로세스는 우리가 '복도 싸움hall brawl'이라고 부르는 상황에서

절정을 이룹니다. 이는 실제로 사무실 밖 복도에서 일어납니다." 수석 포트폴리오 매니저인 스콧 웨버Scott Weber의 설명이다. "이에 대해 상투적인 30분짜리 회의를 하지 않는 것이 아이디어의 핵심이에요. 한발 뒤로 물러나서 일종의 레드티밍 환경을 조성하고, 적대적이 아니라 서로에게 도전하고 우리가 정말로 모든 것을 고려했는지 확인하는 겁니다. 나는 이걸 '악마의 옹호자 협의체council of devil's advocacy'라고 부릅니다."

미국에서 최초로 공식적인 레드티밍을 채택했던 한 중견 보험회사의 레드팀장은 자신의 레드팀이 연구할 특정 계획을 갖고 있는지 여부에 관계없이 정기적으로 모임을 갖지만 임시적 접근 방식이 자신들에게 합리적인 유일한 방식이라고 말한다.

"우리는 영구적인 상설 레드팀을 가질 여유가 없어요." 팀장은 보안상의 이유로 자신이나 회사의 이름을 밝히지 않는다는 조건으로 말했다. "우리는 레드티밍에 투입하는 시간을 제한해야 합니다. 왜냐하면 우리 모두는 해야 할 정식 업무가 따로 있기 때문입니다. 그와 동시에 우리는 정기적으로 만나서 팀으로서의 응집력을 잃지 않는 것이 중요하다고 생각합니다. 살펴볼 필요가 있는 문제가 항상 존재하니까요."

그들은 레드팀에서 회사 내부의 정치적 세력 다툼을 어떻게 배제하고 있을까?

"우리는 배제하지 않아요. 처음부터 그걸 포용하는 편이 낫습니다. 우리가 하는 일은 레드팀 활동의 결과물인 보고서에 사내 정치가 확인되고 드러나도록 하는 겁니다." 팀 리더가 말한다. 그는 신성한 소를 다룰 때처럼 신중한 접근법을 취하고 있다. 그와 그의 레드팀은 회사의 고위급 간부에게 당신이 선호하는 아이디어는 잘못된 거라고 직설적으로 이야기하지 않는다. 대신 그 아이디어의 가치를 인정한 후 단점을 지적한다.

"유도 경기와 비슷해요. 저는 조직의 기대치를 활용해서 그들이 올바른 방향으로 나아가도록 만듭니다. 그러려면 그들의 힘을 역이용해서 내 쪽으로 끌어당긴 후 뒤집기를 하는 게 훨씬 쉽습니다."

나 자신의 경험 대부분은 외부 레드팀 조력자로서 여러 회사와 협력하는 과정에서 나왔다. 회사는 나를 강사로 초빙하여 회사의 일반 전략 또는 특정 계획에 초점을 맞춘 레드티밍 교육을 통해 수석 리더십 팀에 레드티밍을 안내하도록 요청한다. 이 교육에서 나의 역할은 다양한 레드티밍 도구와 기술이 어떻게 작동하는지를 설명하고, 검토 중인 문제에 가장 적합한 것(도구와 기법)을 선택하고, 교육 훈련 실습을 통해 임원들을 이끄는 것이다. 실제 분석은 임원 자신이 수행하기 때문에, 앞에서 말했듯이 그들이 분석 결과에 이의를 제기하거나 무시하기가 어렵게 된다.

2015년 여름, 데일 카네기 앤 어소시에이츠Dale Carnegie and Associates는 한때 탁월했던 전문성 개발 프로그램을 부활시키기 위한 포괄적인 계획을 준비하고 있었다. 조 하트Joe Hart CEO는 그 계획을 이사회에 제출하기 전에 데일 카네기 회사가 직면한 모든 도전과 기회를 완벽하게 다룰 수 있도록 자신의 팀과 협력해달라고 내게 요청했다. 이를 위해 우리는 (제5장에서 논의할) '해방 구조'를 사용하여 그 계획을 주요 구성 요소들로 나눈 후 가장 실패할 가능성이 높은 계획의 요소를 확인했다. 그런 다음 우리는 계획의 실패 가능 영역을 개선하는 방법을 파악하여 성공을 더 잘 보장하기 위해 네 가지 관점 기법과 사전 검시 분석(둘 다 제7장에서 설명할 것이다)을 포함한 다양한 레드티밍 기법을 채택했다.

"팀으로서 우리는 실제로 우리가 구상한 견고한 계획을 세웠고 그것에 대해 매우 흥분했습니다. 그런 다음 우리는 이러한 레드티밍 과정으로 그 계획을 분석했으며 계획에 숨겨진 약점을 모두 찾아내기 시작했습니다." 하트는 말한다. "레드티밍이 없는 상황이었다면 우리는 꽤 중요한 부분을 놓치고 말았을 것이고, 우리가 실행한 계획이 효과가 없었을 거라는 생각에 의문의 여지가 없습니다. 그 일이 있은 후 우리는 레드티밍 교육 훈련 없이는 불가능했을 매우 긍정적인 결과를 얻었습니다."

내가 당신에게 해주고 싶은 충고는 조직이 비용과 복잡성 측면 모두에서 쉽게 수용할 수 있는 가장 적극적인 레드티밍 모델을 채택하라는 것이다. 그러나 이에 대해 솔직해질 필요가 있다. 레드티밍 구성을 너무 확장시킨다면, 조직 전체를 레드티밍이라는 가치 있는 노력에 질려버리게 만들 수도 있다. 그러므로 소규모로 시작해 시간이 지남에 따라 레드티밍 역량을 강화하는 게 바람직하다.

중요한 건 일단 레드티밍을 시작하는 것이다. 그리고 지금보다 더 좋은 시점은 없다.

레드티밍 비용의 정당화

현장의 누구에게나 레드티밍에서 가장 도전적인 면을 꼽아달라고 요청하면 당신은 분명히 '레드티밍에 대한 투자를 정당화하는 것'이라는 똑같은 답을 듣게 될 것이다.

"개는 무슨 소리가 나든 짖으려 하잖아요?" 그레그 폰트노트 대령이 묻는다. "그건 당신이 레드팀을 구성할 때 항상 대답하려는 질문입니다."

레드티밍은 값비싼 사치품으로 보이기 쉽다. 결코 발생하지 않을 것 같은 대참사를 피하기 위해 비용을 책정하기란 어렵기 때문이다. 나쁜 투자를 하지 않는 것에 대한 가치를 어떻게 책정하겠는가? 새로운 경쟁자보다 먼저 당신 회사가 산업 분야를 파격적으로 혁신할 방법을 찾아냈기 때문에 결코 출현하지 않을 그 경쟁자의 비용을 어떻게 계산하겠는가? 당신 자신으로부터 당신을 구원하는 레드팀에 대한 투자 가치를 어떻게 계산하겠는가?

이는 모든 조직이 스스로 답해야 하는 질문이다. 레드티밍은 회사의 일상적인 운영에 필수적인 요소가 아니기 때문에 진행하기가 어렵다. 게다가 긴축 경영이 필요한 시기에는 그 예산을 삭감해버리기 쉽다. 그러나 레드티밍이 당신의 조직에 가져올 수 있는 가치는 막대하다. 그리고 레드티밍을 하지 않아 초래될 비용이 엄청날 수 있다.

상설적인 레드팀의 운영 비용을 쉽게 계산할 수 있는 한 가지 방법은 이 팀을 좀 더 광범위한 기능 그룹의 일부로 만드는 것이다. 나와 함께 일해온 회사들은 전문적 레드팀의 아이디어를 좋아했고 그것이 가진 가치를 확인했다. 하지만 대부분의 회사들이 그런 영구적인 사치품을 감당할 방법을 찾지 못했다고 내가 말하자, 대니얼 카너먼은 이러한 접근 방식을 제안했다. 레드팀은 자료 발굴 data mining 같은 것을 관리함으로써 스스로를 유지할 수 있다고 그는 말했다.

"여러 가지를 담당하면서 최상부에 직접 보고하는 조직의 일부를 지휘하는 게 내 성향입니다. 예를 들면 의사 결정과 리더십 교육과 데이터를 함께 담당하면서 말이지요. 이는 매우 가치 있는 기능이며 그 조직의 지휘자는 매우 강력한 인물입니다. 당신은 그 일을 CEO 후보자인 임원에게 맡기게 됩니다." 그가 말했다. "그걸 레드팀이라고 부르지 마세요. 의사결정 지원 그룹이라고 부르십시오."

그 접근법조차도 많은 기업이 정당화하기에는 너무 비싸다. 그러나 내 경험에 비추어 볼 때 어떤 규모이든 대부분의 기업은 매년 컨설팅 서비스에 상당한 돈을 지불하고 있다. 하지만 실제로 얻는 성과는 너무 빈약한 경우가 많다. 당신이 이미 알고 있는 걸 알려주는 거대한 컨설팅 회사에 많은 비용을 지불하는 대신, 당신이 놓친 걸 보여줄 수 있는 레드팀에 그 돈을 쓰는 건 어떨까?

레드티밍을 위한 공간 만들기

당신이 어떤 모델을 선택하든 관계없이 레드팀은 가능한 한 조직의 최상부에 가깝게 연결되어야 한다. 레드팀은 가능한 한 의사 결정권자와 가까우면서 수석 리더십에게서 어느 정도 거리를 유지할 때 가장 큰 영향력을 발휘한다. 이러한 관리자는 레드팀을 가깝게 유지함으로써 자신의 관심사가 레드팀의 분석에 완전히 반영되도록 할 수 있다. 또한 수석 리더십과 거리를 유지함으로써 레드팀은 다르게 생각하는 데 필요한 공간과 독립성을 확보할 수 있다. 레드팀이 집단사고에 감염되지 않도록 하고 조직의 압력에 부당하게 영향받지 않도록 하려면 이 거리가 매우 중요하다. 또한 의사 결정권자와의 근접성은 레드팀의 작업이 잊히거나 무시되지 않도록 해준다.

레드팀이 CEO에게 직접 보고하는 방식이 가장 이상적이다. 최소한 레드팀이 검토 중인 전략이나 계획을 담당 부서 또는 그룹의 최고책임자에게 직접 보고해야 한다. 앞서 언급한 보험 회사에서, 레드팀은 최고재무책임자에게 보고했지만, 다른 부서의 대표도 보고를 받는 대상에 포함되어 있었다. 레드팀 리더들은 조사 결과를 회사의 전체 경영진과 직접 공유한다. 당신이 무엇을 하든, 이러한 권장 사항에 따라 지위와 영향력 또는 자원이 영향을 받을 수 있는 개인이나 그룹을 레드팀의 보고 계통에서 제외시켜야 한다. 이해관계의 충돌은 레드팀의 분석이 왜곡되거나 심지어 매장되는 걸 보장하는 확실한 방법이다.

레드팀의 보고를 받는 사람은 레드팀의 권장 사항을 수행할 권한이 있는 사람이거나, 적어도 그런 사람에게 권장 사항을 제시할 능력이 있는 사람이어야 한다. 그렇지 않으면 레드팀은 위험이 어디에 있는지는 볼 수 있지만 아무도 자신의 경고에 주의를 기울이게 할 수 없는 현대판 카산드라가 될 위험이 있다.

레드티밍은 시간과 자원 면에서 많은 비용이 소요될 수 있다. 따라서 조직에서 실제로 차이를 만들어낼 수 있는 방식으로 레드팀을 구성해야 한다. 이를 위해 레드팀에는 권력 앞에서 진실을 말할 수 있는 자유가 있어야 한다.

의심할 여지가 없는 것에 의문을 제기하고, 생각할 수 없는 걸 생각하고, 모든 것에 도전할 수 있는 권한이 있을 때 레드팀은 가장 효과적이다. 레드팀에 계획 검토를 요청하는 경우 그 결과가 중요하지 않더라도 당신은 이를 경청해야 하며, 개인적 감정으로 받아들여서는 안 된다. 레드티밍 때문에 조직에서 누군가를 처벌하는 순간 당신 회사에서는 레드티밍이 불가능해진다. 레드팀이 효과적으로 임무를 수행하려면, 자유로울 뿐만 아니라 조직의 가정에 도전하도록 기대된다는 점을 레드팀 구성원이 깨달아야 한다. 레드팀의 권장 사항을 반드시 따라야 할 필요는 없지만, 레드팀이 권장 사항을 만들도록 허용해야 한다.

레드팀 또한 그런 일이 진지하게 받아들여지고 있음을 알아야 한다. 레드팀이 일상적으로 무시되는 경우, 당신 조직이 레드티밍에 립 서비스만 제공하고 있다는 걸 레드팀원들이 깨닫는 데는 오랜 시간이 걸리지 않을 것이다. 이 경우 레드티밍은 계획 프로세스를 검토하는 또 하나의 지루하고 관료적인 절차가 될 뿐이다. 반면에 당신이 레드팀의 분석 결과를 활용하여 계획과 전략을 개선한다면, 이는 전체 조직에 강력한 메시지를 보내는 것이다. 그런 행동은 진실이 고통스러울 때조차도 당신이 진실을 두려워하지 않는다는 사실을 모든 직원에게 각인시킨다.

시간이 지남에 따라 이러한 흔들림 없는 정직함은 회사의 문화를 더 나은 방향으로 이끌면서 자기 주도적이고 혁신적으로 변화시킬 것이다. 오늘날과 같이 급변하는 세계의 도전과 기회에 더 잘 대응할 수 있도록 만들 것이다.

레드팀 만들기

사내 레드팀을 창설하기로 결정했다면, 최고의 적임자를 선정하여 성공을 거두는 게 중요하다.

레드팀의 최적 규모는 5명에서 11명 사이이다. 어떤 그룹은 더 적은 인력으로 레드팀을 구성할 수 있지만 그렇게 되면 다양한 관점이 제한된다. 어떤 그룹은 더 많은 인력으로 레드팀을 구성할 수 있지만 그렇게 되면 업무 집중이 어려워진다. 특히 복잡한 문제를 해결하려 할 때 더 많은 사람을 포함시켜야 유용할 때가 있다. 이 경우 레드팀을 하위 그룹으로 나눠서 각 팀에 분석할 문제의 다른 부분을 제공할 수 있다. 레드팀에 할당하는 인원수에 관계없이 레드팀 리더가 팀원을 선택하여 재능, 성격, 경험을 적절하게 조합할 수 있도록 허용하는 것이 바람직하다.

독립적인 상설 레드팀을 구성하든 혹은 필요에 따라 레드팀을 구성하든 상관없이, 훌륭한 분석 능력, 비판적 사고 능력, 세부 사항에 대한 주의력, 틀을 벗어나 생각할 수 있는 능력을 갖춘 인재들을 포함하는 것이 중요하다. 그들에게는 자신의 편견과 한계를 깨닫는 데 필요한 자기 인식뿐 아니라 현재의 상황에 도전할 자신감과 확신이 필요하다. 또한 그들은 지적으로 정직하고 조직 정치의 압력에 저항할 수 있어야 한다.

레드팀원이 갖춰야 할 자질은 다음과 같다.

1. 지능
2. 상상력
3. 호기심
4. 분석력
5. 전략적 사고
6. 논리적 사고
7. 자기 인식
8. 자신감
9. 열린 마음

《레드팀저널Red Team Journal》의 창립자이자 편집자인 마크 마테스키Mark

Mateski 박사는 이렇게 말한다. "뛰어난 레드팀원은 정말로 객관적으로 세상을 바라보는 견해란 존재하지 않는다는 걸 이해하는 사람입니다. 여기에는 레드팀원 자신의 견해가 포함됩니다. 다른 세계관과 관점을 인식하고, 이해하고, 공감할 수 있는 능력은 우수한 레드팀원을 규정하는 가장 명확한 특징입니다. 또한 뛰어난 레드팀원은 자기 인식에도 철저합니다. 이는 실제로 그 사람이 끊임없이 자기 점검 과정을 실행한다는 걸 의미합니다. 이러한 자기 점검은 편견과 자아에 특히 민감합니다. 이를 통해 실제로 언급된 발언과 언급되지 않은 발언 모두를 경청하는 레드팀원이 만들어지게 됩니다."

또한 훌륭한 레드팀원이 되려면 뛰어난 의사소통 기술이 필요하다.

"좋은 레드팀원이 된다는 건 좋은 질문을 던지는 것입니다." 2006년 포트 레번워스에서 첫 번째 레드팀 지도자 과정을 졸업한 수잔 크레이그Susan Craig가 말한다. "효과적인 커뮤니케이션이 매우 중요해요. 이는 언제 어떻게 질문을 할지를 알고, 당신의 청중, 당신이 다루는 상대방, 당신의 메시지를 받을 상대방의 성격을 파악하고, 정확한 언어를 사용하여 소통하는 걸 의미합니다."

레드팀을 구성할 때 고려해야 할 또 다른 중요한 요소는 다양성이다. 가능하다면 레드팀에는 남성과 여성, 베테랑과 신입 직원, 심지어 다른 세대가 혼합되는 것이 바람직하다. 다양성의 요점은 몇 가지 긍정적인 행동 테스트를 충족시키는 것이 아니다. 당신의 레드팀이 무한히 다양한 관점을 활용하고 가능한 한 광범위한 통찰력을 활용할 수 있도록 하는 것이 중요하다. 영국군은 레드팀에 최소한 한 명의 젊은 인턴을 포함시키려고 노력한다. 롱랜드 준장은 그의 레드팀이 영국 국방부의 인적 자원 정책 개편안을 분석할 때 이것이 얼마나 중요한지를 배웠다.

"우리는 면도날처럼 예리한 사고방식을 가진 한 젊은 여성을 팀에 두고 있었습니다. 우리가 제안된 변경 사항을 검토하는 동안, 그녀는 '이 정책에 미혼모를 돌보는 내용이 전혀 없다는 점이 우려스럽다'고 말했습니다. 브리핑 중에 우리가 그 문제를 제기했을 때, 고위 장교 중 한 명이 또 다른 고위 장교에게 '우리 영국군에 미혼모가 있습니까?'라고 말하는 걸 들었습니다." 롱랜드는 웃으며 회상했다. "그녀는 군대에 관해 아무것도 모르고 있었지만 경청했습니다. 그다음 그녀의 두뇌를 응용했고 이것이 문제의 일부라고 말했습니다. 그리고 나는 생각했습니다. '잘했어!' 그건 다른 팀원들에게는 결코 일어날 수 없는 일이었습니다."

다양성은 성별, 연령, 인종에만 국한되어서는 안 된다. 경험의 다양성도 레드팀에 제공하기 위해 노력해야 한다. 특이한 교육적 배경, 파격적인 경력 또는 독특한 성격을 가진 사람들을 찾아라. 해외에서 거주하고 일한 사람들을 찾아라. 주요 경쟁자 또는 다른 외부 이해관계자를 직접 경험한 사람을 레드팀에 포함시켜라. 다른 관점을 제안할 수 있는 배경을 가진 누구라도 다양성을 확장시키는 데 도움이 된다. 다른 기능 영역, 다른 부서, 다른 분야의 사람들을 포함시켜라. 레드팀의 다양성이 풍부해질수록, 전략과 계획과 문제를 다른 각도에서 바라보고 새로운 통찰력을 제공하고 조직의 다른 구성원들이 놓친 것을 발견할 가능성이 더욱 높아진다.

하나의 특별 레드팀에 다른 여러 부서의 직원을 배치하면 회사 정치의 영향력을 배제하는 데 도움이 될 수 있다고 한 기업의 레드팀 리더는 말한다. 그는 자연스러운 레드티밍 성향을 가진 사람들을 포함하면 다음과 같은 면에서 도움이 될 수 있다고 한다. "체질적으로 역발상적인 사람들은 스스로 대의에 반하는 주장을 거리낌 없이 하는 경우가 많습니다."

당신이 무슨 일을 하든, 가장 뛰어나고 현명한 직원을 레드팀에 배치하라. 레드팀이 조직의 다른 곳에 적합하지 않은 사람들을 위한 수용소나 쓰레기장이 되는 걸 허용하지 마라. 이런 일이 실제로 군대 레드팀에서 발생했을 때 그런 레드팀의 비효율성이 극명하게 드러났다.

최고의 인재는 대부분의 조직에서 소중하기 때문에 경영자가 잠재력이 큰 임원이나 스타급 직원을 레드팀에 내주기 싫어하는 건 충분히 이해할 만하다. 이런 거부감을 극복하는 한 가지 방법은 레드팀에 정기적으로 사람들을 순환 근무시키는 것이다. 나는 그것이 당신이 당연히 해야 할 일이라고 믿는다. 그렇지 않으면 레드팀은 시간이 지남에 따라 자체적인 맹점을 만들고 자체적인 집단사고의 희생양이 될 것이다.

"거대하고 단단한 관료 기관은 아마도 독립형 레드티밍 모델을 필요로 할 겁니다. 그러나 그 안에 있는 사람들을 고정시키면 안 됩니다." 그레그 폰트노트 대령은 말한다. "다양한 분석 기법을 활용할 수 있도록 레드팀을 프로젝트화해야 합니다. 군대 같은 조직에 있어서, 사안별로 주제에 관련된 전문가들을 순환시키고 이를 보좌하는 2~3명의 레드팀원으로 구성된 핵심 그룹을 운용하는 게 합리적이라고 저는 생각했습니다."

주제 관련 전문가의 활용은 글로벌 레드티밍 커뮤니티에서 아마도 가장 크게 의견이 엇갈리는 영역일 것이다. 주제 관련 전문가는 고려 중인 문제와 관련된 직접적 경험을 가진 사람이다. 예를 들어 인도로 사업을 확장하려는 계획을 레드티밍으로 검토하려는 경우, 주제 관련 전문가는 인도 대륙에서 일한 상당한 경험이 있는 경영 전문가 또는 인도 지역 전문 마케팅 컨설턴트라고 할 수 있다.

미군은 분석 대상이 되는 문제에 대해 잘 알고 있는 사람을 적어도 한 명은 팀원으로 선발하는 것이 가치가 있다고 생각한다. 왜냐하면 그 사람의 전문 지식을 통해 다른 팀원들이 많은 질문을 신속하게 해결할 수 있기 때문이다. 또한 주제 관련 전문가의 지식은 익숙하지 않은 주제를 다룰 때 저지르는 '초보적 실수'를 레드팀이 피할 수 있게 해준다.

반면에 영국군은 레드팀에 전문가를 두는 것은 결과를 현재 상황에 호의적으로 왜곡시킬 수 있다고 생각한다. 톰 롱랜드 준장은 그의 그룹이 잠수함 작전과 관련하여 수행했던 초기의 레드티밍 활동을 예로 들어 설명한다. 당시 레드팀은 잠수함 승무원을 팀에 포함시켰고, 이는 처음에는 매우 성공적인 것처럼 보였다. 승무원이 다른 레드팀원들이 궁금해했던 많은 질문에 신속하게 답할 수 있었기 때문이다. 그 질문은 팀원 스스로가 해결하기에는 시간이 많이 걸리는 것이었다. 그런데 분석이 진행됨에 따라 잠수함 승무원의 대답은 객관적인 사실이 아닌 주관적인 경험을 기반으로 한 것임이 분명해졌다. 예를 들어, 그는 잠수함이 특정 깊이 이하에서는 기동할 수 없다고 그룹에 말했다. 이는 일반적인 상황에서는 사실이었지만 레드팀은 나중에 예외가 발생할 수 있음을 발견했다. 이는 레드팀원들이 승무원의 경험에만 전적으로 의존했다면 놓쳤을 중요한 정보였다.

"그 사건만으로도, 승무원의 폭넓은 전문 지식 때문에 나머지 팀원들이 승무원의 의견에 도전하기가 어렵다는 사실이 입증되었습니다." 롱랜드가 말했다. "당신은 레드팀에 주제 관련 전문가를 투입하여 그들의 전문 기술을 활용할 수 있습니다. 그러나 그들이 가지고 있는 지적인 무게감 때문에 그들의 오류에 의문을 제기하기가 힘들 겁니다."

영국 국방부는 레드팀 구성원들에게 자신의 전문 분야와 관련된 분석에서 자발적으로 물러나도록 요청한다. 예를 들어 슈라이브넘에 위치한

DCDC(개발 개념 및 교리 센터)의 상설 레드팀에는 변호사가 포함되어 있다. 그들은 레드팀 멤버로서 훌륭한 역할을 수행하지만, 최근 영국 군법 개정안에 대한 분석 임무에서는 변호사라는 이유로 제외되었다.

NATO는 절충적 입장을 취한다. 기술적 이해가 필요한 계획을 수행하는 레드팀에는 전문가를 포함시키지만, 해당 전문가가 레드팀의 판단에 부당하게 영향을 주지 않도록 조치를 취한다.

"전문가가 레드팀에 참여할 경우 토론을 지배하지 않도록 미리 주지시켜야 합니다." 요하네스 드니즈가 제안한다. "하지만, 당신이 준비하는 권고안이 완전히 작동할 수 없을 때 전문가는 경고할 수 있으며 이는 좋은 결과를 얻는 데 도움이 됩니다."

활동 중인 레드팀에 전문가를 포함시키지 않을 경우, NATO는 레드팀이 조사 결과와 제안서를 수석 리더십에 제출하기 전에 미리 관련 분야 전문가들이 이를 검토하도록 한다.

CIA 역시 2001년에 레드셀을 설립했을 때 이 문제로 어려움을 겪었다. "최초의 레드셀은 의도적으로 테러리즘 전문가를 포함하지 않았고 오직 중동 전문가 한 명만 합류시킨 상황이었습니다. 레드셀의 구성원은 분석력, 창의력 및 독특한 사고방식을 가진 사람들로 개별적으로 선정되었습니다." 마이카 젠코가 회상했다. 그러면서 이러한 특성이 오늘날에도 계속 요구되고 있다고 덧붙였다. "고위층이 찾는 요원은 거침없이 분석하고 뛰어난 보고서를 작성하는 사람이며, 역사와 세계 문제를 깊이 알고 있는 사람입니다. 다른 사람들과 잘 어울리고, 자신의 위치와 생각을 확인하고, 관료적으로 정통하며, 일상적으로 스스로를 비판할 능력이 있는 사람들은 찾기 힘들지만 반드시 필요합니다. 레드셀의 분석가들은 이러한 자질이 유용하다고 판단했습니다. 왜냐하면 다른 정보기관과 비교했을 때 레드셀의 아이디어와 최종 결과물은 지속적인 대화와 피드백을 거치는 훨씬 더 협조적인 프로세스를 통해 이루어지기 때문입니다."

마이카 젠코의 말에 따르면 이러한 분석가들은 CIA 레드셀에 3개월에서 2년까지 필요한 기간 동안 배치될 수 있다. 그러나 그들이 레드팀에 무기한 남아 있도록 허용되지는 않는다. CIA는 신선한 아이디어와 관점을 끊임없이 유입시키려고 한다. 또한 가능한 한 많은 분석가들이 레드셀의 역발상적 기법과 대안적 관점에 노출되기를 원한다.

당신의 레드팀 내부와 외부로 사람들을 순환 근무시키는 것은 리더십 개발을 위한 기회를 제공한다. 시간이 지남에 따라 이 접근법은 기술과 경험을 가진 전체 간부를 뛰어난 기획자이자 전략적으로 생각하는 사람이 되도록 만들 것이다. 레드팀으로의 파견 기간을 제한함으로써 당신은 레드팀원들이 새로운 관점과 혁신적인 사고를 지속적으로 제공하도록 만들 수 있을 것이다.

레드팀 리더 선정

레드팀을 구성할 때 팀 리더가 될 사람을 올바르게 선정하는 것이 매우 중요하다. 레드팀 리더는 레드팀과 고위 리더십 사이의 통로이기에, 뛰어난 관리 능력과 의사소통 기술을 갖춰야 한다. 레드팀 리더는 충분히 강인하고 자신감 있는 사람이어야 한다. 자신의 입장에서 권력에 진실을 말할 수 있고, 레드팀이 제대로 기능하기 위해 필요한 데이터를 요구할 수 있으며, 목표와 일정에 맞게 팀원을 지휘할 수 있어야 한다.

"훌륭한 레드팀원은 약간의 가시가 돋아 있어야 합니다." 전직 미 국방부 차관보 제임스 밀러 James Miller는 말한다. 그는 역발상적 사고방식과 깨어 있는 시각을 가진 사람들을 관리하는 게 어려울 수 있다고 말한다. 이는 인내심, 열린 마음, 자신의 가정에 도전하려는 의지를 필요로 한다. 레드팀 리더는 팀 구성원에게 다양한 관점에서 문제를 분석할 수 있는 자유와 여유를 주어야 한다. 하지만 그들이 하나의 문제에 너무 깊게 집착하지 않도록 관리해야 한다. 레드팀 리더는 다양한 생각을 촉진하는 방법과 팀의 초점을 수렴적 사고 convergent thinking로 전환시킬 시점을 알아야 한다. 그리고 레드티밍의 배경이 되는 과학과 심리학을 확실하게 파악해, 제3장에서 설명한 편향과 휴리스틱에 맞서 레드팀을 보호할 수 있어야 한다.

"필요할 때 최적의 기법을 결합하고 적용시킬 수 있도록 당신은 항상 그 방법과 함께 호흡해야 합니다." NATO 연합군 지휘 본부의 솔루션 분석 책임자인 앤디 윌리엄스 Andy Williams의 말이다.

레드팀원은 이 책을 통해 그리고 심층적인 레드팀 교육 훈련을 통해 그러한 도구와 기술을 배울 수 있다. 하지만 실질적인 마스터가 되는 길은 오직 경험과 실무를 통해서만 가능하다. 이러한 이유로 나는 작은 문제와 계획으로 레드티밍을 시작해 광범위한 전략으로 확장할 것을 제안한다. 레드팀이 경험과 이해를 축적하면 레드팀 리더는 상황에 맞게 사용할 도구와 사용할 시점을 더 잘 결정할 수 있다. 레드팀 리더는 다른 사람들에게도 이러한 기술을 가르칠 수 있어야 한다.

마지막으로 효과적인 레드팀 리더는 조직이 계획을 세우고 의사 결정을 내리는 데 도움이 될 수 있도록, 적절한 시기에 적절한 방법으로 레드팀의 조사 결과와 권장 사항을 전달할 수 있어야 한다. 그렇게 하기 위해 레드팀 리더는 레드팀의 결과를 보고받을 모든 고위 경영진과 강한 유대 관계를 형성해야 한다. 동시에 레드팀 리더는 그 관계가 결과를 왜곡시키지 않도록 주의해야 한다.

조셉 퓰리처Joseph Pulitzer는 "신문에는 친구가 없어야 한다Newspapers should have no friends."라는 유명한 말을 남겼다. 레드팀도 마찬가지다. 그러나 레드팀은 적도 만들지 말아야 한다.

"당신이 사람들과 공감하고, 사람들이 자신들의 문제를 해결하는 걸 합리적으로 도와줄 수 있기를 희망해야 합니다." NATO의 요하네스 드니즈는 말한다.

이를 실행하는 첫 번째 단계는 문제가 실제로 무엇인지 파악하는 것이다.

제5장

문제와
해결책

> 분석력이 아무리 철저하고 상상력이 아무리 뛰어난 사람일지라도 할 수 없는 한 가지가 있다. 그건 바로 자신에게 결코 일어나지 않을 일의 목록을 만드는 것이다.
> – 토머스 셸링

코카콜라는 문제가 있었다. 1970년대 중반, 최대의 라이벌 펩시가 블라인드 테스트에서 미국인들이 코카콜라보다 자신의 브랜드를 선호한다는 걸 알아낸 것이다. 펩시는 "펩시 챌린지에 참여하세요Take the Pepsi Challenge."라는 대대적인 광고 캠페인을 벌이면서 소비자들에게 그 사실을 알리기 시작했다.

사람들은 열광적으로 펩시 챌린지에 참가했고, 1977년 펩시콜라는 식료품점 매출에서 코카콜라를 앞지르면서 코카콜라가 100년 넘게 지배하던 청량음료 시장을 위협했다. 코카콜라는 펩시 챌린지에 대응할 마땅한 방법이 없었다. 자사의 연구 결과마저도 소비자들이 경쟁사의 콜라를 더 좋아한다고 나올 정도였다. 그래서 1980년대에 들어서자 코카콜라의 연구진은 은밀하게 새로운 콜라 제조법을 개발했다.

1984년 새로운 제조법을 사람들에게 테스트한 연구진은 소비자들이 새로운 콜라 맛을 기존의 코카콜라나 펩시콜라보다 더 좋아한다는 걸 확인했다. 하지만 코카콜라 경영진은 기존 제조법을 변경하는 게 위험한 도박이라는 점을 알고 있었다. 그래서 더 정확한 테스트를 원했다. 엄청난 규모의 값비싼 시장 조사를 실시하기로 결정한 코카콜라는 미국 전역에서 약 20만 명의 소비자를 대상으로 설문조사를 벌였다. '새로운 코카콜라'와 '기존 코카콜라' 중에서 선택을 요청받은 조사 대상자의 61%가 새로운 제조법으로 만든 콜라를 좋아한다고 답했다. 결국 코카콜라의 로베르토 고이주에타Roberto Goizueta 회장은 회사의 주력 음료를 새로운 제조법으로 바꾸기로 결심했다. 그는 "우리가 지금까지 내렸던 판단 중 가장 쉬운 일이었습니다."라고 말했다.

처음에는 그 결정이 옳은 것처럼 보였다. 1985년 4월 23일 화려한 팡파르와 함께 출시된 새로운 코카콜라의 판매는 최소한 처음 몇 주간은 예상보다 훨씬 더 순조로웠다. 그러나 얼마 후 수만 통의 항의 편지와 전화가 쏟아지기 시작했고 시위까지 벌어졌다. 예전 코카콜라 애호가들은 미국 전역에서 집회를 열었다. 그들은 '우리 아이들은 청량감이 뭔지 결코 알지 못할 거다'라는 피켓을 들고 '코카콜라가 그거였다!'라는 문구가 새겨진 티셔츠를 입었다. 그들은 새로운 코카콜라 병을 박살 내고 내용물을 시궁창에 쏟아부었다.

"어떻게 이런 짓을 저지를 수 있단 말입니까?" 예전 콜라 애호가인 게이 멀린스Gay Mullins가 격분하면서 말했다. 그는 너무 화가 나서 코카콜라가 원래의 제조법으로 돌아가도록 압력을 가하기 위해 OCDA(예전 콜라를 마시고 싶은 미국인 모임)라는 단체를 만들었다. "그들은 신성한 약속을 저버렸습니다!

코카콜라는 미국의 정신을 상징하는 음료수였어요. 사과파이, 야구, 자유의 여신상처럼 말이에요. 그런데 그들은 갑자기 그걸 난데없이 이상한 제조법으로 바꿔버렸어요. 그러고는 우리에게 과거를 그냥 잊어버리라고 합니다. 그들은 우리에게서 선택의 자유를 빼앗아 갔어요. 그건 미국의 정신이 아닙니다!"

7월 10일, 새로운 코카콜라가 출시된 지 불과 78일 만에 게이 멀린스는 자신의 소원을 성취했다. 뉴스 앵커들이 오후 드라마 중간에 긴급 속보로 코카콜라가 예전 제조법으로 되돌아갔다는 사실을 미국 국민에게 알린 것이다. 예전 콜라 애호가들의 엄청난 환호성이 터지면서 미국의 국가적 악몽은 단시간에 막을 내렸다.

코카콜라는 이 당황스러운 사태를 간신히 수습했지만 수백만 달러의 비용을 낭비하면서 음료업계의 웃음거리가 되고 말았다. 새로운 콜라의 엄청난 실패는 수많은 비즈니스 스쿨의 연구 주제와 마케팅 기삿거리가 되었다. 코카콜라는 기업이 올바른 질문을 던지는 데 실패할 경우 무슨 일이 벌어지는지를 보여주는 대표적 사례가 되었다.

그 후 몇 년 동안 마케팅 전문가들은 코카콜라가 소비자들에게 기존 음료를 폐기할 계획에 대해 어떻게 생각하는지를 묻지 않은 채 어느 버전의 코카콜라 맛을 더 선호하는지만 물어본 게 잘못이라고 지적하면서 코카콜라 경영진을 비난했다. 기네스 맥주가 아일랜드의 상징인 것처럼 코카콜라는 미국의 정신을 대표하는 음료였기 때문이다. 그러나 사실 코카콜라 경영진은 올바른 질문을 던졌다. 단지 응답의 절반을 무시하기로 판단한 게 문제였을 뿐이다.

그들은 설문조사에 참여한 사람들에게 코카콜라의 어느 버전이 더 맛있는지를 묻는 질문 외에도 코카콜라의 제조법을 바꾼다면 화를 낼 것인지를 묻는 질문도 던졌다. 이 조사를 토대로 코카콜라 경영진은 소비자의 10~12%가 분노하겠지만 50% 이상은 그런 변화를 수용할 것으로 예상했다. 동시에 코카콜라는 같은 질문에 대해 일련의 포커스 그룹focus group 테스트를 실시했다. 결과는 놀라울 만큼 달랐다. 포커스 그룹 참가자들이 새로운 콜라 제조법을 두고 토론을 시작하자, 일부 참가자들은 정말로 분노하기 시작했다. 그리고 그들의 분노를 본 다른 많은 포커스 그룹 참가자들도 화를 내기 시작했다. 포커스 그룹의 반응을 접한 코카콜라 경영진은 자신들이 촉발시킨 소비자들의 열정에 놀랐다. 나중에 한 임원은 이렇게 말했다. "그들은 마치 깃발을 든 애국자 같았습니다."

이렇게 극명하게 엇갈리는 반응에 직면한 코카콜라는 설문조사 결과에 따르기로 결정했다. 설문조사가 전국적으로 수십만 소비자들의 견해를 반영했기 때문이었다. 그리고 포커스 그룹 테스트 결과는 몇몇 지역에서 겨우 몇백 명의 사람들의 감정을 자극했을 뿐이라며 무시했다.

"뒤늦은 깨달음 덕분에 코카콜라 경영진이 저지른 실수의 핵심이 분명해졌어요. 그 실수는 바로 포커스 그룹 테스트 결과와 일반인을 대상으로 한 설문조사 결과가 충돌했을 때 설문조사 결과만을 신뢰하는 방식으로 대응했다는 점입니다. 하지만 나중에 밝혀진 것처럼 두 결과 모두 중요한 정보를 제공한다는 걸 알 수 있습니다." 1992년 러트거스 대학교 마케팅 교수 로버트 쉰들러Robert M. Schindler는 말했다. "새로운 코카콜라가 출시되었을 때, 사람들은 그것에 대해 개인적인 결정을 내렸고, 대부분은 적어도 처음에는 변화를 묵인했어요. 그러나 사람들이 타인의 반응에 노출된 후 자신의 감정이 어떻게 바뀔지 예측할 수 있는 방법이 없습니다."

쉰들러 교수는 코카콜라의 진정한 실수는 상징적인 제품을 바꾸려는 회사의 결정에 대한 소비자의 반응에 여론의 힘이 영향을 미칠 수 있는 복잡한 방식을 이해하지 못한 것이라는 결론을 내렸다. 이는 복잡한 문제였으며, 어떤 회사라도 결정을 내리는 데에 어려움을 겪었을 것이다. 레드티밍이 탄생한 이유가 바로 그런 문제를 해결하기 위해서다.

크네빈 프레임워크

모든 레드티밍은 어떤 문제로 시작되지만 모든 문제가 반드시 레드티밍을 필요로 하는 건 아니다.

《웹스터사전Webster's Dictionary》의 정의에 따르면 문제란 "조사하거나, 고려하거나, 해결하기 위해 제기된 질문"이다. 몇몇 질문은 쉽게 답을 찾을 수 있기 때문에 쉽게 해결할 수 있다. 당신 회사가 만드는 제품의 불량률을 줄일 방법을 알고 싶은가? 그렇다면 식스시그마 전문가에게 물어보면 된다. 시카고 중심가의 상업용 부동산 입찰가를 알아보는 데 관심이 있는가? 그렇다면 부동산 중개인에게 물어보면 된다. 다음 분기 또는 올해의 목표를 달성할지에 대해 걱정하고 있는가? 그렇다면 CFO(최고재무책임자)에게 문의하면 된다. 물론 이런 문제들을 레드팀으로 해결할 수도 있다. 그러나 그건 작은 못을 박기 위해 커다란 해머를 휘두르는 격이다. 효과가 있을 수도 있지만, 좋은 결과보다는 오히려 나쁜 결과로 이어질 가능성이 높다.

그러나 미국을 상징하는 청량음료의 새로운 제조법에 관한 문제 같은 경우에는 쉽게 해답을 찾을 수 없다. 거기에는 서로 다른 여러 변수가 포함되어 있다. 그 변수들은 분명히 드러나지 않는 방식으로 서로 영향을 미칠 수 있다. 이런 문제는 레드티밍을 통해 해결할 수 있을 뿐만 아니라, 그 문제 자체가 레드티밍을 요구한다.

어떤 문제를 두고 레드티밍을 시작하기 전에 먼저 그 문제가 어떤 종류인지를 이해해야 한다. 문제의 성격이 분명한 경우도 있지만, 때로는 단순해 보이는 문제가 실제로는 복잡한 걸로 드러나면 조직에 문제를 일으킬 수도 있다. 코카콜라에서 벌어진 사태가 바로 그런 경우다. 이런 실수를 피하기 위해 미군은 크네빈 프레임워크Cynefin Framework라고 불리는 매트릭스를 사용하여 문제를 분류한다. 이는 기업이 레드팀이 무엇인지를 이해하고 자신에게 레드팀을 어떻게 적용할 것인지를 파악하는 데 도움이 되는 강력한 모델이다.

크네빈* 프레임워크는 지식 관리 및 복잡성 이론 분야를 연구하는 웨일스 출신의 데이비드 스노든David Snowden이 개발했다. 의사 결정자가 복잡한 문제를 이해하는 데 도움을 주기 때문에 그는 이것을 '이해를 만드는 프레임워크'라고 표현한다.

크네빈 프레임워크는 문제를 우주에 비유하여 무질서 영역과 질서 영역 두 가지로 분류하고, 중간에 불명확이라는 모호한 무정형 영역이 존재하는 복합, 복잡, 혼돈, 단순 네 종류의 사분면으로 나눈다.

* 데이비드 스노든은 크네빈을 이렇게 설명했다. "'크네빈'이라는 단어는 웨일스 말이며 영어로 '서식지' 또는 '장소'라는 뜻이지만 문자 그대로 번역하면 정의가 불가능합니다. 크네빈은 우리 모두가 개별적으로 그리고 집합적으로 많은 문화적·종교적·지리적·부족적 뿌리를 가지고 있다는 개념입니다. 우리의 다중적 연계 장소를 의미한다고 보는 게 더욱 정확하게 이해하는 것입니다. 우리는 이러한 연계의 본질을 결코 완전히 이해할 수는 없지만, 그 본질은 우리의 존재에 깊은 영향을 미칩니다. 크네빈이라는 명칭은 개인적 경험의 직접적 영향 그리고 이야기로 표현된 집단적 경험 모두를 통해 우리가 갖게 되는 여러 경험의 패턴에 의해 모든 인간 상호 작용이 크게 영향을 받고 빈번하게 결정된다는 걸 상기시켜줍니다."

무질서	질서
복합 원인/결과: 나중에만 알 수 있음 해답: 시간이 지나야 나타남 지도자: 탐색–감지–반응	**복잡** 원인/결과: 전문가가 필요할 수 있음 해답: 다양하고 유용함 지도자: 감지–분석–반응
혼돈 원인/결과: 없음 해답: 없음 지도자: 행동–감지–반응	**단순** 원인/결과: 누구나 쉽게 알 수 있음 해답: 하나이며 최선임 지도자: 감지–분류–반응

가운데: 불명확

얼핏 보기에 이것은 전형적인 비즈니스 스쿨 사분면 차트처럼 보일지 모르지만 그렇지 않다. 비즈니스 스쿨 사분면 차트는 사분면 중 하나(일반적으로 오른쪽 상단)가 다른 것보다 더 바람직함을 암시하는 경향이 있다. 하지만 크네빈 프레임워크에는 그런 가치 판단이 없다. 상황은 있는 그대로이고, 매트릭스는 우리가 그 상황을 있는 그대로 다루는 최선의 방법을 이해하도록 돕기 위해 존재한다.

상황이 질서 영역에 있다면 우리는 문제 해결에 대한 직접적이고 환원주의적인 접근 방식을 통해 그 상황을 다룰 수 있다. 왜냐하면 데이비드 스노든이 말한 것처럼 "전체는 부분의 합계이고, 우리는 부분의 최적화를 통해 시스템 최적화를 달성"하기 때문이다. 그 상황이 무질서 영역에 있다면 "전체가 결코 부분의 합계가 아니며" 우리는 더 창조적이어야 한다.

혼돈 사분면에서는 상황이 유동적이며 의미 있는 방식으로 분석하기에는 너무 빠르게 변화하기 때문에 원인과 결과가 관련이 없다. 이 사분면에 있는 문제는 당신이 갑자기 직면하는 것이며 즉각적인 주의가 필요하다. 비행기한 대가 연락이 두절된 항공사, 원자력 발전소의 방사능 유출 사고를 통제하려는 전력 회사, 주식시장 붕괴에 대처하려는 투자 회사는 혼돈 문제를 다루고 있다. 혼돈 사분면에서는 레드티밍을 실행할 시간이 없다. '적군이 전선에 있을 때 레드팀을 구성하지 말라'는 육군의 규칙을 기억하라.●

단순 사분면에 놓인 문제는 실제로 해결하기가 간단하지 않을 수도 있지만 쉽게 찾을 수 있는 해법이 존재하는 문제들이다. 이러한 문제의 해결은 단순히 그 해법을 적용하기만 하면 된다. 단순 사분면은 모범 사례, 프로세스 엔지니어링 및 표준 운영 절차의 영역이다. 당신은 단순 사분면에 놓인 질문의 답을 알지 못할 수도 있지만, 당신 조직의 누군가가 그 답을 알고 있거나 간단한 방식으로 찾을 수 있다. 제품 조립라인의 결함을 줄이는 방법, 새로운 서비스에 소요되는 비용 또는 일상적인 비즈니스 운영에서 무수히 발생하는 사소한 문제를 처리하는 방법을 파악하는 것은 단순 사분면에 해당하는 문제의 예이다. 이러한 문제는 잘 정의되어 있으며, 잘 규정된 규칙으로 관리되며, 유한한 수의 정답이 있다. 당신은 그 문제를 레드팀으로 해결할 수도 있지만, 왜 귀찮게 그렇게 하겠는가? 그건 시간과 자원의 낭비일 뿐만 아니라 속담처럼 새로운 문제를 야기하는 바퀴가 될 수도 있다.

복잡 사분면과 복합 사분면은 레드티밍이 가치가 있을 뿐만 아니라 필수적인 곳이다. 이들 영역은 전통적인 의사 결정 접근법이 한계를 드러내는 곳

● 혼돈 사분면에 존재하는 문제는 게리 클라인Gary Klein 박사가 연구한 자연주의적 의사 결정 유형에 이상적으로 적합하다.

이다. 당신이 고민하는 문제가 이 두 사분면 중 어느 곳에 놓여 있는지를 알고 있으면 문제를 해결하는 데 사용할 레드티밍 도구를 결정하는 데 도움이 된다.

복잡 사분면의 문제는 해답을 알 수는 있지만 즉시 분명하게 보이지는 않는 문제다. 그 해법을 모색하는 과정에서 당신은 해법을 찾기 위해 확립된 분석 방법에 의존할 수 있다. 신기술을 활용하는 방법, 직원의 참여를 높이는 최선의 방법 그리고 다른 공장을 짓는 게 합리적인지 여부를 파악하는 것은 복잡 사분면 문제의 예다. 문제와 관련된 일련의 다양한 레드티밍 도구를 활용하는 것이 가치 있는 경우가 많지만, 복잡 사분면 영역의 경우에는 제6장에서 설명할 분석 기술을 사용하는 것이 가장 좋다. 그러나 당신은 레드티밍이 요구하는 비판적인 시각으로 이러한 도구를 사용하도록 주의해야 한다. 왜냐하면 데이비드 스노든이 경고했듯이 이곳은 "동반 패턴이 가장 위험한 영역이며, 가정에서의 단순한 오류로 인해 격리하기 어렵고 보이지 않는 잘못된 결론을 이끌어낼 위험"이 있기 때문이다.

복합 사분면의 문제는 훨씬 더 개방적이며, 하나 이상의 정답과 여러 잘못된 대답이 있다. 이 사분면에서 원인과 결과는 쉽게 식별할 수 없다. 시간이 지남에 따라 항상 일관된 것도 아니다. 많은 변수가 있으며, 하나를 변경하면 종종 다른 변수도 같이 변경된다. 은퇴한 미 해병대 중장 폴 반 리퍼Paul Van Riper는 "이런 종류의 문제를 해결하는 건 모든 말들이 고무줄로 연결된 체스 게임을 하는 것과 같다."라고 말한다. 코카콜라의 경우 펩시 챌린지가 정확하게 이런 종류의 문제를 제기했다. 복합 사분면 문제의 다른 예로는 급변하는 산업 분야에서 경쟁 우위를 유지하는 방법, 새로운 시장으로 진출해야 하는지 여부, 그리고 가장 큰 경쟁업체를 인수해야 하는지 여부 등이 있다. 이와 같은 문제는 분석적 접근 방식을 통해 확실하게 이득을 얻을 수 있지만, 제7장과 제8장에서 설명할 상상력이 풍부하고 역발상적인 레드티밍 기법의 이점도 누릴 수 있다. 스노든이 지적했듯이 "서사 기술은 특히 이러한 복합 사분면 공간에서 강력하다."

물론, 레드티밍을 특정 문제나 계획에만 적용하도록 제한할 필요는 없다. 레드티밍이 미래를 예측할 수는 없지만 가능한 미래의 세계를 보여줄 수는 있다. 이런 이유 때문에 회사의 전략을 정기적 레드티밍으로 분석하거나, 공백 영역을 해결하기 위한 계획을 개발하기 전에 레드티밍을 사용하여 그 영역을 먼저 탐색하는 것이 유용하다. 다만, 레드팀은 당신이 계획 프로세스를 파악하는 데 도움이 되는 유용한 통찰력을 제공할 수 있지만, 이것이 주된 목적이 아니다. 앞에서 말했듯이, 결코 레드팀이 계획을 대체하도록 허용해서는 안 된다. 레드팀의 임무는 계획을 개발하는 게 아니라 계획을 개선하는 것이다.

언제 레드티밍을 시작할 것인가

이상적으로 레드티밍은 작성한 계획이 승인되기 전에 아직 수정할 시간이 있을 때 시작해야 한다. 레드티밍을 너무 일찍 시작하면 정기적인 계획 프로세스를 방해하고 아예 계획을 세우지 못할 위험이 있다. 반면에 조직의 고위층이 이미 계획을 승인한 후 뒤늦게 레드티밍을 시작하면 이를 수정하는 게 어려울 수 있고 때로는 불가능할 수도 있다.

"최종 결정을 늦추는 아이디어가 핵심이라고 생각합니다. 왜냐하면 리더가 마음을 정하고 부하 직원들이 상황이 어디로 흘러가는지 파악하면 그 방향을 바꿀 수 없기 때문입니다." 대니얼 카너먼의 조언이다.

경우에 따라서는 이처럼 경로를 변경하는 과정이 비생산적일 수도 있다. 나는 샌디에이고에 본사를 둔 코치로직스CoachLogix라는 고객사를 통해 이러한 힘든 과정을 경험했다.

내가 코치로직스의 CEO인 알렉스 파스칼Alex Pascal에게 레드티밍에 관해 이야기했을 때, 그는 레드티밍을 회사의 전략 계획 프로세스에 포함하는 것을 기뻐했다. 나는 그에게 다양한 레드티밍 도구를 사용하는 방법을 가르쳤고, 직원들과 함께 그 도구를 사용하도록 권유했다. 우리는 '네 가지 관점 기법'(제7장 참조)으로 시작했고, 그건 잘 작동했다. 알렉스 파스칼은 더 많은 걸 배우고 싶어 했다. 그래서 나는 그에게 '다섯 가지 이유 기법'(제7장 참조)도 가르쳤다. 그는 이 기법에 흥미가 있었지만 어떤 문제에 적용해야 할지 확신하지 못했다.

"회사가 해답을 찾으려는 근본적인 질문이 뭡니까?" 나는 그 문제를 충분히 생각하지 않고 알렉스 파스칼에게 질문했다. 그는 나에게 근본적인 질문을 말했고, 나는 그 질문에 다섯 가지 이유 기법을 시도해보라고 제안했다. 그는 그러겠다고 약속했다.

우리가 얼마 후 다시 이야기를 나눌 때, 나는 파스칼의 열정이 조금 줄어들었다고 느꼈다.

"다섯 가지 이유 기법은 어땠나요?" 내가 물었다.

"솔직히 말해서 우리에게 별로 도움이 되지 않았어요." 그가 인정했다.

그 말에 놀란 나는 알렉스 파스칼에게 내가 직접 다섯 가지 이유 기법으로 그 작업을 하게 해달라고 부탁했다. 그는 자신과 팀원들이 이 기법을 사용해서 개발한 다이어그램을 공유했으며, 문제는 빠르게 분명해졌다. 나는 파스칼에게 자신의 회사가 해결하려고 시도했던 바로 그 문제를 레드티밍하라고 제안했다. 하지만 그와 그의 팀은 그 질문에 대한 해법을 이미 결정한 상태였고, 해법이 제시한 대로 제품을 출시하기 위해 24시간 내내 작업하고 있었다.

이 일은 내게 포트 레번워스에서 우리가 배운 또 다른 중요한 교훈을 상기시켰다. 그 교훈은 바로 조종사가 방아쇠를 당겨 "미사일을 발사했다!"라고 보고한 후에는 테러리스트 훈련 캠프로 의심되는 건물을 공격하라는 명령을 철회할 수 없다는 것이다. 회사가 이미 계획을 실행 중일 때 레드티밍을 요청하는 건 이와 비슷하다. 일단 결정이 내려지면, 레드티밍을 실행하기 위한 시간은 이미 지나가 버린 셈이다.

그렇다고 해서 레드팀이 실행 단계에서 할 수 있는 역할이 없다는 의미는 아니다. 당신에게 상설 팀이든 임시 팀이든 사내 레드팀이 있다면, 당신 회사의 계획이 실행되는 동안 레드팀은 계속해서 가치 있는 지원을 제공하고 새로운 통찰력을 제공할 수 있다. 레드팀은 돌발적인 위협과 새로운 기회에 대한 가능성을 검토하고, 계획의 잠재적 문제를 드러낼 수 있는 상황을 감시하고, 비즈니스 환경을 발전시킬 대안적 평가를 제공할 수 있다. 이는 사내 레드티밍 능력 개발에 투자할 때 얻을 수 있는 장점 중 하나다.

레드티밍에 얼마나 많은 시간을 허용해야 할까? 이는 문제의 복잡성과 그 문제를 조사하는 데 사용할 수 있는 시간에 따라 달라진다. 그러나 레드티밍은 절대로 시간제한이 없는 활동이어서는 안 된다.

레드팀이 특정 계획이나 행동 과정을 분석하는 경우, 결정의 마감 시한은 반드시 레드티밍 활동의 기간을 제한한다. 결정에 대해 정해진 시한이 없는 경우 또는 레드팀이 공백 분석을 수행하는 경우, 레드팀이 자체적으로 마감 시한을 정해야 한다. 육군에서는 레드팀이 종종 GICOT(좋은 아이디어 마감 시간)이라고 부르는 시한을 설정한다. 강제 종료가 없다면 분석이 무기한으로 계속될 위험이 있다. 물어볼 질문은 항상 새로 생겨난다. 새로운 토끼굴에 집착할 위험이 생기기 마련이다. 끝없는 레드티밍은 의사 결정을 방해하고 행동을 가로막는다. 레드팀을 자기 위주로만 생각하는 집단으로 만들어버린다. 이는 분석적 사고를 가진 직원에게는 흥미로운 기분전환이 될 수 있지만, 조직에 의미 있는 영향을 미치지는 않는다. 행동이 요구될 때 레드티밍이 그 행동을 가로막아서는 안 된다.

레드팀은 결과물을 생산해야 한다. 그 결과물이 어떤 모습일지는 문제 자체의 본질에 따라 결정된다. 정해진 틀은 없다. 또한 그 결과물을 적시에 제공하여 실행 가능하도록 해야 한다. 계획을 수정할 시간이 없다면, 그 계획을 재검토하는 건 아무 의미가 없다.

문제를 레드티밍하기

당신이 처리하고 있는 문제의 종류를 이해하는 게 중요하기 때문에 모든 레드티밍 활동은 문제 재진술이라는 기법으로 시작해야 한다.

인간은 타고난 문제 해결사다. 이는 우리의 레드티밍 능력에 좋은 징조이지만, 부담이기도 하다. 문제가 주어질 때 우리는 대개 그걸 해결하기를 너무나 갈망하기 때문에 문제를 조사하는 데 시간을 들이지 않고 그 문제가 진술된 것처럼 실제로 의미가 있는지를 확인하지 않는다. 틀린 문제나 잘못 규정된 문제를 분석하는 건 시간과 자원의 낭비일 뿐만 아니라 근본적인 문제를 해결하지 못하는 불완전한 해결책을 도출할 위험이 있다.

"당신이 잘 고려하고 잘 검토해서 결정을 내릴 능력이 있더라도, 잘못된 위치에서 잘못 결정된 문제와 함께 시작한다면 현명한 선택을 하지 못하게 된다." 존 해먼드John S. Hammond, 랠프 키니Ralph L. Keeney, 하워드 라이파 Howard Raiffa가 함께 쓴 《대가의 조언 Smart Choices》에서 기술했다. "당신이 문제를 진술하는 방식이 당신이 결정을 내리는 기본 틀이 된다. 그 진술이 당신이 고려해야 할 대안과 그 문제를 평가하는 방법을 결정한다. 올바르게 문제를 제기하면 모든 것이 달라진다."

잘못 표현된 문제의 유형으로는 다음과 같은 것을 예로 들 수 있다.

- 너무 광범위하게 언급되는 문제.
  - 비즈니스를 성장시키려면 어떻게 해야 할까?
- 너무 좁게 언급되는 문제.
  - 제품을 추가하거나 신규 직원을 고용하거나 새로운 지역으로 확장하지 않고서 내년에 비즈니스를 12% 성장시키려면 어떻게 해야 할까?
- 내재적인 가정을 포함하는 문제.
  - 특허받은 우리의 프로세스가 업계에서 가장 먼저 선택되도록 하려면 어떻게 해야 할까?
- 예상 솔루션을 포함하는 문제.
  - 생산성을 높이는 동시에 품질을 향상시키기 위해 식스시그마를 어떻게 활용할 수 있을까?

문제가 올바르게 규정되도록 하기 위해 미 육군은 레드팀원들에게 검토 중인 문제를 먼저 다양한 각도에서 조사하도록 지시한다. 이는 간단하게 문제를 바꿔 말해보는 것이다. 왜냐하면 문제를 설명하기 위해 다른 단어를 사용하면 종종 새로운 가치가 있는 관점으로 바라볼 수 있기 때문이다. 예를 들어 당신이 "특허받은 우리의 프로세스가 업계에서 가장 먼저 선택받도록 하려면 어떻게 해야 할까요?"라는 질문을 받았다고 가정하자. 당신은 그 문제를 좀 더 직설적으로 바꿀 수 있다. "우리는 우리의 프로세스보다 더 좋은 게 없다고 생각하지만, 누군가가 더 좋은 걸 만들어낼까 봐 걱정스럽습니다."라는 식으로 말이다. 그렇게 하면 "회사가 자신의 프로세스를 개선할 수 없다."라는 원래의 질문에 내재된 가정이 드러날 것이다. 또한 이런 재진술은 당신의 레드팀이 "우리가 더 좋게, 더 빨리, 더 저렴하게 제품을 만들 수 있는 방법이 있습니까?"라는 더 중요한 질문에 대답하도록 이끌 것이다. 그 질문에 먼저 대답한다면 경쟁자를 걱정할 필요가 없을 뿐만 아니라 비즈니스의 근본 기반을 강화할 수 있다.

문제를 재진술하는 또 다른 방법은 초점을 확대하여 더 큰 맥락에 배치하는 것이다. 예를 들면, "중국에서 확장을 통해 사업을 어떻게 성장시킬 수 있습니까?"라는 질문 대신 "아시아에서 사업을 어떻게 성장시킬 수 있습니까?"라는 질문으로 문제를 규정하는 식이다. 또는 초점을 완전히 바꿀 수도 있다. 예를 들면, "어떻게 매출을 증가시킬 수 있습니까?"라는 질문 대신 "어떻게 비용을 줄여서 수익을 증가시킬 수 있습니까?"라고 질문하는 식이다. 문제를 거꾸로 뒤집어 보면 귀중한 통찰력과 새로운 시각을 얻을 수 있다. 예를 들면 "생산성을 높이는 동시에 품질을 향상시키기 위해 식스시그마를 어떻게 활용할 수 있습니까?"라는 질문 대신 "어떻게 식스시그마를 사용하여 품질을 하락시키고 생산성을 낮출 수 있습니까?"라고 질문할 수 있다. 그렇게 하면 당신은 원래의 질문이 품질 향상과 생산성 향상에 관한 것이 아니라 식 스시그마 사용법에 관한 것임을 알 수 있게 된다.

이런 식으로 문제를 검토하려면 건강한 토론과 자유로운 아이디어의 흐름이 필요하다. 이를 권장하는 가장 좋은 방법은 발산적 사고에서 시작하여 수렴적 사고를 향해 나아가는 것이다.

진실에 도달하기

성공적인 레드티밍은 가능한 한 다양한 관점으로 과제나 문제를 바라보는 레드팀의 능력에 달려 있다. 이는 대부분의 조직이 문제 해결에 접근하는 일반적인 방식이 아니다.

"육군에서 근무하는 사람들은 일반적으로 가능한 한 빨리 해결책을 모으고 그것을 구현하는 방법을 찾으려고 노력합니다. 육군의 교범은 우리에게 세 가지 다른 옵션을 고려하도록 요구합니다. 하지만 사실 우리는 신속하게 하나의 행동 과정으로 수렴하고 다른 두 가지에는 거의 주의를 기울이지 않습니다." 제3장에서 설명한 만족스러운 접근 방식에 대한 교과서적 예제를 제공하면서 스티브 로트코프는 말한다. "당신이 간단한 문제를 다룬다면 만족화는 좋은 전략이에요. 그러나 우리가 군대에서 다루는 문제는 대부분 간단하지 않습니다."

내 경험에 비추어볼 때, 많은 기업이 의사 결정을 할 때 이와 거의 동일한 방식으로 접근한다. 하지만 레드티밍은 다른 접근 방식을 요구한다. 시간이 허락한다면, 레드팀의 목표는 무엇이 가장 바람직하거나 올바른지를 결정하기 전에 가능한 한 많은 아이디어와 설명과 대안을 고려하는 것이 되어야 한다. 미 육군은 이를 수행하는 여러 방법을 제시했지만, 모두 생각-기록-공유라는 단순한 개념으로 시작한다.

생각-기록-공유

생각-기록-공유는 레드팀이 발산적 사고로 시작하여 수렴적 사고로 이동하는 걸 보장하는 방법이다. 이 기법은 다음과 같이 작동한다. 우선 레드팀 구성원에게 문제 또는 질문을 생각하도록 요청한 다음, 생각을 글로 써서 그룹과 공유하도록 한다. (5×8 줄로 된 색인 카드가 여기에 적합하다. 다음 장에서 소개할 다른 여러 도구와 기법도 유용하다.) 이 순서가 중요하다. 왜냐하면 그룹에서 함께 일하는 사람들은 자신의 아이디어를 매우 자주 공유하기 때문이다. 그들은 자신이 얼마나 똑똑한지를 보여주거나 고려하고 있는 주제에 관한 전문 지식을 발휘하려고 노력한다. 레드티밍은 지적 능력을 과시하는 행위가 아니다. 아이디어를 충분히 고려할 수 있도록 시간을 투자하는 것이다. 처음에는 조용히 숙고할 시간을 제공함으로써 팀 구성원이 그룹과 공유하기 전에 자신이 내릴 대답을 고려할 기회를 주어야 한다. 이러한 대답을 글로 쓰는 것도 중요하다. 왜냐하면 이 행동이 사람들에게 스스로의 대답을 '자기 것'으로 만들도록 강제하기 때문이다. 사람들이 머릿속에 떠오른 첫 번째 생각을 불쑥 말해버리면 애매모호해질 가능성이 훨씬 커진다. 또한 이 방법은 사람들에게 하나의 아이디어에 전념하게 하고 나머지 그룹 구성원들에게 들은 의견을 바탕으로 자신의 생각을 수정하지 않도록 강제한다.

나는 육군의 UFMCS에서 초빙 강사로 일했던 미 해병대 윌리엄 라스고

섹William Rasgorshek 중령에게 생각-기록-공유 기법을 배웠다. 수직이착륙기 오스프리의 전직 조종사였던 그는 '라즈Razz'라는 호출 부호를 사용했다. 2015년에 내가 라즈를 만났을 때 그는 이제 막 파견 근무를 마치고 포트 레번워스로 돌아와서 미군의 전략 핵무기를 담당하는 전략사령부를 위해 레드 티밍을 수행하는 상황이었다. 라즈는 그의 표현에 따르면 "예상치 못한 상황을 대비하면서 나날을 보내는" 사람들에게 생각-기록-공유 기법을 가르쳐왔다.

"생각-기록-공유 기법은 사람들이 그룹에서 작업하는 방법에 대한 과학을 기반으로 합니다." 그가 포드 레번워스의 수업에서 우리에게 말했다. "이 기법은 그룹이 효율적으로 협력할 수 있는 가장 좋은 방법입니다."

또한 라즈는 능동적 경청 개념을 크게 신봉하는 사람이다. 그의 설명에 따르면, 다른 사람의 말을 들을 때 우리는 그들이 하는 말에 대해 성급하게 결론을 내리려고 비약하기 시작한다. 이러한 결론은 옳을 수도 있고 틀릴 수도 있다. 능동적 경청은 발언자가 말을 마칠 때까지 발언자가 아닌 모든 사람이 결론을 유보할 것을 요구한다. 그들은 발언되는 내용에 대해 언어적으로든 비언어적으로든 반응하지 않아야 한다. 이는 발언 중에 찡그리거나, 노려보거나, 크게 웃지 않는 걸 의미한다. 또한 이는 머리를 끄덕이거나, 미소를 짓거나, 엄지손가락을 치켜드는 행동을 하지 않는 걸 의미한다.

"그런 행동을 자제하고 머릿속을 깨끗하게 유지하십시오." 라즈가 조언했다. "그러면 자신이 이전에 했던 방식과는 다르게 사물을 이해하고 구조화하기 시작한다는 걸 알게 될 겁니다."

생각-기록-공유의 최종 규칙은 다음과 같다. 모두가 한 번씩 발언할 때까지 아무도 두 번째 발언권을 갖지 않는다. 이것은 중요하다. 왜냐하면 개성이 가장 강한 사람들이나 자존심이 가장 센 사람들이 대화를 지배하는 걸 방지하고, 레드티밍이 그룹 활동으로 유지되도록 하기 때문이다.

이런 집단적 접근법은 반드시 필요하다.

"세상은 수학 방정식으로 문제를 풀 수 있는 복잡한 곳에서 다른 사람들과 함께 일하고 협력하고 협조해야 하는 복합적인 곳으로 옮겨가고 있습니다." 수업 시간에 포트 레번워스 제병협동본부의 책임자인 로버트 브라운Robert Brown 소장이 말했다. "당신은 불편하고 혼란스러운 상황에 편안해져야 할 뿐만 아니라 그런 상황에서 성공할 수 있어야 합니다. 그렇게 하기 위해서는 반드시 팀으로서 일해야 합니다."

개인이 레드티밍 도구와 기법을 사용하여 좀 더 효과적으로 계획과 전략을 수립할 수는 있지만, 레드티밍의 프로세스는 개인의 분석 능력 한계를 인정하고 가능한 한 많은 사람의 눈으로 문제를 바라보는 것이 바람직하다는 걸 전제로 한다. 일본 속담이 말해주듯이 "우리 중 누구도 우리 모두만큼 똑똑하지는 못하기" 때문이다.

어떻게 진실을 말할 것인가

레드팀이 효과적으로 기능하기 위해서는 각 구성원의 목소리가 의미 있는 방식으로 전달되어야 한다. 이는 특히 군대처럼 엄격하고 계급적인 조직에서는 상당히 어려운 일일 수 있다. 그리고 대부분의 대기업에서도 마찬가지다. 이런 이유 때문에 미 육군의 훈련 프로그램은 레드팀 리더에게 팀 구성원 각각의 관찰력과 통찰력을 충분히 고려하도록 해방 구조라고 불리는 일련의 협력적 의사소통 도구를 사용하는 방법을 가르치고 있다.

해방 구조라는 용어는 군 사령부보다 대학 캠퍼스에 더 어울리는 말처럼 들릴 수 있다. 아무튼 육군은 이 기법이 어려운 문제나 논쟁적인 아이디어에 대해 사람들이 솔직히 이야기하게 만드는 매우 효과적인 방법이라는 걸 확인했다. 이러한 접근법 중 많은 부분이 플렉서스 연구소Plexus Institute의 키스 맥캔들레스Keith McCandless와 헨리 리프마노비츠Henri Lipmanowicz에 의해 개발되었다. 처음에는 의료계에서 사용되었다. 스티브 로트코프 대령은 《불가사리와 거미The Starfish and the Spider》의 공동 저자인 오리 브래프먼Ori Brafman과 함께한 작업을 통해 해방 구조를 소개받았다. 2009년, 미 육군은 브래프먼을 고용하여 지휘관들이 계급 구조를 완화하고 부하들의 정보력과 통찰력을 적극적으로 수용할 수 있도록 교육시켰다. 로트코프는 레드팀 교육 훈련 프로그램에서 공백기를 가지면서 그 노력을 이끌었다. 그는 오리 브래프먼이 가르쳐준 많은 새로운 접근법에 깊은 인상을 받았다.

"군대에서 지휘관이 부하 조직을 방문하면 부하들은 두 가지 일을 하고 싶어 합니다. 첫째로 그들은 지휘관을 감동시키고 싶어 합니다. 둘째로 그들은 지휘관이 무엇인가를 배우지 않고 떠나기를 원합니다. 지휘관이 뭔가를 배우게 되면 자기들에게 시킬 더 많은 일을 만들어내기 때문입니다. 그래서 제가 고위 장교였을 때 언제나 고심했던 건 어떻게 하면 사람들이 저에게 정직한 피드백을 줄 수 있도록 만들 수 있을까 하는 것이었어요. 당신은 달라이 라마처럼 자신을 소개할 수 있지만 그건 중요하지 않아요. 그들은 당신의 조직 내 지위를 알고 있기 때문에 자기 검열을 할 겁니다." 로트코프는 나에게 말했다. "해방 구조는 지휘관을 자신의 안락한 지위에서 벗어나 계급장을 떼고 다른 관점을 가진 부하들의 의견을 경청하게 함으로써 개방적으로 만들고 진리와 진실에 도달하도록 이끌 수 있어요. 이 구조는 사람들이 이야기하도록 만드는 매우 좋은 방법입니다."

나는 해방 구조가 레드티밍뿐만이 아니라 기업 고객과의 협력 업무에서도 매우 효과적이라는 사실을 알게 되었다. 내가 이 기법을 가르쳐준 몇몇 회사는 해방 구조가 토론을 활성화하고 조직 내 모든 직급 직원들의 의견을 청취하는 데 매우 효과적일 수 있음을 확인했다. 해방 구조 중 많은 부분이 익명성을 기하기 위해 고안되었으며, 이를 통해 자신의 관찰과 통찰력을 공유함으로써 생길 수 있는 부정적인 결과에서 사람들을 보호할 뿐만 아니라, 그룹의 다른 구성원이 공유하는 사람을 알아볼 수 없도록 함으로써 타인에게 들은 내용을 왜곡하는 걸 방지할 수 있다.

"저는 이 접근 방식을 통해 평소에는 우리 팀과 공유하지 못했던 걸 표현할 수 있었어요." 한 일본인 중역이 내게 말했다. "일본의 비즈니스 문화는 매우 계층적이고, 어려운 문제를 솔직하게 말하기가 어려울 때가 많습니다. 이러한 기법을 통해 우리가 분석 중인 거래에 대한 우려를 표명하는 게 쉬워졌어요. 저는 해방 구조 기법이 레드티밍뿐만 아니라 우리 조직 전반에 걸쳐 매우 효과적일 수 있다고 생각합니다."

키스 맥캔들레스와 헨리 리프마노비츠는 33가지의 다양한 해방 구조를 개발했다. 미 육군은 그 가운데 레드티밍에 특히 도움이 되는 몇 가지를 선정했고, 이를 변형하여 대안 분석의 요구를 충족시키도록 만들었다. 이를 자세히 알아보자.

1-2-4-모두

이는 레드팀 구성원들에게 연필과 종이를 준 후 간단히 대답할 수 있는 다음과 같은 질문을 던지는 것으로 시작된다.

> 어떻게 이 계획이 실패할 수 있었는가?
> 왜 우리는 이 목표를 달성할 수 없었는가?
> 우리의 공급망에서 가장 취약한 곳은 어디인가?
> 이 프로젝트를 죽이는 데 있어서 누가 기득권이 있는가?
> 우리 전략의 성공에 가장 큰 위협은 무엇인가?

팀원들에게 이 질문을 조용히 숙고해보고 가능한 한 적은 수의 단어로 자신의 대답을 적어보도록 요청하라. 그런 다음, 팀원들을 짝지어 서로의 대답을 공유하고 토론하게 하라. 이 피드백을 바탕으로 팀원들은 자신의 대답을 수정하거나 완전히 새로운 대답을 함께 떠올릴 수 있다. 다음으로 두 쌍을 묶어서 4명으로 이루어진 그룹을 만든다. 첫 번째 쌍과 두 번째 쌍이 순서대로 지금까지 자신들이 생각해낸 것을 공유하게 하라. 그런 다음, 4명 각자가 이러한 대답을 토론하고 가장 강한 포인트가 어디인지를 결정한다. 마지막으로 팀 전체를 다시 불러 모아서 4명의 소그룹이 각각 그룹 전체에 최선의 대답을 제시하게 하라. 시간이 허락할 때까지 혹은 팀 전체가 모든 아이디어를 논의할 때까지 마지막 단계를 반복하라.

포트 레번워스의 우리 교관인 케빈 벤슨 대령은 이러한 접근법이 특히 레드티밍 활동의 시작에 유용하다고 말한다.

"1-2-4-모두 접근법은 즉시 물속으로 깊이 뛰어들려는 당신의 충동을 억제시키며, 잠재적인 해답이나 해결책을 창출하도록 해줍니다. 또 처음부터 당신이 모든 사람의 의견을 들을 수 있도록 해줍니다. 당신은 모두의 목소리를 듣게 되는 겁니다. 나는 당신이 더 나은 결과를 얻을 거라는 걸 보장합니다. 이를 위해서는 단지 약간의 시간이 더 필요할 뿐입니다."

이 활동은 15분 안에 완료될 수 있지만 상황이 허락한다면 더 많은 시간을 할애할 수 있다. 더 큰 규모의 팀과 함께 일하는 경우 복합적인 문제를 해결할 수도 있고, 여러 그룹이 문제의 다른 측면을 보도록 만들 수도 있다. 예를 들어, 잠재적 인수합병을 위해 레드티밍을 수행할 경우, 한 그룹이 거래의 재정적 측면을 살펴보는 동안, 다른 그룹은 고객과 기타 이해관계자에게 미치는 영향을 살펴볼 수 있다.

가중치 익명 피드백 •

이것은 그룹의 집단적 지혜를 활용할 수 있는 훌륭한 기법으로, 사람들이 악영향을 걱정할 필요 없이 문제에 관한 진정한 우려를 공유할 수 있도록 해준다. 이 기법은 대부분의 지도자가 들어본 적이 없는 급진적인 솔직함을 권장한다. 그 솔직함이 치명적인 실수를 피하는 데 도움이 될 수 있다. (이 기법은 수렴적 사고보다는 발산적 사고를 장려하기 위해 고안된 것이므로 실제로 결정을 내릴 경우에는 사용하지 않는 게 좋다.)

색인 카드와 동일한 펜을 그룹의 각 구성원에게 제공하고 다음과 같은 질문을 제기하는 것으로 시작하라.

• 가중치 익명 피드백은 '5가 당신에게 25를 준다'라는 해방 구조 기법을 내 나름대로 변형시킨 것이다

우리 전략에 가장 큰 위협은 무엇인가?

우리가 어느 목표를 놓칠 가능성이 가장 높은가?

가장 많이 우려하는 사업 부서는 어디인가?

각 참가자에게 카드에 가능한 한 간단명료하게 활자체로 대답을 적으라고 요청하라. 이는 중요하다. 왜냐하면 사람들이 자기가 읽는 카드가 누구의 필체인지 추측할 수 없도록 해야 하기 때문이다. 작은 그룹과 일하면서 더 많은 아이디어를 얻고 싶다면, 각자에게 마음에 떠오르는 세 가지 대답을 별도의 카드에 적어달라고 요청하라.

모든 사람이 작성을 마치면 카드를 모아서 섞은 뒤 그룹에 카드를 1인당 한 장씩 되돌려준다. 누군가가 자신이 작성한 카드를 받더라도 상관없다. 모든 사람이 모든 응답을 읽고 평가할 기회를 갖게 될 것이기 때문이다.

모든 사람이 카드를 받으면 거기에 적힌 대답을 조용히 읽으면서 자신이 어떻게 느끼는지 생각하게 하라. 그런 다음 그 대답에 1점에서 5점까지 점수를 매기도록 하라. 자신이 전적으로 동의하는 최고의 대답은 5점을 주고 명백히 거부하는 대답은 1점을 준다. 다른 사람들이 매긴 점수에 영향을 받지 않도록 뒷면의 숫자를 보기 전에 자신의 평가하는 점수를 매겨달라고 하는 것이 중요하다. 모든 사람이 모든 카드를 읽고 점수를 매길 때까지 이 과정을 반복하라. (자기가 이미 점수를 매긴 카드를 다시 받은 경우에는 새 카드로 교환해주면 된다.) 그룹 전체가 점수 매기기를 완료하면 각 카드 뒷면에 있는 점수를 집계하여 가장 높은 점수를 받은 대답을 칠판에 적는다. 일반적으로 점수가 가장 높은 상위 세 개에서 다섯 개를 적는다. 이런 방식으로 선정된 문제를 더 깊이 논의하거나 나머지 레드티밍 활동의 초점으로 만들 수 있다.

가중치 익명 피드백은 모든 사람의 의견을 똑같은 비중으로 고려할 수 있는 매우 좋은 방법이다. 예를 들어, 2012년에 육군 출신의 레드팀 기획자들은 미군이 미래전에 어떻게 대처하고 미래의 위협에 어떻게 반응할 것인지에 대한 고차원적인 계획으로 미 국방부가 새롭게 기획한 합동작전 개념에 대한 검토를 주도해달라고 요청받았다. 기획자들은 육해공군과 해병대 4개의 군대 조직, 은퇴한 장성, 매사추세츠 공과대학교MIT의 국가보안 전문가, 인류학 및 사이버 전쟁 전문가로 구성된 전문가 집단을 포함하는 특별 레드팀을 구성했다. 이 팀은 공동으로 계획 문서의 초안을 검토했다. 그런 다음 기획자들은 레드팀원들에게 그 계획에서 가장 먼저 재검토해야 할 세 가지 영역을 적어달라고 요청했다.

"그룹 구성원 중 가장 낮은 계급인 소령이 제안한 세 가지 아이디어가 모두 채택됐어요. 반면에 장군이 제안한 아이디어는 전혀 채택되지 못했습니다." 기획자 중 한 명인 로트코프가 회상했다. "이런 일은 정상적인 작전 계획팀 프로세스에서는 발생하지 않았을 가능성이 높아요. 은퇴한 장군이나 박사 학위 소지자의 아이디어는 즉각적으로 신뢰를 얻고, 계급이 낮은 구성원들의 아이디어는 사장되거나 거의 주목을 받지 못했을 겁니다."

가중치 익명 피드백은 복합적인 전략이나 계획을 레드티밍할 때 가장 큰 관심 분야에 초점을 맞추도록 도와준다. 주어진 시간이 제한된 경우, 이 기법을 활용하면 당신의 레드팀이 집중적으로 분석해야 할 영역을 신속하게 찾아낼 수 있다.

도트 스티커 투표

이는 그룹에 주어진 과제의 우선순위를 익명으로 결정하는 또 다른 효과적인 방법이다. 앞에서 논의된 방법 중 하나를 사용하여 고려할 문제 또는 과제의 목록을 작성하는 것으로 시작하거나, 전략 또는 계획을 개별 요소로 간단히 분리하는 것으로 시작하라. 목록에 있는 항목 간에 겹치는 게 있는지 확인하라. 겹치는 게 있다면, 그것을 합칠 방법을 찾아라.

모든 사람에게 메모 카드에 그 목록을 복사하여 목록의 각 항목을 해당하는 줄에 집어넣도록 요청하라. 또는 한 명이 컴퓨터에 목록을 입력하고 각 팀 구성원들에게 사본을 인쇄해 주도록 할 수도 있다. 그런 다음, 목록에 있는 항목 수를 더하고, 그 수를 반으로 나눈 후 거기에 하나를 더하라. 이것은 각 팀 구성원이 얼마나 많은 표를 얻었는지를 알기 위해서다. (예를 들어, 목록에 열두 개의 과제가 있는 경우 모든 사람은 일곱 번 투표하게 된다. 다섯 개의 과제가 있다면 모든 사람은 세 번 투표하게 된다.) 팀의 각 구성원에게 투표 수와 동일한 개수의 도트 스티커를 제공하라.

그룹 구성원들에게 자신이 가장 중요하다고 생각하는 문제를 결정하고 그에 따라 도트 스티커를 붙이도록 요청하라. 구성원들은 도트 스티커를 모두 다 사용할 때까지 목록에 있는 하나 이상의 항목에 하나 이상의 도트 스티커를 부착하여 투표한다. 하나의 특정 사안에 대해 매우 중요하게 느끼는 사람들은 자신이 가진 도트 스티커의 대부분 또는 전부를 부착할 수도 있다. 또는 더 많은 고려가 필요하다고 생각하는 몇 가지 다른 쟁점에 투표를 분산시킬 수도 있다.•

모든 사람이 투표를 마치면 카드를 모으고 표를 집계하여 사람들이 가장 중요하다고 생각하는 과제를 알아낸 다음, 그 결과에 따라 레드티밍의 방향

• 도트 스티커가 없으면 사람들에게 펜으로 점을 찍어달라고 요청할 수도 있다. 주어진 횟수보다 더 많이 투표하지 않도록 주의하기만 하면 된다.

을 설정할 수 있다.

도트 스티커 투표는 사람들에게 우선순위를 매기도록 강제하기 때문에 매우 효과적이다. 이는 레드티밍에 시간적 제약이 있을 때 중요할 수 있다. 또 결과에 가중치를 부여함으로써 사람들이 서로 다른 과제 중 어느 것에 관심을 갖고 있는지를 파악할 수 있다. 마지막으로, 사람들은 해결해야 할 필요가 있다고 느낀 문제를 하나 이상 투표할 수 있다. 따라서 도트 스티커 투표는 조직의 정기적인 계획 프로세스의 일환으로 우선순위 설정에 사용될 수 있다.

어항 기법

이는 레드팀원이 분석 중인 전략이나 문제와 관련하여 직접적으로 경험한 사람들로부터 통찰력과 이해력을 얻으려 할 때 사용할 수 있는 강력한 기법이다. 또 정기적인 계획 과정에서 너무 자주 누락되는 유형의 지식과 관점을 얻을 수 있는 방법이다.

문제에 대한 직접적인 지식을 가진 사람들 중 참여할 것으로 예상되는 3~7명을 초대하라. 초대 손님들이 중앙에서 서로 마주 보도록 미리 준비한 의자를 방 안에 둥그렇게 배치하라. 가능하다면 초대 손님들을 작은 둥근 테이블 둘레에 앉히고 입맛에 맞게 선택할 수 있도록 뜨겁고 차가운 음료와 다양한 간식을 준비하여 편안한 분위기를 조성하라. 또는 초대 손님들이 카페나 바에서 쓰는 스툴에 앉도록 준비하라. 큰 그룹이 경청하는 경우, 초대 손님을 방 중앙의 높은 연단에 모실 수도 있다.

당신이 어떤 배치를 선택하든, 레드팀 구성원들이 이 가상적인 어항을 중심으로 넓은 원형으로 앉도록 요청하라. 모든 사람이 착석하면 중앙에 있는 초대 손님들에게 방에 있는 나머지 사람들을 무시하고 친구나 동료와 함께 카페나 바에 있다고 상상하도록 요청하라. 그런 다음, 그들이 직접적인 지식을 가진 문제에 대해 서로 자신의 이야기와 통찰력을 나누도록 요청하라. 레드팀의 임무는 앉아서 듣고 메모하는 것뿐이다. 토론이 중단 없이 계속되도록 해야 한다. 중앙에 있는 손님들은 그들끼리만 이야기해야 하며, 청중들에게 이야기하면 안 된다. 대화가 줄거나 미리 정한 제한 시간(예를 들면 30분)에 다다르면 초대 손님들에게 의자를 돌려 바깥쪽 원과 마주 보도록 요청하고, 레드팀 구성원이 방금 들었던 것에 대해 (혹은 들어본 적이 없는 것에 대해) 질문하도록 하라.

미 육군은 아프가니스탄에서 복귀한 장교들의 브리핑을 받는 대안으로 이러한 어항 기법을 활용했다. 장교들이 현장에서 얻은 지식과 경험을 그들의 후임자들에게 생생하게 전달하도록 하기 위해서였다. 장교들이 순찰을 책임지던 현지 아프간 마을의 노인들, 여성들과 어떻게 신뢰를 쌓고 우호적 관계로 발전시켰는지에 대한 질문도 있었다. 외부 동그라미에 앉은 사람들은 레드팀원이 아니라 같은 지역에 배치될 예정인 후임 장교들이었다.

"새로 배치될 장교들은 중요하고 직접적인 정보를 생생하게 얻고 있다고 느꼈기 때문에 무척 고무되어 의자에 제대로 앉아 있지 못할 정도였어요." 육군에 어항 기법을 가르친 리사 킴볼Lisa Kimball이 말했다. "몇 시간 만에 엄청난 양의 이해와 발전이 이루어진 거죠."

당신의 레드팀이 고객 서비스 향상을 위한 계획을 분석하고 있다면, 일선의 소매업체 직원 두 명, 콜센터 직원 두 명, 소매업체 관리자 한 명, 콜센터 관리자 한 명을 당신의 어항 기법의 초대 손님으로 모실 수 있다. 공장 생산량을 높이기 위한 계획을 연구 중이라면, 품질 검사원, 작업 감독자뿐만 아니라 조립라인에서 다양한 작업을 하는 생산직 직원을 손님으로 초대할 수 있다. 라틴아메리카 지역에 사업을 확장하려는 계획을 레드티밍하는 경우라면 목표로 하는 지역의 인구 구성을 대표하는 소비자를 비행기로 모셔올 수도 있다. 당신이 무엇을 하든, 중요한 것은 질문하기 전에 충분히 듣는 시간을 가져야 한다는 점이다.

트리즈

'트리즈TRIZ'는 '창의적 문제 해결 이론'이라는 뜻의 러시아어 'Teoriya Resheniya Izobretatelskikh Zadach'의 줄임말이다. 이는 구소련의 발명가이자 공상과학 소설가인 겐리히 사울로비치 알츠슐러Genrikh Saulovich Altshuller가 '세계 특허 문헌의 발명 형태 연구를 통해 파생된 문제 해결, 분석 및 예측 도구'로 개발한 것이었다. 일부 독자들은 이미 식스시그마 과정의 일부로 트리즈를 접했을 수도 있다. 식스시그마에서 트리즈는 새로운 프로세스를 생성하지 않고 문제를 해결하는 데 사용된다. 하지만 레드티밍에서는 약간 다르게 사용된다. 레드티밍은 트리즈 방법론의 한 부분에만 관심이 있다. 그건 바로 고려 중인 계획을 성공적으로 실행하는 길을 가로막고 있는 현재 조직에서 수행 중인 작업을 식별하는 방법론이다.

이를 위해 그룹으로 함께 협력하여 조직의 계획이 실패하도록 조직 스스로가 할 수 있는 모든 것을 파악하라. 즐겁게 이를 수행하라. 당신의 팀이 그런 계획을 방해하기 위해 경쟁 회사가 잠입시킨 스파이라고 상상하고, 조직에 성공적으로 침투했으며, 현재 계획이 재앙으로 끝나도록 가능한 모든 방법을 시도하고 있다고 상상하라. 당신은 여러 해방 구조 중 하나를 사용하여 목록을 개발하거나 단지 비공식적으로 함께 일할 수 있다. 가능한 한 상세하고 시간이 허락하는 한 철저하게 이를 수행해야 한다.

작업을 마치면 목록을 항목별로 검토하고 다음과 같은 질문을 던져라. 조직이 현재 수행하고 있거나 생각하고 있는 것 중에 어떤 형태나 방식으로든 이와 조금이라도 닮은 것이 있는가? 결과는 충격적일 수 있다.

트리즈는 회사의 잘못된 관행에 도전하고 회사가 가진 문제의 근원인 '여기서 우리가 늘 해온 방식'에 대한 비판적인 토론을 장려하는 훌륭한 방법이다. 알츠슐러는 이를 너무 효과적으로 사용하다가 도리어 소비에트 강제수용소에 수감되고 말았다. 그러나 트리즈가 좀 더 광범위한 레드티밍 프로세스의 일부로 건설적으로 사용된다면, 당신의 조직 내부에 존재하는 성공을 가로막는 실제 장벽을 식별해내는 강력한 도구가 될 수 있다.

네, 그런데 … 또는 순환 응답

이 방법은 공식적으로 해방 구조 기법에 속하지는 않는다. 하지만 해방 구조 기법 연습에 효과적인 보완 수단임을 미 육군이 확인했다. 이 기법은 캘리포니아 대학교 버클리캠퍼스 하스 경영대학Haas School of Business에서 강사로 일한 코트 워싱턴Cort Worthington이 개발했다. 그는 스타피시 프로그램의 일환으로 육군에 선발되어 즉흥 코미디 기법을 기반으로 자신이 개발한 일련의 리더십 도구를 장교들에게 가르쳤다.

"그의 기법 대부분은 육군에서 활용되기에는 너무 '캘리포니아' 스타일이었어요." 스티브 로트코프는 말한다. "하지만 네, 그런데 … 기법은 가르치기 쉽고 매우 강력했습니다."

그 강력함 때문에 로트코프는 이 기법을 레드티밍 커리큘럼에 포함시켰다. 개념은 간단하다. 누군가가 분석 대상 문제에 대해 발언하면 오른쪽에 있는 사람이 "네, 그런데 …"라면서 원래 발언을 토대로 다른 발언을 한다. 그런 다음, 방금 말한 사람의 오른쪽에 있는 사람이 "네, 그런데 …"라면서 두 번째 사람의 발언을 토대로 다른 진술을 하고, 팀의 모든 사람이 이런 발언에 참여할 때까지 계속된다. 핵심은 모든 사람이 이전 사람이 한 발언을 확장하거나 보완하는 발언을 해야 한다는 것이다. 이런 발언은 적어도 바로 옆에 있는 사람들 간에는 직접적으로 모순되지 않아야 한다.

순환 응답도 이와 유사하지만 이후 발언이 이전 발언에 동의하지 않아도 된다. 첫 번째 발언자에게 자신의 생각을 공유하기 위해 1분이 주어진다. 그 발언이 끝나면, 다음 사람은 첫 번째 발언자가 언급한 내용의 일부 또는 전부를 자신의 발언을 위한 기반으로 활용해야 하지만, 이전 발언 내용을 자유롭게 반박하거나 문제 삼을 수 있다. 그룹의 모두가 발언 기회를 가질 때까지 이 과정이 계속된다.

두 가지 기법의 공통된 장점은 모든 사람의 생각이 전달된다는 것이다. 또한 마지막 발언자는 두 번째 발언자보다 유리하지 않다. 왜냐하면 어느 누구도 자신의 왼쪽에 있는 사람이 말할 내용을 미리 알 수 없기 때문이다.

요약

상황에 따라 이러한 해방 구조를 개별적으로 사용하거나 두 가지 이상의 기법을 결합하여 사용할 수 있다. 다양한 조합을 시도해보고 자신에게 그리고 자신의 레드팀에 가장 적합한 게 뭔지 확인하기를 권장한다.

이러한 방법들은 기본적인 비판적 사고 기법 및 우리의 인지적 편향, 휴리스틱, 논리적 오류에 대한 인식과 결합되어, 지도자와 관리자가 더 좋은 계획을 세우고 더 효과적으로 생각하도록 도와준다. 또한 이 방법들은 성공적인 레드티밍에 필요한 토대를 조직에 제공할 것이다.

다음 장에서는 이런 도구들을 사용하여 가장 보수적인 회사조차도 돌발적인 위기와 새로운 기회에 맞서 더 융통성 있고 혁신적으로 대응할 수 있는 학습 조직으로 전환시킬 수 있는 방법을 설명하겠다. 앞서 말했듯이 포괄적인 레드티밍 분석은 일반적으로 세 단계로 나뉜다. 첫 번째는 전략 또는 계획을 분석하는 단계, 두 번째는 실패할 수 있는 방법과 성공할 수 있는 방법을 상상해보는 단계, 그리고 세 번째는 역발상적 사고를 활용하여 대안을 모색하고 당신의 계획이나 전략이 정말로 최상인지 확인하는 단계다.

이 모든 것은 당신의 가정을 점검하면서 시작된다.

제6장

의심할 수 없는 것을 의심하기:
분석 기법

> 반박의 여지가 없는 진실에 이를 때까지 모든 걸 기본 요소까지 분석하는 것이 핵심이다. 몇몇 임의적인 가정이나 가설에서 어중간하게 멈추지 말아야 한다. 자주 그렇게 끝나기는 하지만.
> ― 카를 폰 클라우제비츠(프로이센의 군인)

1863년 7월 2일, 펜실베이니아주 게티즈버그의 피에 젖은 들판이 내려다보이는 작은 언덕 꼭대기에서 34세의 조슈아 체임벌린Joshua Chamberlain 대령이 제20메인자원 보병연대의 생존자들과 함께 서 있었다. 체임벌린은 언덕 기슭에 있는 남부연맹 군대가 전열을 정비하면서 세 번째 공격을 준비하는 모습을 지켜보았다. 자신은 부상을 당했고 부하들은 병력 수에서 크게 부족했지만, 체임벌린의 걱정은 그뿐만이 아니었다. 탄약마저 떨어져 버린 것이다. 제20메인연대는 북부연방 방어선의 왼쪽 측면이었고, 남군은 이를 알고 있었다. 조슈아 체임벌린 대령은 어떤 희생을 치르더라도 자신의 위치를 사수하라는 명령을 받은 상태였다. 제20메인연대가 쓰러지면 북군의 방어 라인이 무너지기 시작할 것이다. 게티즈버그와 워싱턴 사이에는 북군이 거의 남아 있지 않았다. 그러나 그는 쓸 수 있는 방법이 아무것도 없었다.

 부하들처럼 조슈아 체임벌린 대령 역시 직업군인이 아니었다. 1년 전만 해도 그는 소규모 인문대학에서 현대 언어와 수사학을 가르치는 교수였다. 그날 전장 양측의 많은 장군과는 달리, 그는 웨스트포인트나 시타델의 사관학교에서 정식 훈련을 받지 못했다. 장군들이 멕시코나 대평원의 전투에서 피를 흘리는 동안, 체임벌린은 고전을 읽고 논리학을 연구했다. 그래서 그는 전쟁의 기술에 대해서는 많이 알지 못했지만 생각하는 법은 잘 알고 있었다. 저승사자처럼 언덕을 향해 세 번째로 진격해 오는 반란군(남군)을 내려다보면서 체임벌린이 깨달은 것은 자신과 자신의 부하들이 여전히 유리한 점은 중력(높은 고지)에 있다는 사실이었다.

 "착검하라!" 조슈아 체임벌린 대령이 고지의 현 위치를 사수하라는 상부의 지시를 무시하고 외쳤다. 남부연맹군이 고지로 진격해오기 시작하자 자신의 부하들에게 언덕을 내려가서 공격하라고 명령한 것이었다. 자신의 명령에 따라 메인연대가 언덕을 내려가기 시작하자, 그는 연대의 일부 병력에 문을 쾅 닫는 것처럼 오른쪽으로 우회하라고 명령했고, 그와 동시에 올라오는 반란군을 포위해서 눈사태를 일으키는 것처럼 덮쳐버리라고 지시했다. 이 눈사태에 남군의 대열은 제대로 공격도 못 해보고 무너졌다. 많은 반란군이 항복하거나 제20메인연대의 총검에 쓰러졌다. 공격을 모면한 일부 남군 병사는 우왕좌왕하면서 후퇴할 수밖에 없었다.

 훗날 많은 역사가가 조슈아 체임벌린 대령의 변칙적인 공격 덕분에 북군에 유리하게 전세가 역전되었다고 인정했다. 어떤 이들은 심지어 그가 북부연방을 구원했다고 말할 정도였다. 로버트 브라운 장군은 체임벌린 대령이 일종의 비판적 상황 판단applied critical thinking을 보여주는 사례라고 평가했다. 이런 판단력은 미래의 육군 장교들이 갈수록 복잡해지는 세계에서 자신의 부대를 승리로 이끌기 위해 반드시 필요한 것이라고 강조한다.

"육군은 레드티밍이 필요하지만, 병사에서 장군에 이르기까지 모든 계급에서 비판적이고 창의적인 사고도 또한 필요합니다." 브라운 장군이 내게 말했다. "사람들은 항상 은색 탄환 같은 비장의 무기를 찾고 있습니다. 그러나 오늘날에는 기술을 쉽게 모방할 수 있습니다. 우리가 새로운 무기 시스템을 도입하면 적들도 짧은 시간 내에 이를 복제해서 자신의 버전을 만들어냅니다. 제2차 세계대전에서 우리는 생산력에서 적군을 능가함으로써 승리했습니다. 하지만 오늘날 우리의 적들은 그러한 장점을 무의미하게 만드는 전투 방식을 알아냈습니다. 이제 우리는 지속적으로 적보다 뛰어난 발상을 하고 인지적 우위를 확보할 수 있어야 합니다. 그래야만 적들이 극복하기 매우 어려운 전략적 차이를 만들어낼 수 있습니다."

오늘날 기업들도 이와 비슷한 도전에 직면해 있고, 동일한 기회를 맞이하고 있다. 짐 콜린스Jim Collins가 《좋은 기업을 넘어 위대한 기업으로Good to Great》에서 보여준 것처럼, 새로운 제품을 출시하거나 새로운 서비스를 도입하는 것은 어느 정도의 효과만 발휘할 뿐이다. 당신의 영역에서 경쟁자나 새로운 참가자가 당신보다 더 잘할 수 있는 방법을 알아내는 건 시간문제일 뿐이다. 게이트웨이나 야후 같은 회사는 이를 이해하지 못했기 때문에 값비싼 대가를 치러야 했다. 애플이나 구글 같은 회사는 이를 이해했고 경쟁자들의 생각을 뛰어넘음으로써 보상받았다. 이것이 바로 모든 레드티밍의 시작이 문제에 대해 비판적으로 생각하는 것에서부터 출발하는 이유다.

비판적으로 생각하기

비판적으로 생각하는 법을 아는 것이 효과적인 레드티밍의 전제조건이라는 개념은 명백해 보일 수 있다. 그러나 이는 우리 시대에 상당히 어려운 과제이기도 하다. 왜냐하면 교육지원위원회가 2015년 발표한 미국 전역에 대한 조사 결과에 따르면, 대학 4학년 학생들의 40%가 "결론을 내릴 때 적절한 수준의 확신을 표명하거나, 논증을 만들 때 증거의 질을 구별하지 못하기" 때문이다. 많은 회사가 이미 이 사실을 알고 있다. 같은 해 미국대학협의회가 발표한 설문 조사 결과에 따르면, 고용주 10명 중 9명이 최근 대학 졸업생에 대해 "비판적 사고, 의사소통, 문제 해결 능력 같은 영역에서 준비가 부족하다."라고 판단했다. 다시 말해 이들 대학 졸업생에게는 레드팀원들이 분석을 수행할 때 필요한 바로 그 기술이 부족한 것이다.•

비판적 사고를 철학 전공자의 독점적인 영역으로 바라보는 사람들은 빌리 빈Billy Beane이 메이저리그 야구를 어떻게 근본적으로 변화시켰는지 생각해 보라.

1990년대 후반 오클랜드 어슬레틱스의 단장이 된 그는 야구를 새롭게 생각하기 시작했다. 마이클 루이스Michael Lewis가 인상적인 저서 《머니볼Moneyball》에서 묘사한 바와 같이, 빌리 빈은 100년 넘도록 야구 스카우트의 교과서와도 같았던 통계와 고정 관념을 거의 의미 없는 것으로 판단했다. 그 대신, 그는 선수를 분석하고 스카우트하기 위해 실전 수행 능력을 직접적으로 나타내는 경험적으로 입증된 새로운 지표를 활용했다. 이런 데이터로

• 기본적인 비판적 사고에 대한 교육은 이 책의 범위를 벗어난다. 하지만, 비판적 사고 능력을 연마하고 싶은 독자들을 위해 가치 있다고 판단되는 도서의 목록을 부록에 포함시켰다.

무장한 빌리 빈은 미국 프로야구에서 가장 성공적인 팀 중 하나를 만들어냈다. 다른 최고 팀들이 지출한 예산의 일부만 가지고 말이다. 오클랜드 어슬레틱스는 2000년부터 2004년까지 4회 연속 플레이오프 진출을 확정지었고 2002년에는 100년 만에 20연승을 달성한 최초의 팀이 되었다.

"빌리 빈이 야구에 도입하려 한 건 과학적 사고였습니다." 마이클 루이스의 말이다. "오클랜드 실험의 근본에는 야구를 다시 생각하려는 의지가 있었습니다. 야구를 어떻게 관리하고, 어떻게 플레이할 것인가? 누가 왜 어떤 플레이에 가장 적합한가? 그런 질문을 던진 거지요."

빌리 빈은 마이클 루이스에게 이렇게 말했다.

> 저는 제가 야구에서 보는 것과 사람들이 야구에 존재한다고 말하는 것을 가지고 게임을 시작합니다. 그리고 저는 묻습니다. 사실입니까? 그걸 확인할 수 있습니까? 그걸 측정할 수 있습니까? 나머지 시스템과 잘 맞습니까?

이는 당신의 비즈니스를 경쟁자보다 우위에 서게 할 수 있는 비판적 사고를 행동으로 옮긴 교과서적 사례다. 당신이 느낄 수 있듯이, 그런 비판적 사고는 올바른 질문을 던지는 것에서부터 시작된다. 레드팀은 문제를 분석할 때 항상 다음과 같은 질문을 던져야 한다.

> 문제점과 결론은 무엇인가?
> 그 이유는 무엇인가?
> 어떤 단어나 구문이 모호한가?
> 가치 충돌과 가정은 무엇인가?

설명적인 가정은 무엇인가?

추론에 오류가 있는가?

증거가 얼마나 강력한가?

경쟁 요소가 있는가?

통계가 착시를 일으키는가?

어떤 중요한 정보가 생략되었는가?

어떤 합리적인 결론이 가능한가?

이 질문들은 M. 닐 브라운M. Neil Browne과 스튜어트 M. 킬리Stuart M. Keeley가 쓴 《비판적 사고력 연습Asking the Right Questions》에서 인용했다. 그러나 비판적 사고는 올바른 질문을 하는 것뿐만 아니라, 해답을 자세히 살펴볼 것을 요구한다.

비판적으로 생각한다는 건 제3장에서 논의한 편견뿐 아니라 많은 대화, 주장, 계획에서 발생하는 논리적 오류에 대해 경계하는 걸 의미한다.

인간의 두뇌에 고착화된 것으로 보이는 정신적 지름길과는 달리, 이 결함 있는 논리는 부주의한 엉성한 생각, 경우에 따라서는 약한 주장을 강하게 보이도록 고안된 의도된 지능적 부정직의 결과물이다. 이러한 논리적 오류는 전략이나 계획의 구조에 생긴 미세한 균열이기 때문에 처음에는 보이지 않을 수도 있지만, 궁극적으로 실패를 유발할 수 있다. 당신은 아마도 몇몇 오류에는 이미 익숙할 수 있다. 그러나 레드티밍을 진행할 때 당신이 마음에 새겨두어야 할 좀 더 일반적인 오류들이 있다. 이를 살펴보자.

일반적인 논리적 오류

인신공격: 주장 자체보다는 주장하는 사람을 비판. (예: 그건 말도 안 돼. 공장 노동자들이 공학에 대해 뭘 안다고 떠들어?)*

나이 또는 전통에 호소하기: 이전 세대가 현 세대보다 현명하거나 더 많이 알고 있다는 가정하에 주장. (예: 제임스는 아버지가 운영하던 사업을 물려받아 지금까지 이어오고 있다. 따라서 우리가 그의 제안을 따라야 한다고 나는 생각한다.)

감정이나 두려움에 호소하기: 주장의 장점에 대해 논쟁하는 대신에 사람들의 심금을 울리거나 사람들의 걱정을 이용. (예: 이 계획을 승인하지 않으면, 우리 모두가 다음 달에 해고당할 거야.)

인기에 호소하기: 다른 많은 사람이 그렇게 생각하므로 본질적으로 좋거나 옳다고 주장. (예: 우리 업계에서 모두가 그렇게 하고 있잖아.)

새로움에 호소하기: 새로운 것이므로 본질적으로 좋다거나 바람직하다고 주장. (예: 그 소프트웨어의 새 버전이 나왔으니까 당장 업그레이드해야 해.)

의심스러운 권위에 호소하기: 정보의 출처가 빈약한 주장을 지지. (예: 인터넷에서 분명히 그런 내용을 봤어.)

- 이 오류는 주장에만 적용되며, 정보에는 적용되지 않는다. 정보의 출처를 아는 것은 그 가치와 정확성을 평가하는 데 매우 중요할 수 있다. 《의심스러운 권위에 도전하라 *appeal to questionable authority*》를 참조하라.

조롱거리에 호소하기: 조직을 조롱거리로 만들 거라면서 아이디어를 거부. (예: 소형 픽업트럭을 만들면 우리 회사는 자동차 업계에서 웃음거리가 될 겁니다!)

논점 흐리기: 주장의 결론이 그 전제에 근거하는 일종의 순환 논리. (예: 스페인은 정말로 중요한 시장이므로 스페인 지점을 개설하는 게 좋을 겁니다.)

편향된 샘플: 약한 통계적 근거를 기반으로 주장을 뒷받침. (예: 우리 고객에 대한 설문 조사 결과로 볼 때, 사람들은 현재의 디자인을 정말 좋아합니다.)

원인과 결과의 혼동: 상호 관계가 인과 관계를 암시한다고 잘못 판단. (예: 마케팅 부서가 허약해서 우리 제품이 잘 안 팔리는 겁니다.)

이름을 지목하여 설명하기: 문제를 확인했다는 이유만으로 문제를 해결했다고 암시. (예: 우리는 결근이 생산 둔화의 원인이라는 걸 알아냈습니다.)

이분법의 오류: 주장을 흑백논리로 축소시켜 지나치게 단순화. (예: 우리가 계획을 승인하느냐 아니면 폐업을 선택하느냐라는 문제는 당신에게 달려 있습니다.)

잘못된 비유: 이끌어내려는 결론을 제대로 뒷받침하지 못하는 비교를 사용. (예: 포드가 외부 CEO를 고용해서 스스로를 구했으므로 우리도 외부 CEO를 고용해야 합니다.)*

- 이 논리적 오류의 가장 눈에 띄는 예는 "온라인 논쟁이 길어질수록 상대방을 나치 또는 히틀러에 비교할 가능성이 100%에 가까워지는 현상"을 뜻하는 히틀러로 돌리기 Reductio ad Hitlerum, 일명 고드윈의 법칙 Godwin's law이다.

미사여구: 주장 자체를 의심할 여지가 없도록 만드는 매력적인 구문이나 문장으로 포장해서 그 주장을 정당화. (예: 그게 바로 식스시그마 접근법입니다.)

성급한 일반화: 불충분한 증거에 근거하여 가정. (예: 포커스 그룹이 우리 회사의 시제품을 좋아하지 않으므로 해당 제품에 대한 시장이 없는 게 분명합니다.)

유도 질문: 부정적이거나 바람직하지 않은 걸 옹호하지 않고는 답변할 수 없는 질문. (예: 우리가 직원 300명을 해고하기로 결정했다는 걸 알면서도 오늘 밤 잠이 잘 오겠소?)

절충안: 두 가지 극단적인 견해 사이의 타협이 최선의 선택이라고 가정. (예: 릭은 우리가 중국 사업을 강화하는 걸 원하고, 테리는 철수하기를 원합니다. 그러니까 그냥 현재의 투자를 유지하는 게 어떨까요?)

공통적 원인을 무시하기: 서로 자주 관련되기 때문에 A가 B를 유발한다고 가정. (예: 그 악취를 일으키는 건 공장 배출물이 아니라 죽은 물고기입니다.)

지나친 단순화: 복잡하고 다양하게 상호 연관된 원인이 있는 문제를 하나의 원인으로 돌리는 것. (예: 노조만 없으면 우리는 생산 목표를 달성할 수 있을 텐데.)

선행하는 것이 곧 원인이라는 논리: A가 단순히 B 직전에 일어났기 때문에 원인이라고 가정. (예: 사람들은 새로운 색을 좋아하지 않아. 우리가 그 색상을 출시하자마자 판매가 감소하기 시작했어.)

레드 헤링: 관련 없는 주제를 끌어들여서 원래의 논점을 흐리는 것. (예: 설계 문제는 잊어버려. 우리가 정말로 따져봐야 할 건 마케팅이 어떻게 엉망이 되었는지야.)

미끄러운 경사면의 오류: 언급된 행위가 (이를 막는 수단이 존재하더라도) 연쇄적으로 바람직하지 않은 사건을 일으킬 거라고 가정. (예: 이번 마감일을 지키지 못하면 새로운 제품 라인은 실패한 거나 다름없어!)

허수아비 논법: 쉽게 공격하기 위해 주장을 왜곡하거나 과장. (예: 낸시는 새로운 준법감시인을 고용하는 걸 원해. 그녀는 인건비에는 신경도 안 써. 그녀가 하려는 건 자리만 늘리는 거라고.)

부질없는 희망 사항: 단지 당신이 원하거나 필요로 하기 때문에 전제가 사실이라고 가정. (예: 세인트루이스에 새 사무소를 열면 이 지역의 매출이 올라갈 겁니다!)

종종 이러한 논리적인 오류를 인식하는 것만으로도 문제를 확인할 수 있는 경우가 자주 발생한다. 그러나 특히 복잡한 논쟁의 여지가 있는 전략이나 계획을 레드티밍으로 분석하는 경우, 주장 해부를 사용해 좀 더 공식적인 분석을 하는 것이 도움이 될 수 있다.

주장 해부

종종 '주장 해체 틀'이라고도 불린다. 이 기법은 특정 행동 방침을 정당화하도록 사용되는 주장 혹은 어떤 문제에 대한 설명으로 제시되는 주장에 관해 다음과 같은 질문을 던지는 것이다.

1. 이 주장이 실제 문제를 다루고 있는가?
2. 이 주장을 하는 사람이나 그룹의 관점은 무엇인가?
3. 이 주장에 애매모호한 단어 또는 유도 질문성 언어가 포함되는가?
4. 이 주장에 가치 충돌이 포함되는가?
5. 이 주장에 설명적 가정(사물이 존재하는 방식에 관한 진술)이 포함되는가?
6. 이 주장에 규범적 가정(사물이 존재해야 하는 방식에 관한 진술)이 포함되는가?
7. 편향의 징후가 있는가, 있다면 그 편향은 무엇인가?
8. 이 주장에 논리적 오류가 포함되는가?
9. 이 주장을 뒷받침하는 증거가 얼마나 믿을 만한가?
10. 통계가 제공된다면 얼마나 우수한가, 그 통계가 적절한 맥락에서 제시되는가?
11. 이 주장에서 누락된 정보는 무엇인가?
12. 직관이나 '직감'에 근거한 주장인가?
13. 이 주장이 유추에 의한 것이라면, 그 유추가 상황에 적절하게 이루어졌는가?
14. 경합하는 주장이나 그 밖의 설득력 있는 가설이 있는가?
15. 동일한 증거로부터 다른 결론을 도출할 수 있는가?
16. 이 주장을 진술한 대로 받아들인다면 어떤 결과가 나타나는가?

이러한 질문에 반드시 정답이 존재할 필요는 없다. 그러나 답을 함으로써 제시된 논점에 관해 레드팀이 더 깊이 이해할 수 있을 뿐만 아니라, 아래에 설명된 좀 더 강력한 레드티밍 기법을 사용하여 추가 분석을 위한 유용한 자료를 얻을 수 있다.

이러한 기법 중 일부는 냉전 기간 동안 미국 CIA에서 개발했으며, 일부는 미 육군에서 개발했다. 이는 다음 장에서 자세히 설명할 상상적이고 역발상적인 기법만큼 혁신적이거나 매력적이지 않을 수도 있다. 하지만 모든 레드티밍 활동을 위한 훌륭한 출발점을 제공한다. 당신 회사가 이미 계획 프로세스의 일부로서 유사한 접근법을 사용하고 있더라도, 이러한 기법은 좀 더 공식적이고 체계적인 접근 방식을 제공하기 때문에 연구할 가치가 있다. 게다가 전략 및 계획을 실제로 스트레스-테스트하려는 경우에는 이 기법이 반드시 필요하다.

주요 가정 검증

레드티밍에서는 사실과 가정을 구별하는 것이 필수적이다. 사실이란 현재 객관적으로 옳은 것을 말한다. 사실은 의견의 문제가 아니며 논쟁의 여지가 없다. 향후에 옳다고 판명될 거라고 우리가 믿는 것이 아니다. 가정이란 옳을 수도 있지만 현재로서는 이를 입증할 수 없는 것을 말한다. 이상적으로 가정은 아직 옳다고 판명되지 않은 것이지만, 향후에 옳다고 판명될 수도 있다. 그러나 가정은 희망 사항(희망적인 생각)에 불과한 경우가 너무 많다. 당신 회사가 지난 분기에 36억 달러를 벌어들였다면, 그것은 사실이다. (회계팀이 장부를 조작하지 않았다면 말이다.) 당신이 다음 분기에 36억 달러를 벌어들일 거라고 월스트리트에 말한다면, 그것은 가정이다. 신제품이 포커스 그룹에서 잘 테스트되었다고 말한다면, 그건 사실이다. 신제품이 소비자들에게 인기가 있을 거라고 말한다면, 그건 가정이다. 당신의 공장이 매월 2만 5000개의 제품을 생산할 수 있는 능력이 있다고 말한다면, 그건 사실이다. 당신의 공장이 신제품의 수요에 쉽게 대응할 수 있다고 말한다면, 그건 가정이다.

가정에는 본질적으로 틀린 것이 없다. 조직이 세우는 모든 전략, 모든 계획, 모든 결정은 그런 가정에 기초한다. 가정은 계획 프로세스의 일부로서 수립되어야 한다. 중요한 건 올바른 가정을 세우는 것이다. 왜냐하면 가정이 올바를수록 계획이 더욱 강력해지고 성공할 확률이 높아지기 때문이다. 틀린 가정을 하는 것, 또는 더 나쁘게는 가정을 가정으로 인식하지 못하는 것은 위험천만하다. 대부분의 계획이 실패하는 이유는 그 계획이 언급되지 않은 가정 또는 조사되지 않은 가정에 의존하기 때문이다. 당신 회사의 계획에 그런 일이 벌어지지 않도록 하려면, 계획을 승인하기 전에 그것이 기초로 하는 모든 가정을 확인하고 검토하는 과정이 꼭 필요하다.

주요 가정 검증은 그런 과정에 적합한 도움을 줄 수 있도록 설계되었다. 레드팀은 계획을 주의 깊게 살펴보고, 모든 가정을 나열하는 것에서 시작해야 한다. 이 가정들은 언급되었든 언급되지 않았든 상관없이 계획이 제대로 작동하기 위해 반드시 옳은 것이어야 한다. 이는 비공식적으로 진행할 수 있으며, 제5장에서 설명한 해방 구조 중 하나의 도움을 받을 수도 있다. 계획이 복잡하면, 구성 부분별로 나눠서 각각 개별적으로 검증하는 게 좋다.

새로운 운동화 라인 출시 계획을 레드티밍하고 있다면, 당신의 가정 목록에 다음과 같은 사항이 들어 있을 것이다.

- 시장에 새로운 운동화 라인에 대한 수요가 있다.
- 운동화 수요는 일정하거나 회사가 예상하는 속도로 증가할 것이다.
- 소비자들은 새로운 운동화 라인을 바람직하다고 인식할 것이다.
- 새로운 운동화 라인은 회사의 기존 신발 라인에 대한 수요를 계획에서 예상한 비율 이상으로 잠식하지는 않을 것이다.
- 회사는 새로운 운동화 라인에 대한 수요를 충족시킬 만한 생산 능력이 있다.
- 회사는 새로운 운동화 라인에 대해 적절한 마케팅 계획이 있다.
- 소매업자들은 새로운 운동화 라인의 근거를 이해하고 이를 받아들일 것이다.
- 회사가 새로운 운동화 제품에 설정한 가격은 비용을 충당하고 적절한 수익을 내기에 충분할 것이다.

이것이 완전한 목록은 아니지만, 언급되지 않는 가정에 대한 이해를 도와주는 경우가 자주 있다.

목록을 작성한 후 다음 단계는 각각의 가정을 검토하고 계획 프로세스에 필요한지를 확인하는 일이다. 언급된 가정 중 계획에 불필요한 것이 있을 경우 이를 판별하고 제거해야 한다. 불필요한 가정은 분석을 쓸데없이 복잡하게 만들 뿐이며, 최악의 경우에는 새로운 여러 문제를 야기할 수도 있다. 우리의 사례에서 불필요한 가정은 달리기가 건강 지향적인 소비자에게 인기 있는 체육 활동으로 남아 있을 수 있다는 것이다. 그건 가정이며, 광범위한 전략적 검토의 일환으로 조사할 수는 있지만 이 제품 계획의 일부로서 그런 가정을 하는 건 큰 가치가 없어 보인다.

목록에서 불필요한 가정이 제거되면, 다음 단계는 다음과 같은 질문을 제기함으로써 남아 있는 각 가정에 도전하는 것이다.

1. 이 가정은 논리적인가?
2. 정확한가?
3. 선입견이나 편견에 근거한 것인가?
4. 역사적 유추에 근거한 것인가? 그렇다면 관련성이 있는가?
5. 이 가정이 사실이 되려면 무엇이 필요한가?
6. 기획자들은 이 가정이 현실화되는 것에 자신감이 얼마나 많은가?
7. 이 가정이 사실이 되면, 어떤 조건에서도 사실로서 유지될 것인가?
8. 이 가정이 사실이 아니라고 판명되면, 계획을 어떻게 변경시킬 수 있을까?

어떤 가정이 약한 것으로 판명되거나 계획의 결과를 위협할 경우에는 각별히 주의해야 한다. 레드팀은 가능한 한 이러한 가정을 보완하기 위해 권장 사항을 제시하거나, 허위로 판명될 경우에는 비상 계획까지도 제안해야 한다. 이 중 어느 것도 불가능하면 전체 계획을 재검토할 필요가 있다.

하지만 가정을 다룰 때 중요한 점은 모든 가정이 평등하게 만들어지는 않는다는 사실을 이해하는 것이다. 몇몇 가정은 계획 성공의 결정적인 요소가 아니라면 실패 확률이 매우 낮으므로 걱정할 필요가 없다. 새로운 운동화 라인을 도입하려는 우리의 계획은 회사가 신발 생산에 필요한 원자재를 계속 확보할 수 있다고 가정한다. 그건 가정이지만, 회사가 이미 운동화를 만들고 있다면 현재로서는 사실이고, 전 세계적인 재난이 발생하지 않는 한 앞으로도 사실일 가능성이 높다. 다른 가정은 실패 가능성이 높지만 계획의 성공에 중요하지는 않다. 레드팀은 이런 중요하지 않은 가정에 너무 많은 시간을 할애할 필요가 없다. 우리의 신발 전략은 예를 들면, 환율에 대한 암묵적인 가정을 갖고 있다. 환율은 격렬하게 변동될 수 있으며, 우리가 새로운 신발로 얼마나 많은 돈을 벌어들일지에 영향을 줄 수 있다. 그러나 우리의 수익률이 낮지 않다면 환율이 계획을 위태롭게 할 가능성은 희박하다. 수익률이 낮을 경우에는 환율을 열심히 살펴볼 필요가 있다.

레드팀이 중점적으로 분석해야 할 가정은 실패 가능성이 높은 가정과, 잘못된 것으로 판명되면 계획의 결과에 큰 영향을 미치는 가정이다. 레드팀이 작업을 완료하는 데 시간 제약이 있는 경우에 특히 그렇다. 이러한 가정은 계획이 실행되는 동안 조직이 계획의 진행 상태를 모니터링하기 위해 사용하는 경영 지표를 알리는 데 도움이 되어야 한다. 그렇게 함으로써 당신은 그저 요행을 바라는 게 아니라 진정 발전하고 있다고 확신할 수 있다.

이렇게 중요한 경영 지표를 확인하기 위해 레드팀은 내가 확률 분석이라 부르는 기법을 사용할 수 있다.

확률 분석

이 도구는 전략이나 계획에서 특별히 주의를 기울일 가치가 있는 가정을 식별하도록 설계된 것이다. 확률 분석은 내가 육군에서 배운 방법(가정 민감도 분석)에 기반하고 있지만, 일본개발은행의 투자자문 자회사 임원의 도움을 받아 비즈니스 요구에 더 잘 맞게 수정했다.

먼저 당신이 확인한 모든 가정의 목록을 프린트하라. 레드팀의 각 팀원에게 프린트 사본을 나눠 주어라. 그들에게 각각의 가정을 스스로 연구하고 그것이 옳다는 걸 입증하는 확률을 백분율로 표현하도록 요청하라. 가정이 옳을 확률은 100% 미만이어야 한다. 그렇지 않으면 가정이 아니라 사실이기 때문이다. 모든 팀 구성원이 평가를 완료하면 각 가정을 합산하고 이를 레드팀원 수로 나눈다. 나눗셈의 결과는 각각의 가정이 옳음을 입증하기 위해 레드팀이 가진 자신감을 백분율로 표시한 것이다.

예를 들어, 당신의 레드팀원이 8명이고 그들이 이런 결과를 내놓았다.

75%, 80%, 55%, 90%, 80%, 65%, 70%, 75%

팀원들이 문제의 가정이 결국 옳을 것이라고 확신하는 확률은 73.75%임을 의미한다.

75 + 80 + 55 + 90 + 80 + 65 + 70 + 75 = 590
590 ÷ 8 = 73.75

이 방법은 정보 분석가가 절대적 검증이 불가능한 정보의 사실 가능성을 판단할 때 광범위하게 사용된다. 내가 들은 바에 의하면, 버락 오바마 대통령이 알카에다 지도자를 제거하는 공습을 승인하기 전에 파키스탄 아보타바드의 요새화된 시설에 은신한 인물이 사실상 오사마 빈 라덴일 확률을 계산하는 데 이 방법이 사용되었다.

이러한 수치를 얻은 후 평균을 함께 곱해서 모든 계획의 가정이 옳을 확률을 계산할 수 있다. 예를 들어, 다음과 같은 가능성을 가진 다섯 가지 가정을 확인했다고 하자.

    73.75%, 94.5%, 80.25%, 70.5%, 50.5%

이 경우 당신의 계획이 완벽하게 수행될 확률은 약 20%이다.

    $0.7375 \times 0.945 \times 0.8025 \times 0.705 \times 0.505 = 0.1991220567$
    $(\fallingdotseq 20\%)$

그다음 1에서 이 숫자를 빼면 계획의 가정 중 적어도 하나가 유지되지 않을 확률을 알 수 있다.

    $1 - 0.1991220567 = 0.8008779433$

즉, 계획의 가정 중 적어도 하나가 잘못되었다고 입증될 확률은 약 80%이다.

이제 당신은 거짓으로 판명될 가능성이 높은 가정의 최종 목록을 작성하고 그 가정에 집중할 수 있다. 또는 도트 스티커 투표 기법을 사용하여 목록을 더 줄일 수도 있다. 이는 당신의 레드팀원들이 계획의 성공에 가장 중요하다고 생각하는 가정의 최종 목록을 작성하고, 결과를 집계해, 가장 많은 표를 받는 가정을 추려내 백분율에 따라 재정렬하는 방법이다.

이를 통해 실패 확률이 높고 계획에 큰 영향을 미칠 가능성이 있는 가정의 목록이 생성되며, 여기에 레드티밍 활동을 집중시킬 수 있다.

중요한 점은, 이 기법이 각 가정을 독립적으로 평가하며 한 가정의 실패가 그것에 의존하는 다른 가정의 실패로 이어질 수 있다는 사실을 설명하지 않는다는 것이다.

그 수준의 상호 의존성을 설명하기 위해서는 진주 목걸이 분석이라는 더욱 강력하고 시간이 소모되는 접근 방식이 필요하다.

진주 목걸이 분석

시간과 자원이 허락한다면, 분석을 확장시켜서 계획이 기초로 하는 가정뿐만 아니라 그 가정이 작동하기 위해 일어나야 하는 모든 일과 그것이 유발할 수 있는 폭포 효과를 살펴볼 수 있다. 의도하지 않은 결과는 불충분한 계획의 결과다. 이러한 의도하지 않은 결과를 미리 확인함으로써 위험을 피할 수 있는 조치를 취할 수 있다. 이 경우에 진주 목걸이 분석이 도움이 된다. 또한 이 분석을 통해 숨겨진 취약성과 약점 그리고 계획의 허점을 발견할 수 있다. 이 기법은 당신이 다른 행동 과정을 결정하거나 다른 결과의 확률을 평가하는 데 도움을 주기 위한 것이 아니다. 오히려, 이 기법은 아직 개선할 시간이 있을 때 완성된 계획과 개념을 해부하기 위해 고안되었다. 미 육군의 DSO(통제학습연구실)에서 개발한 진주 목걸이 분석은 레드티밍의 무기고에서 가장 강력한 도구 중 하나다.*

나는 이를 비즈니스의 필요성에 더 적합하도록 약간 수정했다. 그 결과가

• 영국 국방부의 개념 테스트 접근법은 이 기법을 더욱 정교하게 다듬은 것이다.

수석 리더십에 대한 레드팀의 분석을 설명하는 데 유용할, 세부적 그래픽 분석을 제공하는 구조화된 5단계 프로세스다.

1단계: 계획 문서를 분석하고, 계획을 달성하기 위해 반드시 완료해야 하는 (명시적이거나 묵시적인) 모든 주요 작업을 식별한다. 이런 작업을 순서대로 번호를 매겨서 '진주 목걸이'로 만든다. 계획의 여러 단계(예를 들면, 건설, 시제품, 생산 등) 또는 책임 영역(예를 들면, 생산, 마케팅, 유통, 판매 등)을 구별하기 위해 색상 코드를 지정하는 것이 좋다.

2단계: 각 과제에 대한 가정, 의존성, 폭포 효과를 매핑하는 '거미줄' 차트를 만든다.

이 작업은 화이트보드에서 수행하는 것이 가장 쉽지만 파워포인트 또는 페이지스 같은 프레젠테이션 소프트웨어를 사용할 수도 있다. 주요 가정 검증 기법과 마찬가지로 각 과제를 독립적으로 살펴보고 그 뒤에 있는 언급된 가정과 언급되지 않은 모든 가정을 확인하라. 예를 들어, 중국에서 자동차 생산을 확대하기 위한 계획을 레드티밍하는 경우 중국 정부의 승인을 얻는 것이 이러한 과제 중 하나일 수 있다. 그 하나의 과제는 몇 가지 가정에 근거한다. 즉, 중국 정부가 외국 제조업체의 현지 자동차 생산 확대를 허가할 의향이 있으며, 그러한 프로젝트에 당신 회사와 협력할 의사가 있으며, 당신 회사는 베이징 당국이 부과할 수 있는 모든 조건을 기꺼이 준수할 의사가 있다고 가정하는 것이다. 이러한 가정은 모두 차트에서 확인해야 한다.

그런 다음, 각 과제의 의존성을 식별하라. 이러한 의존성은 과제를 성공적

1단계: 모든 개별 작업의 그래픽 표현

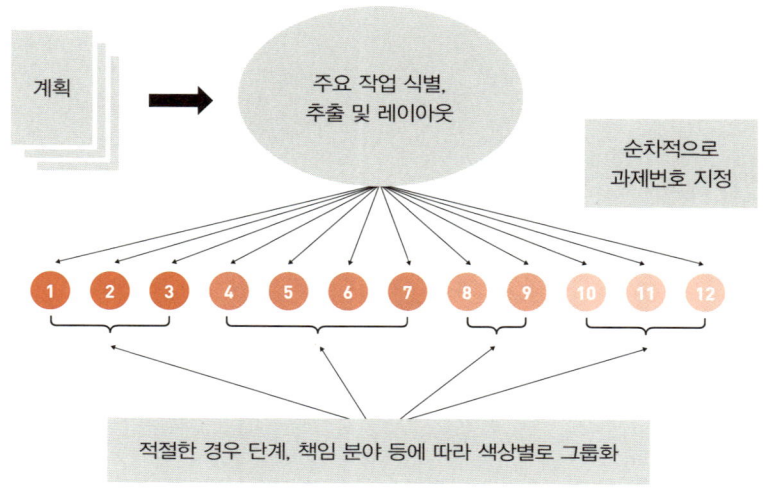

진주 목걸이의 예

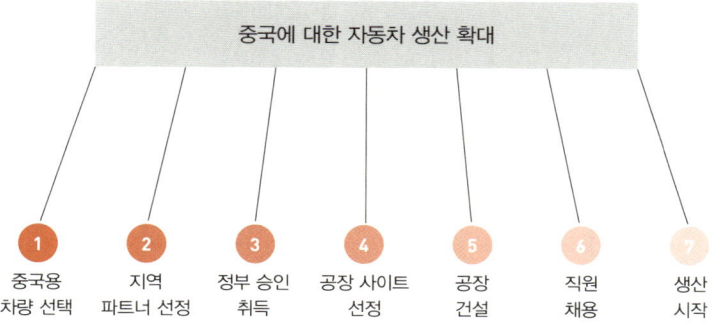

2단계: 각 과제에 대한 '거미줄' 차트 작성

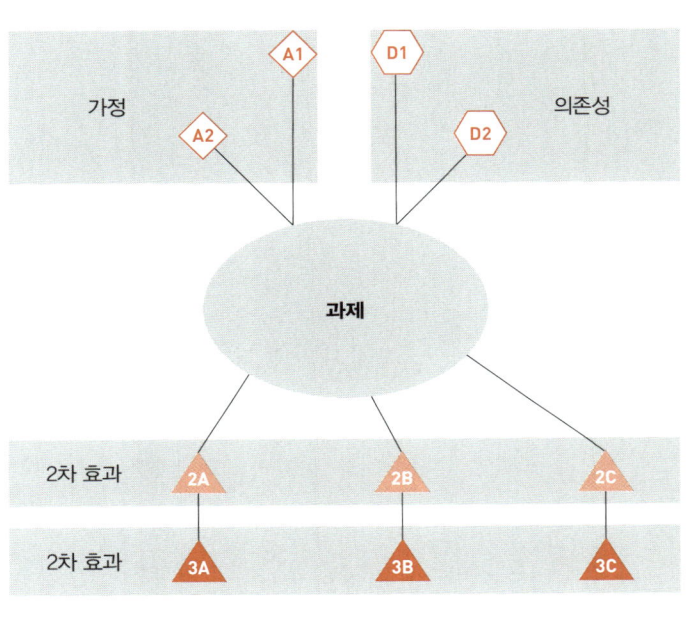

 가정
이 과제에 대해 명시된 가정을 목록화
이 과제에 대한 명시되지 않은 가정을 목록화

 의존성
이 과제를 성공적으로 수행하는 데 필요한 핵심 조건과 선도적 활동 식별

 2차 효과
이 과제의 성공적인 실행으로 나타날 폭포 효과를 목록화

 3차 효과
과제가 미치는 영향의 간접적 결과를 목록화

으로 완료하는 데 필요한 조건 또는 상황이다. 의존성에는 계획 분석 또는 보조적 요구 사항의 일부로 이미 식별된 다른 과제가 포함될 수 있다. 중국 정부의 승인을 얻는 주요 의존성은 중국인과 필요한 관계를 수립하고, 적절한 중국 현지의 생산 파트너를 찾고, 회사와 베이징 당국 모두의 필요를 충족시키는 협정을 체결하는 것을 포함할 수 있다. 이 모든 것을 차트에 추가해야 한다.

마지막으로 각 과제의 2차 효과 및 3차 효과를 확인하라. 이런 효과들은 과제가 완료됨으로써 나타나는 직간접적인 결과다. 중국 정부의 승인을 얻은 2차 효과에는 미국에 있는 노조에 대한 문제와 중국으로의 생산 시설 이전에 반대하는 소비자들의 부정적인 반응이 포함될 수 있다.

3차 효과는 2차 효과에서 파생되는 것이며, 그 관계를 차트에 반영해야 한다. 우리의 사례에서 노조와의 긴장이 커지면 다가오는 노동 협상이 더 어려워질 수 있으며, 미국 소비자의 감정에 부정적인 영향을 미칠 경우 회사는 미국 내 투자 및 자동차 생산에 대한 지속적인 의지를 나타내는 새로운 광고 캠페인에 착수해야 할 수도 있다.

이에 대해 충분히 오랫동안 생각한다면, 당신은 어떤 행동에 대해서도 무한히 많은 폭포 효과가 있다는 걸 깨닫게 될 것이다. 요점은 모든 효과를 포착하는 게 아니라 계획에서 예상하지 못한 부작용을 초래할 수 있는 가장 중요한 요소를 파악하는 것이다.

거미줄 차트의 예

3단계: 각 과제에 대한 거미줄 차트를 완성했으면 각 과제의 가정, 의존성, 효과를 나열하는 스프레드시트를 만든다.

3단계: 스프레드시트 만들기

과제	1 중국 생산용 차량 선정	2 현지 파트너 찾기	3 정부 승인 취득
가정	A1: 우리의 기존 차량 중 하나가 중국에서의 생산에 적합하다.	A2: 우리가 필요로 하는 기술과 전문성을 갖춘 중국 자동차 업체가 있다.	A5: 중국 정부는 외국 제조 업체의 중국 내 생산 확대를 싫어하지 않는다.
		A3: 그 자동차 업체는 우리의 경쟁사와 아직 협력 관계를 맺지 않았다	A6: 중국 정부는 우리 회사의 존재를 바람직하게 본다.
		A4: 그 자동차 업체는 우리를 바람직한 파트너로 여긴다	A7: 우리는 중국 정부가 요구하는 규정과 조건을 기꺼이 준수한다.
의존성	D1: 차량 설계 완료.	D2: 해당 자동차 업체와 상호 수용 가능한 조건 협상.	D4: 적합한 현지 생산 파트너 찾기(과제2 참조).
		D3: 자동차 업체의 필요와 능력에 맞는 차량 설계.	D5: 중국 정부와 필요한 관계 수립.
			D6: 우리와 중국 정부 모두의 요구를 충족시키는 합의서.
2차 효과	II1: 기존의 차량 생산을 중국으로 이전하면 현재 생산 중인 공장에서 잉여 생산 능력이 발생할 것이다.	II2: 우리의 생산 능력과 제품 계획은 앞으로 이 자동차 업체에 의존하게 될 것이다.	II4: 우리의 노동조합은 이 합의에 분노를 느낄 것이다.
		II3: 중국 파트너와 IP를 공유해야 한다.	II5: 일부 시장의 대중 인식에 부정적인 영향을 줄 수 있다.
3차 효과	III1: 우리는 그 시설에서 생산할 다른 제품도 찾아야 할 것이다.	III3: 중국 파트너가 우리에 대한 약속을 지키지 못할 경우, 생산 계획 및 글로벌 생산 능력에 부정적인 영향을 미친다.	III5: 앞으로 미국에서의 노사 협상은 더욱 어려워질 수 있다.
	III2: 그렇지 않다면 우리는 그 공장에서 인력을 줄여야 할 것이다.	III4: 중국 파트너가 허가 없이 IP를 사용하거나 다른 중국 회사와 공유할 수 있다.	III6: 우리는 국내 시장에서 지역 생산의 장점 및 국가에 대한 헌신을 홍보하는 새로운 광고 캠페인을 시작할 필요가 있다.

4 공장부지 물색	5 공장 건설	6 공장 직원 채용	7 생산 시작
A8: 중국에는 공장에 적합한 지역이 있다.	A9: 우리는 지방 정부로부터 필요한 승인을 받을 수 있다.	A11: 우리는 현지에서 충분히 숙련된 근로자를 찾을 수 있다.	A13: 우리는 필요한 설비를 확보할 것이다.
	A10: 우리는 새로운 공장 건설에 필요한 자금을 확보할 수 있다.	A12: 우리는 수용 가능한 노조 협약을 맺을 수 있다.	A14: 공장에는 전력, 용수 등 기타 생산 인프라가 공급된다.
D7: 해당 지역은 또한 현지 파트너의 요구를 충족.	D10: 새로운 공장 설계 완료.	D13: 국영 노조와의 노동 협상을 성공적으로 완료.	D16: 공급 업체와 필요한 계약 체결.
D8: 그 지역은 또한 중국 정부가 정한 요구사항을 충족.	D11: 공장 건설을 위한 건설 회사 물색.	D14: 필요한 기술을 갖춘 직원 고용.	D17: 지역 설비 업체와 필요한 계약 체결.
D9: 우리는 유리한 조건으로 해당 지역을 확보.	D12: 필요한 허가 및 승인 취득.	D15: 근로자 교육.	
I16: 공장부지 확보는 우리의 부동산 비용을 증가시킬 것이다.	I18: 새로운 공장 건설로 우리의 설비 투자비가 증가할 것이다.	I19: 인건비가 증가할 것이다	I11: 완성 차량을 딜러에게 배송해야 한다.
I17: 향후 자금 조달이 더 어려워질 수 있다.		I10: 우리는 중국의 국영 노동조합에 대해 새로운 의무를 져야 할 수도 있다.	I12: 재고는 점차 감소할 것이다.
	I7 참조.	I17: 중국에서의 생산은 지역 노동 불안이나 직장 행동에 부정적인 영향을 미칠 수 있다.	I18: 우리는 차량을 딜러들에게 전달할 수 있는 충분한 수송 능력을 확보할 필요가 있다.
			I19: 수요 증가에 대처하기 위해 주요 인프라에 대한 추가적인 공급처를 찾아야 할 수도 있다.

이 스프레드시트를 작성할 때, 각 항목이 계획의 성공에 얼마나 중요한지 고려하라. 가정의 실패로 인해 계획이 위험해지면 'R'로 표시하라. 계획의 실패를 유발하게 될 경우에는 'F'로 표시하라. 각각의 가정에 도전하고, 취약한 가정이나 사실이 아닌 걸로 증명될 가능성이 높은 가정은 별도로 표시하라.

그런 다음 의존성 및 효과로 이동하라. 각각에 다른 색을 할당하고, 목록을 살펴볼 때 위험한 의존성과 바람직하지 않은 폭포 효과를 표시하라.

스프레드시트 작성을 완료하면 계획 프로세스 동안 각각의 가정, 의존성, 효과가 몇 번 발생하는지 계산하라. 특정 이벤트가 여러 과제에서 반복적으로 발생하는 걸 발견할 수도 있다. 이러한 이벤트는 특히 주목할 필요가 있다.

시간을 내어 이러한 가정을 스트레스-테스트해야 한다. 왜냐하면 전체 계획의 성공과 실패가 그런 가정에 달려 있기 때문이다. 이러한 의존성이 아직 과제로 식별되지 않은 경우, 이를 과제 목록에 추가하고 그에 대한 거미줄 차트를 작성하라. 마지막으로 조직이 이러한 2차 효과 및 3차 효과를 다룰 준비가 되었는지 확인하고 추가 계획이 필요할 가능성이 있는 사항을 메모하라.

4단계: 이러한 결과를 집계하여 표시하고 계획의 허점 또는 약점을 식별하는 도표를 작성하라. 당신의 진주 목걸이를 펼치는 것에서 시작하라. 진주 목걸이가 의존하는 위험한 가정이나 취약한 가정에 유의하라.

4a단계: 가정 추가

- 가정이 사실이 아니라고 증명되면 위험해지는 계획
- 가정이 사실이 아니라고 증명하면 실패하는 계획

그런 다음, 스프레드시트의 색상에 맞춰진 다른 모양을 사용하여 각 과제 위에 주요 의존성을 추가하라.

4b단계: 의존성 추가

- 의존성이 없다면 위험해지는 계획
- 의존성이 없다면 실패하는 계획

그런 다음 색칠된 모양을 사용하여 각 과제 아래에 2차 효과 및 3차 효과를 추가하라.

4c단계: 2차 효과 및 3차 효과 추가

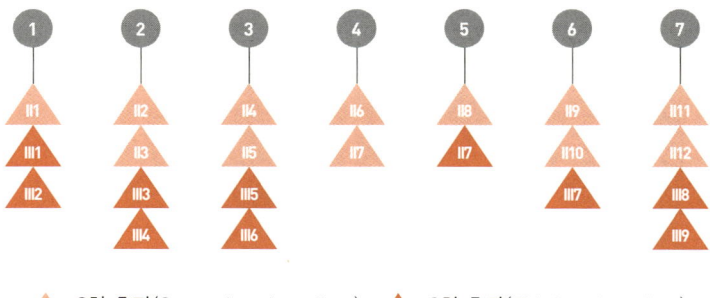

이제 이 요소 모두를 하나의 차트로 결합하라.

4d단계: 모든 요소 결합

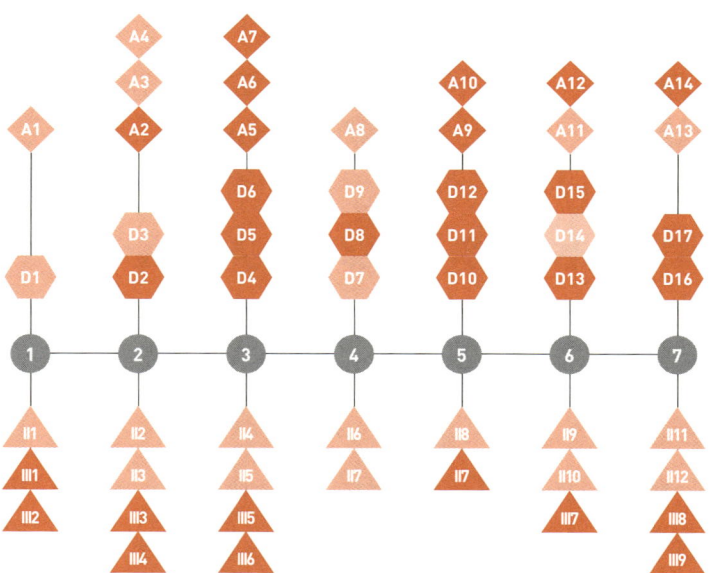

5단계: 이 차트를 분석하여 실패 위험이 높은 과제를 강조하여 표시하라. 이러한 과제는 취약한 가정 또는 잘못된 가정에 의존하거나, 중요한 의존성을 가지거나, 바람직하지 않은 폭포 효과를 유발하게 된다.

조직의 의사 결정권자와 최종 차트를 공유하고, 레드팀이 확인한 모든 허점과 단점을 지적하라. 또한 이러한 결과를 원래 계획을 개발한 사람들과 공유하는 것이 좋다. 이를 통해 그들은 자신들이 개발한 과제를 재평가하거나 이러한 잠재적 실패 요소를 다루기 위한 비상 계획을 수립할 수 있다.

진주 목걸이 분석은 완벽하지 않다. 이 분석법이 검사하는 서로 다른 요소들은 서로에 대해 가중치가 적용되지 않는다. 그러나 나는 전략적 계획을 완벽하게 실행하기 위해 모여야 하는 모든 상호 연결된 요소를 매핑하는 데 있어서 이보다 효과적인 방법을 찾지 못했다. 진주 목걸이 분석을 완료하는 데에는 며칠 또는 몇 주가 걸릴 수 있다. 이처럼 시간과 노력이 들기 때문에, 당신 회사에 큰 영향을 줄 수 있는 계획을 위해 시간을 확보하는 것이 좋다. 분석하려는 계획이 회사의 성공에 결정적이라면 그 시간은 매우 유익할 것이다.

이해관계자 매핑

레드티밍 활동을 시작할 때, 가정을 확인하는 것뿐만 아니라 당신이 평가할 전략이나 계획에 이해관계가 있는 모든 그룹을 살펴보는 것도 도움이 된다. 노동조합, 정부 규제기관, 또는 경쟁업체 등 계획에 반대하거나 계획을 좌절시킬 수 있는 그룹을 당신이 알고 있는 경우에 특히 그렇다. 이러한 그룹을 확인하는 가장 간단한 방법은 이해관계자 매핑이라는 기법을 이용하는 것이다.•

이 기법은 계획의 성공 또는 실패에 대해 이해관계가 있는 모든 그룹의 포괄적인 목록을 작성하는 것에서부터 시작된다. 이 목록에는 잠재적 적대 세력뿐만 아니라 잠재적 우호 세력도 포함시켜야 한다. 또한 직원, 부품 공급업체, 협력업체, 고객, 소매업체, 배송업체 등 해당 계획에 관련된 모든 그룹을 포함시켜야 한다. 그런 다음 각 그룹에 검정, 흰색, 회색 등 색상 코드를 지정하라.

검정: 경쟁업체/ 적대 세력/ 강경한 반대 세력

흰색: 우호 세력/ 협력업체/ 강력한 찬성 세력

회색: 온건한 반대 세력/ 온건한 찬성 세력

이해관계자 매핑 차트의 예

목록 작성을 완료하면, 회색을 살펴보라. 이 그룹이 성공과 실패의 차이를 규정할 수 있는 분기점이다. 레드팀으로서 당신의 임무는 온건한 반대 세력을 온건한 찬성 세력으로 바꾸거나, 온건한 찬성 세력을 강력한 찬성 세력으로 바꾸는 방법이 있는지를 알아내는 것이다. 이렇게 하면 잠재적인 적대 세력을 우호 세력으로 만들 수 있고, 이미 당신 편에 서 있는 그룹이 가만히 있는 게 아니라 당신 계획의 성공을 위해 적극적으로 기여하도록 만

• 이해관계자 매핑은 제7장에서 설명할 네 가지 관점 기법과 함께 사용할 때 가장 효과적이다. 이 기법은 다른 주요 이해관계자의 관점에서 문제를 검토하는 것이다.

들 수 있다.

이것이 앨런 멀러리가 포드에서 한 일이다. 2006년 가을에 CEO로 취임한 후, 그는 포드자동차의 부품 공급업체, 딜러 및 노조에 연락하여 각 이해관계자들이 포드의 회생 계획이 성공할 수 있도록 돕는다면 그들 자신도 더욱 성공할 수 있다는 걸 보여주었다. 그 결과, 앨런 멀러리는 전미자동차노동조합과 획기적인 노사합의를 이룰 수 있었다. 딜러가 포드의 브랜드 이미지를 높이기 위해 전시장을 리모델링하고, 부품 공급업체는 최고의 기술과 유리한 조건을 포드에 제공하도록 설득할 수 있었다.

수하물 운반 로봇 도입 계획에 대한 이해관계자 목록

이해관계자	찬성	반대
고객	▓	
주주		
공항 당국	▓	
정규 직원	▓	
노조(조종사)		▓
노조(비행 승무원)		▓
노조(수하물 작업자)		■
노조(기계공)		■

경쟁 가설 분석

주장 해부를 통해 문제에 대한 다른 설명이 있을 수 있다고 판단한 경우, 당신은 경쟁 가설 분석ACH이라는 기법으로 이를 좀 더 신중하게 검토할 수 있다. CIA가 1970년대에 개발한 이 기법은 복잡한 문제에 대한 분석적 판단이 필요할 때 그리고 상당한 양의 데이터 및 다른 증거를 검증할 필요가 있을 때 특히 유용하다. 나는 CIA가 1999년 발간한 《지능 분석 심리학*The Psychology of Intelligence Analysis*》에서 이 단계별 접근법의 아이디어를 배웠다.

1단계: 문제를 브레인스토밍하고 모든 가능한 설명을 확인하라. 당신은 비공식적으로 또는 제5장에서 설명한 해방 구조 기법 중 하나를 사용하여 이를 수행할 수 있다. 아무리 무관해 보일지라도 모든 가능한 설명을 포함시켜야 한다. 모든 가능성을 검토한 이후에만 진지하게 고려할 가치가 없는 것들을 제거해야 한다. 그러나 유의할 점이 있다. 틀렸음이 입증된 가설만 제거해야 하며, 입증되지 않은 가설은 그대로 유지해야 한다.

2단계: 이들 각각의 가설에 대해 유리하고 불리한 증거의 목록을 작성하라. 레드팀은 각각의 설명에 대해 그 가설이 사실이라면 어떤 증거가 기대되는지를 스스로 물어본 후, 그 증거가 실제로 존재하는지 여부를 알아내야 한다. 증거가 존재하면 목록에 추가하라. 또한 증거가 없다면 그런 사실도 표시해야 한다. 이 목록은 가정을 포함할 수 있으며, 포함해야 하는 경우도 종종 발생한다. 이 가정들이 동일하게 식별되는지 확인하라.

3단계: 상단에 모든 가설을 나열하고 하단에 각각의 중요한 증거물을 나열할 차트를 준비하라. 차트를 완성하고 나면 각각의 증거를 살펴보고, 증거와 일치하는 설명 아래에는 '∨' 표시를 하고 일치하지 않는 설명 아래에는 '×' 표시를 하라. 증거가 해당 가설을 지지하거나 반증하지 않는다면, 표시 칸을 비워 두어야 한다.

4단계: 모든 증거를 평가한 후, 이 정보에 비추어 각각의 설명을 다시 한번 살펴라. 가설의 어구를 바꾸면 증거와 더 일치할 수 있는지 생각하라. 더 일치한다면 이 새로운 언어를 사용하여 가설을 다시 작성하라. 차트에 변경한 내용을 기록하라. 또한 증거가 새로운 설명을 제안하는지 여부에 대해 생각하라. 그럴 경우, 그 설명을 차트에 추가하라. 두 가설을 구별할 증거가 거의 없거나 전혀 없는 경우, 두 가설을 하나로 결합하라. 모든 설명을 검토한 후, 각 증거를 다시 한번 살펴라. 모든 열에 체크 표시가 있는 항목을 제거하라. 이 증거는 모든 가설을 뒷받침하므로 진단적 가치가 없으며 무시할 수 있다. 이와 동시에, 어떤 설명도 지지하거나 반박하지 않는 모든 증거도 제거하라. 다시 말하지만, 그런 증거는 진단 목적으로 사용되지 않는다. 마지막으로, 이러한 가설을 지지하거나 반박하는 새로운 증거가 있는지 여부를 생각하라. 그런 증거가 있다면 차트에 추가하라.●

5단계: 나머지 가설 각각의 상대적 가능성에 대한 잠정 결론을 내려라. 차트를 살펴보면서 어떤 설명이 다른 설명보다 훨씬 많거나 적게 보이는지 확

● 이러한 변경을 가하기 전에 차트의 사진을 찍어두는 게 좋다. 필요한 경우 원본을 다시 참조할 수 있도록 하기 위해서다.

인하라. 이를 통해 당신은 가설이 옳은지를 살펴보기보다는 가설이 틀렸는지를 살펴보아야 한다. 가장 많은 ×가 붙은 것은 아마도 가장 가능성이 적은 설명일 것이고, 가장 적은 ×가 붙은 것은 아마도 가장 가능성이 높은 가설일 것이다. 체크 표시는 별로 중요하지 않다. 왜냐하면 가설을 뒷받침하는 증거가 많더라도 가설을 부정하는 하나의 증거가 충분히 강력하면 해당 가설을 부정할 수 있기 때문이다. 나머지 설명을 각각의 밑에 있는 ×와 ∨의 개수에 따라 가능성이 가장 높은 것부터 가장 낮은 것으로 순위를 매겨라. 목록을 살펴볼 때 제3장에서 설명한 인지적 편향에 주의하라. 확인 편향은 이런 종류의 분석에 특별한 위협이 되므로, 당신 앞에 놓인 모든 증거를 객관적으로 고려한 후 어떤 설명이 가장 정확할 것인지에 대해 가장 가능성이 높은 최선의 결론을 이끌어내는 것이 중요하다. 차트가 결론을 좌우해서는 안 되며 각 가설의 강점과 약점을 비교하는 데 도움이 되는 가이드 역할을 해야 한다.

ACH 차트의 예

질문: Z 회사가 우리 회사의 새로운 양자 컴퓨터에 어떻게 반응할까?

가설1: Z 회사는 이미 자체적인 양자 컴퓨터를 개발 중이며 제품을 출시할 준비가 되어 있다.

가설2: Z 회사는 이미 자체적인 양자 컴퓨터를 개발 중이며 우리가 발표하면 자신의 프로젝트를 서두를 것이다.

가설3: Z 회사는 자체적인 양자 컴퓨터를 개발하지 않고 있지만 우리의 개발 소식을 들으면 그들도 개발을 시작할 것이다.

가설4: Z 회사는 양자 컴퓨터에 관심이 없다.

양자 컴퓨터에 대한 Z 회사의 반응에 관한 ACH 차트

증거	가설1	가설2	가설3	가설4
Z는 "양자 컴퓨팅이 미래"라고 생각한다고 공개적으로 말했다.	V	V	×	×
Z는 지난여름에 캐나다의 양자 컴퓨팅 스타트업을 인수하려고 시도했다.				×
Z는 지난가을에 그 회사의 CTO를 고용했다.	V	V	×	×
그 CTO는 3개월 후 사임했고 대체되지 않았다.	×			
Z는 지난 3개월 동안 27명의 새로운 컴퓨터 엔지니어를 고용했으며, 여기에는 양자 컴퓨팅 연구에 참여한 최근 졸업생 몇 명이 포함되었다.	×	V	×	×
Z는 지금도 여전히 양자 컴퓨팅 분야의 경험이 풍부한 엔지니어를 고용하기 위해 17개의 구인 직종을 자사의 웹사이트에 게시해 놓았다.	×	V	×	×
우리가 컴퓨터를 출시한 후 Z는 자체적인 쿼드코어 컴퓨터 개발을 서둘렀고 6개월 후에 첫 번째 제품을 출시했다.		V		

결론: 가설2가 가장 옳을 것으로 생각된다.

6단계: 당신의 결론이 몇 가지 중요한 증거에 얼마나 민감한지 살펴보라. 이때 그 증거가 틀렸거나 오해의 소지가 있거나 다른 해석의 대상이 될 경우 당신의 분석에 미칠 중요성을 고려해야 한다. 당신의 분석을 특정 방향으로 이끄는 주요 증거를 스트레스-테스트하라. 당신의 조직이 무언가에 대해 부정할 수도 있다는 우려를 당신이 갖고 있다면, 지금이 그것에 대해 목소리를 내야 할 때다. 당신이 평가하고 있는 정보가 의도적으로 속이거나 오도하도록 조작됐을 가능성이 있다면, 지금이 그 가능성을 고려해야 할 때다. 당신은 원본 자료의 해석을 다른 사람에게 의존하기보다는 직접 조사해도 된다. 당신은 하나의 가설에 전념하기 전에 추가 연구가 필요하다고 결정해도 된다.

7단계: 당신이 내린 결론을 보고하라. 그 보고에는 명백하게 거부할 수 없는 다른 모든 설명의 상대적 가능성에 대한 분석을 포함시켜야 한다. 당신의 선택이 옳을 가능성이 가장 크다고 느끼는 이유를 설명하라. 이것은 중요하다. 왜냐하면 의사 결정자가 다른 설명이 존재한다는 걸 알아야 하기 때문이다. 레드팀이 내린 각 설명이 옳거나 틀릴 가능성에 대한 평가를 반영하기 위해 각 가설에 백분율 값을 지정하는 것이 도움이 될 수 있다.

8단계: 향후의 관찰을 위해 이정표를 표시하라. 이는 당신의 가설이 옳을 경우 상황이 예상과는 다르게 흘러갈 수 있음을 제시해야 한다.

"분석적 결론은 항상 잠정적인 것으로 간주되어야 합니다." 전직 CIA 분석가이자 ACH의 수석 설계자인 리처즈 호이어Richards Heuer는 설명한다. "당신이 평가를 변경시키는 새로운 정보를 받는 동안 상황이 변하거나 변하지 않을 수도 있어요. 찾거나 주의해야 할 사항을 항상 미리 지정하는 것이 좋습니다. 변화가 관찰된 경우, 이는 가능성에 중대한 변화를 제안할 것입니다. 또한 당신의 마음을 바꾸도록 하는 걸 미리 지정해두면 그러한 진전을 합리화하는 게 더 어려울 겁니다."

만약 당신이 사내 레드팀을 보유하고 있다면, 그들에게 변화의 이정표를 지켜보게 하라. 또한 당신의 레드팀은 실행 중인 계획의 가정을 계속 모니터링함으로써 주요 가정 검증 또는 진주 목걸이 분석의 결과를 최대한 활용하도록 도움을 줄 수 있다. 당신의 가정 중 하나라도 틀린 걸로 판명되면, 계획을 다시 검토해서 원하는 목표를 달성할 수 있는지 확인하라. 당신의 가정이 틀리지 않았다면, 성공할 가능성이 적은 행동 방침을 계속 추구하지 말고 당신의 전략을 재평가하라.

외부 레드팀인지 내부 레드팀인지 또는 상설 레드팀인지 특별 레드팀인지에 관계없이 당신의 레드팀은 이번 장에서 설명한 도구를 활용하여 오류가 있는 논리 및 결함 있는 생각을 파악하고, 집단사고 및 기존의 고정관념에 도전하는 대안적 설명을 탐색해 조직의 전략과 계획에 허점을 메울 수 있다. 이러한 도구를 다음 장에서 소개할 상상력 기법과 결합함으로써 회사는 기업을 퇴출시키는 재앙적인 실수가 발생하는 걸 막을 수 있다.

제7장

생각할 수 없는 것을 생각하기:
상상력 기법

> 적과의 첫 번째 교전을 능가하는 확실성을 가진 계획이란 존재하지 않는다.
>
> — 헬무트 폰 몰트케(프로이센의 군인)

2000년 넷플릭스의 CEO 리드 헤이스팅스Reed Hastings와 경영진은 댈러스로 날아가 비디오 대여업계의 공룡인 블록버스터Blockbuster 본사에 제안서를 제출했다. 넷플릭스는 여전히 비디오 대여 사업의 기반을 찾기 위해 고심하고 있었다. 헤이스팅스는 온라인이 향후 대세라는 걸 알고 있었지만 가입자가 영화를 손으로 고를 수 있는 오프라인 대여점을 구축하기를 원했다. 또한 넷플릭스의 경영진은 블록버스터가 인터넷을 활용할 방안을 찾기 위해 고심하고 있다는 점도 알고 있었다. 그래서 그들은 블록버스터의 온라인 비즈니스를 운영해주고 그 대가로 블록버스터로부터 오프라인 매장을 제공받는 협약을 제안했다.

"블록버스터 직원들은 사무실에서 우리를 비웃기만 했습니다." 넷플릭스의 전직 CFO 배리 매카시Barry McCarthy가 회상했다.

블록버스터의 경영진도 역시 넷플릭스를 비웃었다. 그들은 리드 헤이스팅스가 자신의 회사를 블록버스터에 5000만 달러에 매각하겠다는 새로운 제안을 했을 때도 비웃었다. 1년 후 동일한 제안을 했을 때도 비웃었다. 넷플릭스에서 온라인으로 영화를 대여하거나 레드박스가 운영하는 무인 비디오 대여기를 선택한 소비자가 점점 늘어나고 있을 때에도 그들은 계속 코웃음을 쳤다. 블록버스터 경영진은 자신의 영업이익이 줄어들고 회사의 상황에 경고등이 켜졌을 때에도 여전히 비웃고 있었다.

"레드박스나 넷플릭스가 우리의 경쟁자라는 생각이 전혀 들지 않습니다." 2008년 12월 블록버스터의 CEO 짐 키스Jim Keyes는 여전히 만면에 웃음을 띤 채 경쟁사에 대한 월스트리트의 우려를 일축했다.

하지만 블록버스터는 2년도 버티지 못하고 파산 신청을 했다. 2013년 11월 블록버스터의 마지막 매장이 문을 닫을 때 넷플릭스의 가치는 거의 200억 달러에 달했다.

블록버스터의 몰락은 새로운 경쟁자를 진지하게 받아들이지 않으면 어떤 결과가 초래되는지를 비즈니스 리더에게 생생하게 보여주는 대표적 사례가 되었다. 그뿐 아니라 블록버스터의 사례는 기업이 자신의 고객을 이해하지 못할 때 발생할 수 있는 문제점도 분명히 보여준다.

"블록버스터는 적어도 초기에는 넷플릭스의 영역이 매우 작은 틈새시장에 불과하다고 생각했습니다." 배리 매카시가 말했다. "그리고 그것이 바로 우리의 강점이었습니다."

그러나 넷플릭스는 2000년에도 작은 틈새시장 사업 이상이었다. 넷플릭스는 블록버스터로 대표되는 비디오 대여 사업에 대한 고객의 가장 큰 불만 사항을 해결했다. 그 불만은 바로 연체료였다. 리드 헤이스팅스는 예전에 〈아폴로 13호〉를 빌려보고 반납하는 걸 깜빡했을 때 이 문제를 직접 경험했다.

"6주를 연체했고 비디오 가게에 연체료 40달러를 내야 했습니다. 비디오 테이프를 어디에 두었는지 못 찾겠더라고요. 제 잘못이었어요. 아내에게는 말하지 않았습니다. 연체료 문제로 부부싸움을 해서 가정의 평화를 깨트릴 순 없잖아요." 헤이스팅스가 나중에 《뉴욕타임스 The New York Times》에 말했다. "헬스클럽으로 가는 도중에 저는 헬스클럽이 비디오 대여점보다 훨씬 더 나은 비즈니스 모델을 갖고 있다는 걸 깨달았습니다. 한 달에 30~40달러만 내면 원하는 만큼 운동을 할 수 있으니까요."

넷플릭스는 이런 깨달음에서 탄생했다. 사람들이 영화를 대여하는 걸 좋아하지만, 엄청난 연체료 때문에 비디오 대여 업체를 싫어한다는 사실을 간파한 것이다. 블록버스터는 이런 벌금이 자신의 브랜드 이미지에 끼친 악영향을 인식하지 못했을 뿐만 아니라 오히려 거기서 발생한 수익을 비즈니스 모델의 기반으로 삼았다. 블록버스터의 사업 실패 원인은 고객이 왜 영화를 빌려보는 걸 싫어하는지 이해하지 못한 것뿐만 아니라 넷플릭스의 반복되는 매각 제안을 거절한 재앙과도 같은 미래 전망 탓이었다. 만약 블록버스터가 네 가지 관점이라는 레드티밍 기법을 활용했더라면 두 가지 실패 모두를 피할 수 있었을 것이다.

네 가지 관점 기법

스티브 로트코프 대령이 개발한 네 가지 관점 기법은 경쟁자, 고객 및 기타 주요 구성원들이 당신의 회사, 산업 그리고 서로를 바라보는 관점에 대한 귀중한 통찰력을 제공할 수 있는 간단하지만 매우 흥미로운 방법이다. 이 정보를 미리 활용하면 기획자는 이러한 핵심 구성원들이 제시하는 도전과 기회를 포착할 수 있는 전략을 수립하는 데 도움을 얻을 수 있다. 또는 레드팀이 어떤 계획을 수립한 후에, 그 계획에 모든 이해관계자의 민감도와 기대치가 고려되었는지를 확인하기 위해 이 기법을 사용할 수 있다.

네 가지 관점 기법의 실행은 앞 장에서 설명한 이해관계자 매핑 기법을 사용하여 당신의 계획이나 전략에 영향을 받을 수 있는 가장 중요한 그룹을 식별함으로써 시작된다. 그 목록을 작성한 후, 당신이 좀 더 자세히 분석하기를 원하는 각 그룹에 대해 사분면 차트를 만들어라.

X가 X를 바라보는 방식	Y가 Y를 바라보는 방식
X가 Y를 바라보는 방식	Y가 X를 바라보는 방식

X는 당신이 몸담고 있는 회사 또는 조직이다. Y는 당신이 분석하려는 그룹으로서 고객, 주요 경쟁자, 정부 규제기관, 노동조합, 부품 공급업체, 소매업체, 향후 인수할 대상, 직원, 또는 조직 내 다른 부서일 수 있다. 이는 허용된 시간과 계획의 필요에 따라 일반적인 그룹이거나 특정한 그룹일 수 있다. 단순히 전체적으로 고객을 보는 대신 북아메리카 고객, 남아메리카 고객, 유럽 고객, 아시아-태평양 지역 고객을 위해 별도의 차트를 작성할 수 있다. 경쟁사 전체를 하나의 차트로 작성하거나 주요 경쟁업체마다 별도의 차트를

작성할 수도 있다. 이는 모두 당신이 개발 중인 전략과 얼마나 관련이 있는지에 달려 있다.

사분면을 만든 후, 차트의 왼쪽 상단에서 시작하라. 그리고 그룹으로 함께 일하면서 당신 회사가 스스로를 어떻게 보고 있는지 생각하라. 당신의 가치, 목표 및 당신의 행동을 형성하는 특성을 고려하라. 당신은 보수적인가/아니면 기꺼이 위험을 감수하는가? 당신은 업계를 지배하는가/아니면 더 큰 경쟁자들을 두려워하는가? 당신은 능동적인가/아니면 수동적인가? 당신은 혁신적인가/아니면 변화하는 시장을 따라가기 위해 애쓰는가? 솔직하게 판단하라. 여기서 중요한 점은 마케팅 자료를 개발하거나 보도 자료로 쓰일 진부한 문장을 작성하는 것이 아니다. 당신의 조직에 대한 과감한 평가를 통해 의미 있는 분석을 가능케 하는 것이다. 당신 회사 웹사이트가 스스로를 '혁신적'이라고 말하더라도, 대부분의 직원이 거기에 동의하지 않는다면 차트에서 그 말을 빼야 한다. 이와 동시에, 여기에 있는 질문은 당신 조직의 실제 모습에 관한 게 아니라 오히려 당신 조직이 믿고 있는 스스로의 모습에 관한 것이라는 점을 명심하라. 레드팀으로서, 당신은 자신의 회사가 업계에서 가장 혁신적인 참여자가 아니라고 인식할 수도 있지만, 당신의 조직이 스스로에 대해 그렇게 말하고 대부분의 직원이 그게 사실이라고 믿는다면, 왼쪽 상단에 '혁신적'이라는 단어를 반드시 적어라.

미 육군과 함께 진행한 레드팀 교육 훈련 과정에서 우리 학급은 당시 비엔나에서 진행 중이던 이란 핵 협상의 주요 참여자들을 살펴봄으로써 네 가지 관점 기법을 연습했다. 일부 수강생들은 중동 지역에 여러 번 배치된 후 지쳐버린 탓인지 미국에 대해 꽤 신랄한 발언을 했다. 교관은 우리에게 여러분이 발언해야 할 핵심은 미국이 실제로 행동하는 방식이 아니라 미국이 세계속에서 스스로의 모습을 어떻게 보고 있는지에 대한 것이라고 계속 상기시켰다.

당신 조직의 특징에 대해 다 적고 나면 사분면 오른쪽 상단으로 이동하여 분석하려는 그룹에 대해 생각하라. 그들은 스스로를 어떻게 바라보는가? 그들은 무엇을 지지하는가? 그들이 원하는 건 무엇인가? 그들이 가치 있게 생각하는 건 무엇인가? 그들이 두려워하는 건 무엇인가? 그들의 입장에서, 정말로 자신의 관점이 아닌 해당 그룹의 관점에서 이러한 질문을 바라보아야 한다.

그런 다음 사분면 좌측 하단으로 이동하여 당신 조직이 그 그룹을 어떻게 바라보는지에 대해 생각하라. 다시 한번 말하지만, 무자비할 만큼 냉혹하고 정직하게 생각하라. 비즈니스 파트너나 직원을 분석하는 경우 공식적인 대외적 발언의 미사여구는 잊어버리고, 당신 조직 사람들이 닫힌 문 뒤에서 그들에 대해 나누는 진솔한 뒷이야기를 생각하라. 당신이 프랜차이즈 가맹점을 최후의 한 푼까지 짜낼 돈벌이 수단으로 보고 있다면, 그대로 인정하라. 노조가 탐욕스럽다고 생각한다면, 사분면 박스에 '탐욕스럽다'라고 적어라. 협력업체가 무능하다고 생각되면, 그런 속마음을 그대로 적어라.

마지막으로, 사분면 오른쪽 하단으로 이동하여 분석하려는 그룹이 당신을 어떻게 바라보는지 생각하라. 당신이 희망하는 그들이 당신을 바라보는 관점, 그들이 바라봐 주기를 원하는 당신의 모습, 그들이 당신을 진정으로 이해하는 경우에만 볼 수 있는 당신의 모습이 아니다. 그들이 당신, 당신의 제품, 당신의 서비스, 당신의 동기, 당신의 궁극적 목표에 대해 정말로 어떻게 생각하는지를 떠올려라. 스스로에게 무자비해져라. 거기에 달콤한 설탕을 섞으려 한다면, 당신의 분석은 아무런 가치가 없을 것이다.

네 가지 관점 기법 차트의 예

회사는 스스로를 어떻게 바라보는가?	노조는 스스로를 어떻게 바라보는가?
혁신적 공정한 협상가 우리는 직원을 배려함 일자리/부의 창조자 우리의 미래는 낙관적임	노동자의 보호자 날카로운 협상가 노조원에 대한 배려 일자리/부의 수호자 노조의 미래에 대해 걱정
회사는 노조를 어떻게 바라보는가?	**노조는 회사를 어떻게 바라보는가?**
시대에 뒤쳐짐 부패 노조원들에게 회비를 짜냄 우리 회사의 발전/성장을 저해 부당한 요구를 함	시대에 뒤쳐짐 탐욕 노조원을 착취 노조의 발전/성장을 저해 부당한 요구를 함

 마지막 사분면을 채우고 나면, 차트를 연구하고 네 사분면 사이에 존재하는 모든 단절을 확인하라. 이 격차를 해소할 수 있는 방법에 대해 생각해보라. 또는 적절하다면 어떻게 활용할 수 있는지 생각해보라. 당신 계획에 대한 파급 효과를 고려하고, 전략 변경이 차트에 나타난 문제점 혹은 기회를 해결하거나 활용하는 데 어떻게 도움이 되는지 토론하라.

 조사하기로 결정한 각 그룹 또는 하위 그룹에 대해 이 과정을 반복하라. 왼쪽 상단 사분면을 채울 필요는 없다. 각 그룹이 당신 조직과 어떤 관련이 있는지 살펴보는 한, 이 과정을 한 번만 시행하면 된다. 그러나 다른 그룹들이 서로를 어떻게 바라보는지 탐색하는 것이 유용할 수 있다. 그것이 유용하다면 X가 하나의 그룹이 될 것이고 Y는 다른 그룹이 될 것이며 당신 자신의 조직은 그 방정식의 일부가 되지 않을 것이다.

또는 당신이 고려하고 싶은 모든 참여자가 포함된 하나의 커다란 차트를 만들 수도 있다. 단지 4가지 관점 대신, 16가지 관점을 포함하는 4×4 차트, 64가지 관점을 조사하는 8×8 차트, 또는 무려 256가지의 다른 관점을 포괄하는 16×16 차트를 만들 수도 있다. 다시 한번 강조하지만, 이 규모는 당신이 해당 프로세스에 할당할 수 있는 시간과 당신이 레드티밍하려는 문제의 본질에 달려 있다.

블록버스터가 고객에 대한 네 가지 관점 분석을 실시했더라면, 그 엄청난 연체료가 얼마나 많은 피해를 입혔는지를 깨달았을 것이고 이를 폐지했을 것이다.*

또한 연체 경험이 있는 고객들이 얼마나 간절히 비디오 가게 방문을 피하려 하는지 알게 되었을 것이다. 블록버스터가 연체 경험이 있는 고객들이 넷플릭스를 우호적으로 바라보는 관점을 살펴보았다면 이 경쟁업체가 고객들의 요구를 충족시키는 더 좋은 방법을 찾았다는 걸 알았을 것이다. 그리고 5000만 달러를 기꺼이 지불하고 인수 제안을 받아들였을 것이다.

불행하게도 블록버스터는 형편없는 미래 통찰력 부족에 발목이 잡혔다. 세계는 변하고 있었지만 많은 다른 구식 경영 기업들과 마찬가지로 그러한 변화가 자신의 비즈니스를 어떻게 변화시킬지를 전혀 파악하지 못했다. 그들이 밖에서 안으로 생각하기라는 기법을 알았더라면 근시안적 사고를 극복하는 데 도움이 되었을 것이다.

• 블록버스터는 넷플릭스와의 치열한 경쟁에 대한 방안으로 결국 연체료를 폐지했지만 이미 너무 늦었다.

밖에서 안으로 생각하기

어떤 문제에 대해 생각할 때 우리는 일반적으로 당면 문제에서 시작하여 거기서부터 길을 찾아나간다. 이런 접근 방식이 틀렸다는 건 아니지만, 더 큰 세계가 향하는 곳이 아닌 우리가 있는 곳에서 시작한다면 블록버스터처럼 중요한 기회를 놓칠 수 있다. 밖에서 안으로 생각하기 기법은 이를 피하기 위해 고안되었다. 이름에서 알 수 있듯이, 이는 더 넓은 환경에서 시작하여 레드팀이 진행하고 있는 문제로 되돌아가는 분석의 한 형태로서, 간단한 4단계 과정으로 이루어진다.•

1단계: 문제에 영향을 미칠 수 있는 모든 (사회적, 경제적, 기술적, 정치적, 심지어 환경적) 주요 요인의 목록을 작성하는 것에서 시작하라. 그러나 당신 조직은 그 문제에 거의 또는 전혀 영향을 미치지 않아야 한다. 이런 문제에는 세계경제 및 지정학적 상황에서부터 새로운 기술 또는 소비자 추세에 이르기까지 모든 것이 포함될 수 있다.

2단계: 이런 요인들 중 당신 회사가 영향력을 발휘할 수 있는 것이 무엇인지 파악하라. 여기에는 고객, 부품 공급업체, 비즈니스 파트너, 정책 결정자, 산업 기구 또는 시장, 소비자 동향, 신기술도 포함될 수 있다.

3단계: 이들 각 행위 주체가 잠재적으로 문제에 긍정적 또는 부정적 영향

• 미군은 3단계 과정으로 가르치지만, 나는 회사가 이 기법을 최대한 활용할 수 있도록 네 번째 단계를 추가했다.

을 미칠 수 있는 방법을 고려하라. 예를 들어 노동조합은 핵심 요소를 지지하지 않음으로써 당신의 계획을 저해할 수도 있고, 열렬한 지지를 보냄으로써 그 계획의 성공을 보장할 수도 있다.

4단계: 당신 조직이 이러한 행위 주체에 어떻게 영향을 미칠지 생각해보고, 당신의 전략적 목표를 달성하는 데 도움이 되는 방향으로 유도하거나 혹은 적어도 길을 가로막는 잠재적 문제가 되지 않도록 만드는 방법을 생각해보라. 노조의 경우, 그 방법은 조직 지도부와 함께 앉아서 당신의 계획을 설명하는 식으로 간단할 수도 있고, 다른 분야에서 양보를 제공하는 식으로 복잡할 수도 있다.

만약 블록버스터가 밖에서 안으로 생각하기 기법을 수행했더라면, 인터넷이 소비자 행동에 미친 영향을 인식했을 것이다. 그러면 기존 비즈니스 모델이 곧 퇴출될 거라는 사실을 깨달았을 것이다. 이러한 통찰력으로 무장했더라면 블록버스터는 자체적인 온라인 서비스를 더 빨리 시작할 수 있었을 것이다. 하지만, 블록버스터는 이 사실을 너무 늦게 깨달았고 넷플릭스에 사업 모델을 완성하고 고객 기반을 구축할 수 있는 시간을 내주고 말았다.

하지만 그러한 추세선이 어떻게 전개될지를 파악하는 게 늘 쉬운 일은 아니다. 다행스럽게도 대안 미래 분석이라는 또 다른 기법이 도움이 될 수 있다.

대안 미래 분석

레드티밍이 점쟁이의 수정 구슬처럼 미래를 보여줄 수는 없다. 하지만 대안 미래 분석은 전략을 펼칠 수 있는 여러 방법을 보여줌으로써 당신 조직이 최선의 상황을 준비할 때조차 최악의 경우를 대비할 수 있도록 해준다. 이 기법은 매우 복잡하거나 고도의 불확실성으로 뒤덮인 상황에 특히 유용하다.

먼저, 브레인스토밍 또는 밖에서 안으로 생각하기 기법을 사용하여 당신의 계획이 실행될 때 펼쳐질 상황을 형성할 수 있는 요소와 세력의 상세한 목록을 작성하라. 그런 다음, 제5장에서 설명한 해방 구조 중 하나를 사용하여 이 목록을 가장 의문시되고 최종 결과에 가장 큰 영향을 미칠 수 있는 두 가지 변수로 요약하라. 예를 들어, 포트 레번워스에서 우리 학급은 육군 대학에 관한 미 육군의 새로운 계획을 분석하는 임무를 부여받았다. 이는 기본 훈련에서부터 육군 대학에 이르기까지 모든 영역의 교육 과정을 대대적으로 개편하는 것으로, 군인들이 받은 명령을 민간 분야에 더 쉽게 전달할 수 있도록 설계된 계획이었다. 우리 학급이 결정한 가장 큰 두 가지 변수는, 육군이 새로운 프로젝트를 홍보하는 데 얼마나 많이 신경을 썼는가, 그리고 민간 면허 기관 및 인증 기관으로부터 얼마만큼의 구매가 있었는가였다.

그다음, 두 변수 각각에 대해 가장 관련 있는 두 개의 값을 결정하라. 우리 학급의 경우, 이 값은 신속한 출시/신중한 출시 그리고 완전한 인증/제한된 인증이었다. 이를 완료하고 나면 두 값에 관해 두 변수를 보여주는 간단한 차트를 작성하라. 이는 전략이나 상황이 전개될 수 있는 서로 다른 방식을 나타내는 네 개의 사분면으로 나타날 것이다.

우리의 차트는 다음과 같다.

대안 미래 분석 차트의 예

신속한 완전 승인
- 초기 승리
- 지속 불가능한 프로세스 (또는 프로세스 없음)
- 불확실한 자원 (예산이 필요를 충족시키지 못함)
- 승인 상실
- 교육을 받았지만 현상 유지 시스템만 인증됨
- 운영 단위에서 가져온 초기 직원 평가표
- 속도는 비용을 필요로 함

신중한 완전 승인
- 완전히 실현되고 지속 가능한 전략적 계획
- 분명한 의사소통 전략
- 군인과 학계는 ArmyU가 무엇인지 이해함
- 프로세스 대 개성에 기반한 기업
- 준비된 정책
- 모든 군 직종 전문 분야의 프로그램/기회

축: 완전한 ↔ 제한적 (수락 승인) / 신속한 ↔ 신중한 (전개 속도)

신속한 제한적 승인
- 비용의 극적 증가
- 모든 것이 우선
- 정립되지 않은 평판
- 약속 과잉 및 실천 부족
- 높은 승인 비용
- 인재 관리 시스템 붕괴

신중한 제한적 승인
- 핵심 영역의 상당한 향상(커리큘럼 등)
- 미 국방부는 범용 증명서를 수용함
- 해당 세력의 지원 없음
- 민간 기관 의존으로 인한 예상치 못한 비용
- 정부 기금 삭감
- 군대 외부의 구입이 확산되지 않음

차트를 작성한 후에는 이 네 가지 대안 미래를 분석하고 레드팀에 가능한 한 자세히 설명하게 하라. 각각의 경우에서 당신 조직에 어떤 결과가 발생할 것인가? 경쟁업체, 고객 또는 다른 주요 이해관계자에게 어떤 결과가 발생할 것인가? 어떤 새로운 도전과 기회가 창출될 것인가? 또 이러한 각각의 최종 상태에 도달하기 위해 발생해야 할 일에 대해 생각하라. 상황이 전개될 때, 또는 이 네 가지 방향 중 하나로 향하고 있음을 나타내는 계획이 실행될 때, 당신이 관찰할 수 있는 신호를 식별하도록 노력하라. 결과 중 어떤 것이 바람직하지 않다면, 당신 조직은 유리한 방향으로 갈 수 있도록 계획을 수정해야 한다. 유리한 방향으로 가지 않을 가능성을 다루기 위한 비상 계획도 수립해야 한다. 결과 중 어떤 것이 새로운 기회를 창출한다면, 이를 활용할 계획을 세워야 한다. 어느 쪽이든 대안 미래 분석은 유용한 로드맵을 제공할 것이다.

위기 발생 가능성이 높은 상황에서 육군은 이 기법을 더욱 자세하고 포괄적인 버전으로 사용하기도 한다. 이 버전은 레드팀에만 의존하는 대신, 검토 중인 문제에 대한 깊은 지식을 가진 외부 전문가를 초빙하며, 단지 두 개의 변수만 살펴보는 것이 아니라 다양한 대안과 최종 상태를 분석한다. 이 접근 방식은 비용과 시간이 많이 소요될 수 있지만, 대가가 충분히 크다면 그만한 투자 가치가 있다. 이러한 종류의 상세한 분석은 새로운 경쟁자, 파격적인 기술의 출현, 새로운 규제의 부과 또는 이와 유사하게 당신의 비즈니스 환경을 근본적으로 바꿀 수 있는 극적인 변화가 있을 때 유용하다.

사전 검시 분석

모든 레드티밍 기법이 시간과 자원을 엄청나게 많이 요구하는 건 아니다. 사전 검시 분석은 인지심리학자 게리 클라인Gary Klein이 개발한 믿을 수 없을 만큼 강력한 도구다. 적절한 사전 검시는 완료하는 데 약 1시간이 걸리지만, 15분 안에 신속하고 개략적으로 실시할 수도 있다. 사전 검시 분석은 이해하기 쉽고 사용하기 쉽고 말 그대로 회사를 재앙에서 구할 수 있다.

'사후 검시 분석'이라는 개념은 익히 알고 있을 것이다. 사후 검시 분석은 계획이 실패한 후 그 이유를 파악하기 위해 분석팀을 소집하는 것이다. 사전 검시 분석도 똑같은 방식으로 작동하지만 계획을 실행하기 전에 수행하는 분석이기 때문에 훨씬 유용하다. 계획을 수정하여 실패를 피할 시간이 아직 남아 있기 때문이다. 계획에 약점이 있거나 전략상 예기치 않은 결과가 발생할 수 있는 경우, 사전 검시 분석은 레드팀이 이를 파악하도록 도와준다. 심사위원회 기법, 위험 분석 기법, 실패 분석 기법 또는 당신에게 이미 익숙한 다른 기법들과 비슷해 보일 수도 있지만, 사전 검시 분석은 실제로는 매우 다르다. 이러한 기법들은 계획 실패의 가능성을 평가하고 실패 위험을 허용 가능한 수준으로 줄이기 위해 고안된 것이다. 그러나 사전 검시 분석은 계획이 실패한 것으로 가정하고 그 실패의 원인을 파악하는 것과 관련된다. 이것은 매우 중요하다. 왜냐하면 다른 기법들은 사람들이 실패가 어떤 형태일지를 실제로 생각하게 만들지 않기 때문이다.

게리 클라인은 사람들이 계획을 세울 때 종종 지나치게 자신감을 갖는 걸 발견하고는 여러 기법을 개발했다. 사전 검시 분석은 이러한 위험한 경향에 대응하기 위해 고안된 대표적인 기법으로서 클라인은 다음과 같이 설명한다.

> 이 기법은 자기 만족적 태도와 잘못된 보안 감각을 적어도 일시적으로 극복하고 이를 나중에 나타날 문제를 예방하기 위한 적극적인 모색으로 대체한다. 당신이 발견할 수 있는 문제의 성질을 통해 당신은 자신의 영리함을 과시하게 된다. 당신은 계획의 개념, 시간표, 재정 자원에 관련된 문제 또는 팀 자체의 구성과 관련된 문제를 예측할 수도 있다. 경험에 비추어볼 때, 우리는 자기비판에 있어서 수동적 시도보다 이 기법을 통해 훨씬 더 높은 수준의 솔직함을 발견했다.

사전 검시 분석은 다음과 같이 작동한다.

1단계: 레드팀이 전략이나 계획을 검토하게 하라.

2단계: 닥칠 수 있는 재난을 신중하게 생각하라. 레드팀에게 미래를 살펴보고 계획이 실패했다고 상상해보도록 요청하라. 단지 기대에 미치지 못하거나 목표를 놓친 정도가 아니라 조직에 실제 피해를 줄 수 있는 방식으로 엄청나게 실패했다고 말이다. 당신이 마케팅 계획을 레드티밍하는 경우라면 단지 브랜드 또는 제품에 대한 인식을 향상시키는 데 실패한 정도가 아니라 실제로 사람들이 그것에 완전히 등을 돌렸다고 상상하라. 당신이 인수합병을 고려하는 경우, 단지 예상되는 시너지 효과를 달성하지 못한 정도가 아니라 핵심 비즈니스마저 엉망이 되어버렸다고 상상하라. 잠재적인 투자를 분석하는 경우, 그 투자가 원하는 수익을 내지 못한 정도가 아니라 원래 지분의 남은 부분마저 빠르게 잠식하는 끔찍한 재정적 블랙홀이 되었다고 상상하라.

3단계: 이런 일이 왜, 그리고 어떻게 발생했는지 파악하라. 레드팀원 모두에게 그 질문을 숙고하게 하고 이런 대재앙을 가능케 한 모든 원인을 메모 카드에 적도록 하라. 이 단계에 얼마나 많은 시간을 할애할지는 계획의 복잡성과 레드팀이 어떻게 말하는가에 달려 있다.

게리 클라인은 이러한 반성과 글쓰기 시간을 단지 2~3분으로 제한하는 걸 권장한다. 그는 시간 내에 마치려고 열심히 일할 때 스스로를 검열할 가능성이 적기 때문에 시간 압박이 분석을 향상시킬 수 있다고 믿는다. 육군은 레드팀원에게 계획을 숙고하고 계획이 실패할 수 있는 여러 가능성을 생각하는 데 20~30분을 사용할 것을 권장한다. 토론에 집중하고 팀이 가능성의 영역에서 너무 멀리 벗어나지 않도록 할 수 있을 뿐만 아니라, 다양한 실패 경로를 실제로 정교하게 조사하는 데 충분한 시간이기 때문이다. 육군의 접근 방식을 통해 레드팀 구성원들은 창의력을 발휘하여 상세한 가능성을 떠올릴 수 있다. 이는 간단한 항목보다 더 많은 것을 종종 밝힐 수 있다. 두 기법 모두 장점이 있기 때문에 레드팀원들의 성향에 따라 가장 적합한 방법을 선택하면 된다. 팀원들이 우려를 표명하는 걸 두려워하지 않는다면, 그들에게 더 많은 시간을 주어라. 그들에게 솔직한 성향이 적을 경우에는 숙고할 시간을 2분으로 설정하라.

4단계: 레드팀의 각 구성원들이 처음 생각한 것을 공유하게 함으로써 목록을 통합하라. 그런 다음, 두 번째 발언 전에 모든 사람이 한 번씩 발언할 기회를 부여하는 레드팀 규칙을 준수하면서 전체 구성원들의 의견을 수렴하라. 모든 사람이 자신의 아이디어를 공유하면 첫 번째 팀원에게 돌아가서 그 사람이 자신의 목록에 있는 다음 아이디어를 공유하게 하라. 다른 사람이 이미 같은 생각을 공유했다면 건너뛰거나 그 내용을 자세히 설명하게 하라. 모든 사람이 자신의 모든 아이디어를 다 발언할 때까지, 또는 제안된 아이디어가 어리석음의 경계선에 이를 때까지 계속하라. 포트 레번워스에서 경험한 바에 따르면, 누군가가 외계인이나 거대한 유성을 언급할 때가 논의를 멈출 때였다.

5단계: 제5장에서 설명한 도트 스티커 투표 기법이나 다른 해방 구조 중 하나를 사용하여 계획을 실패하게 만들 가능성이 가장 높은 세 가지 요인을 파악하라. 그런 다음 팀으로서 함께 협력하여 이러한 가능성을 줄이기 위해 계획을 변경하거나 개선할 수 있는 방법을 제안하도록 요청하라.

6단계: 팀이 확인한 이러한 시나리오가 전혀 발생하지 않도록 하기 위해 계획이 실행되는 동안 목록을 정기적으로 검증하라.

2014년 미 육군은 사전 검시 분석을 사용하여 2030년에 미국이 어떻게 주요 전쟁에서 패배할지를 예측했다. 이 결과 보고서는 지금도 여전히 미국의 군사 전략 및 계획을 형성하고 있다.

육군 레드팀이 작성한 악몽 같은 시나리오는 2028년 인도네시아에서 발생한 지진으로 시작되어 2년 후에 이란에 파견된 미국 원정대의 잔류 인원들이 사우디 항공사의 도움을 받아 두바이로 철수하는 것으로 끝난다. 시나리오의 저자들은 이를 '미국판 덩케르크 철수 작전'이라고 부른다. 그 2년 동안 감축된 미군은 인도네시아의 인도주의적 위기와 서유럽의 쿠르드족 분리주의자들에 대한 지원의 보복으로 호르무즈 해협을 폐쇄하려는 이란의 시도에 대응하기 위해 악전고투한다. 미국이 페르시아만을 재개방하기 위해 항구 도시 반다르 압바스를 장악했을 때, 이란 군대는 3D 프린팅 기술의 발전으로 어디서나 만들 수 있게 된 저렴한 견착사격식 지대공미사일을 사용하여 미군 헬리콥터를 하늘에서 격추시켜버린다. 이란군에 밀리기 시작한 미군 병사들이 공습을 요청했고, 이 공습으로 인해 많은 민간인이 희생당했으며, 참혹한 사고의 현장이 러시아의 뉴스 드론에 의해 생중계된다. 이 장면은 2030년 월드컵 이후 전 세계가 가장 많이 시청한 TV 이벤트가 된다. 그러나 이란 사람들은 단순한 시청자가 아니었다. 그들은 얼굴 인식 소프트웨어를 사용하여 이 '잔혹 행위'에 관여한 미군 명단을 확인한다. 미군의 이름과 집 주소가 극단주의자 웹사이트에 공개되고 저명한 시아파 성직자는 피의 보복을 촉구한다. 며칠 후 이들 미군의 자녀들이 다니고 있는 노스캐롤라이나주의 한 초등학교에서 폭탄 테러가 발생한다. 한편, 이란의 대의명분에 동조한 해커들이 미국 정부의 컴퓨터 네트워크에 침입하여 전쟁에 투입될 예비군 명단을 빼내 이름과 주소를 공개한다. 이 때문에 많은 미국인이 국방의 의무를 거부하면서 미국은 이란에서 교두보를 확보하는 데 어려움을 겪는다.

이 전체 시나리오는 현재의 실제 지정학적 상황 전개 및 가까운 미래에 등장할 신기술의 최근의 발전을 토대로 한 것이었다. 허황된 SF 소설이 아니었다. 육군은 이 연구의 경고를 매우 진지하게 받아들였다. 이러한 분석 결과에 따라, 현재 육군은 보고서에 등장하는 연쇄적인 사건에 반격할 수 있는 (또는 적어도 대처할 수 있는) 수단을 확보하기 위해 노력하고 있다.

사전 검시 분석이 재앙을 자초하려는 게 아님을 아무리 강조해도 지나치지 않다. 이 분석은 전략이 실패할 수 있는 방법을 식별하여 그러한 실패가 발생하지 않도록 예방하려는 것이다. 이러한 분석 활동을 부정적인 눈으로 바라보지 말아야 한다. 계획에 약점이 있다고 해서 그것이 나쁜 계획이라는 걸 의미하지는 않는다. 실제로 그 계획이 가장 좋은 것일 수도 있다. 그러나 일반적인 레드티밍 기법과 마찬가지로 사전 검시 분석은 그 계획을 더 나은 계획으로 만들도록 도와준다. 이것이 중요한 이유는 어떤 문화권에서는 재앙의 가능성을 논의하는 것만으로 사람들을 불편하게 만들기 때문이다. 그러나 나는 사전 검시 분석의 긍정적이고 적극적인 목적을 강조함으로써 이 기법이 어떤 국가에서든 어떤 조직에서든 효과적으로 활용될 수 있음을 확인했다. 내 고객들은 이 기법이 상당히 직관적이라는 걸 파악했다. 고객들 중 많은 수가 이 가상 시뮬레이션을 통해 얻은 통찰력의 결과를 활용하여 자신의 전략이나 계획을 올바른 방향으로 수정했다.

게리 클라인도 이 기법을 회사에 가르쳐서 큰 성공을 거두었다. 그는 2007년《하버드 비즈니스 리뷰*Harvard Business Review*》기사에서 몇 가지 예를 언급했다.

> 《포춘》50대 기업이 개최한 회의에서 어느 CEO가 자신이 퇴직했을 때 이익이 줄어들면서 10억 달러 규모의 환경 지속 가능성 프로젝트가 '실패'했다고 말했다. 다른 CEO는 정부 기관이 정책을 수정한 후 기업 능률이 약화된 것이 그 실패의 원인이라고 지적했다.
> 군대 항공 작전 기획자가 최첨단 컴퓨터 알고리즘을 사용할 수 있도록 하는 프로젝트와 관련된 회의에서 이전의 장시간 킥오프 미팅에서 침묵했던 어느 팀 구성원은 알고리즘 중 하나가 현장에서 사용 중인 특정 랩톱 컴퓨터에 쉽

게 호환되지 않을 거라고 자발적으로 말했다. 그렇게 되면 빠른 결과가 필요할 때 사용자가 소프트웨어를 실행하는 데 몇 시간이 걸릴 수도 있었다. 팀이 해결 방법을 찾을 수 없다면 프로젝트는 비실용적이라고 그는 말했다. 알고리즘 개발자들이 언급하기 꺼려한 강력한 지름길을 이미 만들었던 것으로 밝혀졌다. 그들의 지름길은 대안이 되었고, 프로젝트는 매우 성공적으로 계속 진행되었다.

다른 조직의 연구 프로젝트를 평가하는 회의에서 한 고위 간부는 제품 계획에 대한 기업 검토가 있기 전에 경영 사례를 준비할 시간이 충분하지 않았기 때문에 프로젝트가 '실패'했다고 말했다. 전체 90분의 킥오프 미팅 중 아무도 시간 제약을 언급조차 하지 않았다. 프로젝트 관리자는 회사 결정 주기를 고려하여 계획을 신속히 수정했다.

나는 사전 검시 분석이 매우 가치 있기 때문에 모든 레드티밍 활동에 포함되어야 한다고 생각한다. 존스 홉킨스 대학교의 AIPSQ(암스트롱 연구소) 등 여러 기관에서는 프로젝트 기획 과정의 일환으로 이 기법 사용을 권장하고 있다.

"시간이 15분밖에 남지 않았더라도 사전 검시 분석을 할 시간은 충분합니다." 포트 레번워스의 수업에서 특수부대 소장인 수강생이 효과적인 레드티밍에 필요한 최소 시간을 물었을 때 케빈 벤슨 대령이 대답했다. "마을을 확보하라는 명령을 받았다면, 진입하기 전에 부하들을 모아 무릎을 맞대고 '만약 이 작전이 파국으로 치닫게 될 경우, 그 파국은 어떻게 찾아올 것인가?'라고 물어보십시오. 그렇게 하는 것만으로도 여러 어려움을 극복하기에는 충분할 수 있습니다."

자신의 강적 되기

미군은 이 기법을 '위협 시뮬레이션' 또는 '전통적 레드티밍'이라고 간단히 부른다. 이 기법은 군대에서 레드티밍이 시작된 시점으로 거슬러 올라간다. 본질적으로 자신의 강적 되기 기법은 레드팀이 경쟁자 또는 적대적 역할을 맡은 다음, 당신 조직의 제안된 전략이나 계획에 그들이 어떻게 반응할 것인지를 파악하기 위한 롤플레잉(역할 연기) 활동이다. 이는 한마디로 말해 적의 머릿속으로 들어가는 것이다. 따라서 경쟁자를 위해 일했던 당신 직원이 있거나 그들이 생각하고 행동하는 방법에 대해 직접적인 지식을 가진 직원이 있는 경우, 해당 직원을 레드팀의 일원으로 배치하는 것이 활동 목적상 매우 가치가 있다.

자신의 강적 되기에서 레드팀 리더는 참여자가 아닌 조력자 역할을 한다. 레드팀이 모인 자리에서 이 기법의 실행 과정에 대한 브리핑이 끝나면 회사의 계획에 대한 정보를 조금씩 누설하는 방식으로, 실제 상황처럼 경쟁자가 당신 회사의 계획을 파악하는 방식을 모방하려고 시도하라. 회사의 계획에 여러 단계가 있는 경우 레드팀에는 오직 첫 단계만 알려줘라. 전략에 속임수나 잘못된 지시가 포함된 경우 무표정한 얼굴로 시치미를 떼고 이를 암시하지 마라. 어떤 상황에서도 계획의 사본을 레드팀에 건네 상대방이 어떻게 반응할지 물어보면 안 된다. 이 활동의 요점은 적대적 상대방이 취득할 가능성이 있는 것과 동일한 제한된 정보에 레드팀이 반응하도록 강제하는 것이다. 경쟁자라면 이렇게 입수한 정보를 어떻게 인식하고 어떻게 반응할 것인지 레드팀이 생각해보도록 요청하라. 적대적 상대방이 당신의 움직임에 어떻게 대처할까? 그들은 이미 어떤 계획이 있을까? 이러한 새로운 상황에 직면했을 때 그들은 어떻게 변할까? 예를 들어 당신 회사가 새로운 운동화 라인을 도입할 계획이라면 경쟁업체는 제품 가격을 인하하거나 새로운 라인을 만들어 대응할 것이다. 당신 조직의 행동이 공백 상태에서 실행되는 게 아니라는 점을 유념해야 한다. 기획자들은 그런 상황을 너무 자주 가정한다.

이런 활동을 가능한 한 몰입한 상태에서 현실감 있게 수행하라. CIA의 레드셀과 이스라엘의 이프차 미스타브라는 이런 종류의 분석을 수행할 때 자신들의 분석가들에게 적의 가상 인물을 채택하도록 지시한다. 그들은 시리아 대통령이 작전 참모에게 지시하는 공식 문서 또는 테러리스트 지도자의 개인 일지에서 입수한 형식으로 자신의 보고서를 제출할 것이다. 당신의 레드팀도 가능한 범위 내에서 이런 방식으로 작업을 수행해야 한다. 레드팀원들에게 상대방의 관점에서 그들의 특이한 용어, 로고, 글꼴을 사용하여 보고서를 작성하게 하라. 레드팀이 그 역할에 깊이 빠져들수록 더 뛰어난 분석이 나올 것이다.

자신의 강적 되기의 목표는 경쟁자가 취할 가능성이 있는 모든 행동 경로를 탐색하는 게 아니다. 경쟁자의 과거 행위와 현재 선호도에 대해 레드팀이 수행한 객관적 분석을 토대로 가장 그럴듯한 한 가지 행동을 탐색하는 것이 목표다. 레드팀 리더 또는 지정된 기록 담당자는 시나리오가 어떻게 펼쳐지는지 세밀하게 기록하여 최종 보고서에 포함시켜야 한다. 이런 보고서는 경영진과 기획자가 위험과 기회를 더 잘 평가하도록 도움을 준다.

일부 회사는 잠재 고객에게 최종 입찰 가격을 제출하기 전에 이 기법을 사용하여 레드티밍을 수행한다. 레드팀에 당신의 제안서를 제공하고 레드팀이 고객이라고 상상해보라고 한 다음, 고객들이 왜 당신의 제안을 거절할지를 생각하도록 요청하라. 그들이 거절할 때 무자비해지도록 권장하고 가능한 한 구체적으로 거절하도록 권장하라. 그런 다음 영업팀에게 레드팀이 제기한 문제를 다루는 제안서를 다시 작성하라고 요청하라. 나는 정부 계약에 입찰할 때 이미 이 작업을 수행하는 몇몇 회사를 알고 있다. 모두들 이 작업을 통해 회사의 낙찰 확률을 크게 높였다고 내게 말했다.

일부 회사는 이미 이 작업을 실용화하고 있다. 내가 함께 일한 어느 주요 기업은 모든 지역 및 모든 주요 경쟁업체에 대한 '전략실'을 만들었다. 이 전략실은 해당 국가 또는 해당 경쟁자의 입장에서 생각하기 위해 최선을 다하는 수석 전략가들로 구성되어 있다. 전략실의 벽은 그들이 찾을 수 있는 수많은 정보와 기밀 자료로 도배되어 있을 정도다.

매달 개최되는 이사회에서 회사의 임원들은 전략실 중 하나를 방문해 몇 시간씩 머물면서 자신의 계획을 경쟁업체의 계획과 비교하고 약점과 기회를 모두 찾아낸다.

제4장에서 언급한 보험 회사는 자신의 강적 되기를 더욱 확장시켰다.

"CFO는 우리에게 '당신의 임무는 가능한 한 빨리 우리 회사를 침몰시키는 거요. 준비됐으면 당장 시작해요!'라고 말했습니다. 우리는 실제로 우리 회사를 사업에서 퇴출시킬 두 가지 방법을 발견했습니다. 그리고 우리의 경쟁업체 중 하나가 실제로 이러한 전략을 추구하기 시작했습니다." 보안상의 이유로 익명을 요청한 이 회사의 레드팀 리더가 말했다. "그것이 우리 회사가 이만큼 성공한 이유입니다. 또한 이 작업은 매우 재미있습니다. 우리의 최고 경영진이 익숙해져야 했던 한 가지 사항은 우리가 이 일을 너무 좋아한다는 겁니다."

SWOT 분석

이 기법은 비즈니스 세계에서 차용했다. 수많은 비즈니스 스쿨에서 가르치고 있으므로 이미 독자들도 익숙할 것이다. SWOT 분석은 계획의 강점 Strengths, 약점 Weaknesses, 기회 Opportunities, 위협 Threats을 파악하고 평가하도록 설계되었다. SWOT 분석은 계획 프로세스 초기에 수행될 때 가장 가치가 있다. 이를 통해 레드팀은 조사 결과를 세부 계획에 반영할 시간이 있을 때 기획 담당자와 공유할 수 있다. 또한 그룹, 사업 단위, 회사 전체에 대해 SWOT 분석을 수행할 수도 있다.

1단계: 네 가지 관점 기법과 마찬가지로, SWOT 분석도 사분면 차트를 그리는 것에서 시작한다.

강점 Strengths	약점 Weaknesses
기회 Opportunities	위협 Threats

2단계: 왼쪽 상단에 분석할 전략이나 그룹의 모든 강점을 나열하라. 이 계획은 회사를 위해 무슨 역할을 할 것인가? 이 계획의 성공 전망은 어느 정도인가? 이 계획이 다른 옵션보다 우월한 점 또는 이 회사를 경쟁업체보다 유리하게 만드는 점은 무엇인가?

3단계: 오른쪽 상단 사분면으로 이동하여 모든 약점을 나열하라. 이 계획에 대해 우려스러운 점은 무엇인가? 조직의 단점 또는 맹점은 무엇인가? 다른 옵션이나 다른 경쟁업체와 비교할 때 이 전략이나 그룹이 가진 단점은 무엇인가?

4단계: 왼쪽 하단으로 이동하여 모든 기회를 나열하라. 계획이 성공하면 무엇을 얻을 수 있는가? 그룹이 자신의 이익을 위해 무엇을 이용할 수 있는가? 성공 또는 미래의 성장을 위해 회사가 더 수행할 수 있는 일은 무엇인가?

5단계: 오른쪽 하단 사분면으로 이동하여 전략 또는 조직에 대한 모든 위협을 나열하라. 계획의 실패를 유발할 수 있는 요인은 무엇인가? 어떤 세력이 반대하고 있는가? 누가 방해하려고 시도하는가? 계획이 잘못될 수 있는 지점은 어디인가? 어떻게 회사의 발전이 저해될 수 있는가? 경쟁 환경이나 시장에는 어떤 위험 요소가 있는가?

6단계: 레드팀이 차트 작성을 완료하면 결과를 연구하고 조직의 계획 담당자와 공유하라.

여러 참여자와 관련된 상황을 레드티밍하고 있다면, 각각 다른 SWOT 분석 차트를 작성하여 서로 다른 그룹의 관점에서 상황을 평가하는 것이 유용할 수 있다.

SWOT 분석은 다른 레드티밍 도구처럼 강력하지는 않지만, 레드티밍 활동을 시작하기에 좋은 기법이다. 특히 레드팀이 문제를 해결할 최선의 방법

SWOT 분석 차트의 예
목표: 우리는 가장 큰 경쟁업체인 X사를 인수해야 한다.

강점	약점
우리의 시장 점유율은 두 배가 될 것이다. 우리는 시장 지배적 참여자가 될 것이다. 우리는 더 큰 규모의 경제를 누릴 것이다. 우리는 더 경쟁력 있는 가격을 제공할 수 있을 것이다.	우리의 부채가 상당히 증가할 것이다. 우리 직원이 너무 많이 늘어날 것이다. 새로운 비즈니스 영역으로 확장하기 위한 계획을 연기해야 할 것이다.
기회	위협
우리는 시장을 지배할 수 있다. 중요한 신규 고객을 확보할 수 있다. 이익을 증가시킬 수 있다.	우리의 문화가 충돌할 수 있다. 두 관리팀을 통합해야 한다. 일부 고객은 다른 옵션을 탐색할 기회로 사용할 수 있다.

을 찾아내기 위해 고심하고 있을 때 그렇다. 그러나 당신이 필요로 하는 대답이 문제를 해결할 최선의 방법일 때, 다섯 가지 이유 기법보다 더 좋은 도구는 없다.

다섯 가지 이유 기법

이 강력한 문제 해결 기법은 사실상 토요타가 개발했으며, 식스시그마 프로세스의 일부로 자주 사용된다. 그러나 다섯 가지 이유 기법이 레드티밍에 사용되는 방식은 당신에게 익숙한 방식과는 약간 다르다. 이 기법을 사용하여 품질 문제나 생산 과업을 해결하는 게 일반적이지만, 레드팀은 전략적 문제의 근본 원인을 파악하기 위해 이 기법을 사용한다.

믿을 수 없을 만큼 간단한 이 접근법은 토요타의 창업자인 토요타 사키치가 처음 제안했고, 전설적인 품질 관리 권위자 오노 타이치가 1950년대에 문서화했다. 오노는 다섯 가지 이유 기법을 토요타 생산 시스템의 자랑으로 만들었다. 이 기법은 어린 자녀를 둔 부모라면 누구나 익숙해야 한다. 왜냐하면 문제나 질문에 직면했을 때 "왜?"라고 다섯 번 물어보면 실제 원인을 발견할 수 있기 때문이다. 오노 타이치는 다음과 같은 예를 통해 다섯 가지 이유 기법을 자주 설명하곤 했다.

1. 로봇이 멈춘 이유는 무엇인가?
    → 회로에 과부하가 걸려 퓨즈가 끊어졌다.
2. 왜 회로에 과부하가 걸렸는가?
    → 윤활유가 부족해서 베어링이 멈춰버렸다.
3. 왜 베어링에 윤활유가 부족한가?
    → 로봇의 오일펌프가 충분한 오일을 순환시키지 못하고 있다.
4. 왜 오일펌프가 충분한 오일을 순환시키지 못하는가?
    → 펌프 흡입구가 금속 부스러기로 막혀 있다.
5. 왜 흡입구가 금속 부스러기로 막혀 있는가?
    → 오일펌프에 필터가 없기 때문이다.

출처: 토요타자동차 주식회사

오노 타이치는 "문제의 근본 원인이 최종 해결책의 열쇠다."라고 말하곤

했다. 위의 예에서 로봇에 오일을 바르면 다시 작동되기는 하지만 문제 자체가 해결되지는 않는다. 펌프 흡입구를 청소하면 단기간은 도움이 되지만 다시 막히면 문제가 재발한다. 진정한 해결책은 다섯 번째 '왜'라는 질문에 들어 있다. 오일펌프에 필터를 추가하여 앞으로는 막히지 않도록 조치를 취하는 것이다. 토요타 외에도 다섯 가지 이유 기법을 사용하는 회사가 많아지고 있다. 아마존도 그중 하나다. CEO인 제프 베조스는 이 기법의 열혈 팬으로 알려졌다. 전직 아마존 직원이었던 피트 아빌라Pete Abilla는 2004년에 이를 직접 목격했다. 당시 베조스는 회사의 거대한 유통센터 중 한 곳을 방문했을 때 어떤 직원이 손가락에 중상을 입었다는 사실을 알게 되었다.

제프가 회의에서 이 사실을 알았을 때, 그는 매우 혼란스러운 감정을 나타냈습니다. 처음에는 화를 내더니, 그다음에는 그 직원의 동료와 가족에게 매우 유감스러워하더군요. 그런 다음 그는 주목할 만한 행동을 했습니다. 자리에서 일어나 화이트보드로 걸어가더니 다섯 가지 이유 기법으로 질문을 던지기 시작했습니다. (내 기억에는 이런 질문이었어요.)

1. 왜 그 직원이 엄지손가락을 다쳤나요?
    → 엄지손가락이 컨베이어에 걸렸기 때문입니다.
2. 왜 엄지손가락이 컨베이어에 걸렸나요?
    → 운행 중인 컨베이어 위에 있는 자기 가방에 손을 뻗었기 때문입니다.
3. 왜 그가 가방에 손을 뻗었나요?
    → 가방을 컨베이어 위에 올려놓았는데 컨베이어가 갑자기 움직였기 때문입니다.

4. 왜 컨베이어 위에 가방을 올려놓았나요?
→ 그 직원이 컨베이어를 테이블로 사용했기 때문입니다.

그래서 직원의 엄지손가락이 손상된 근본적 원인은 그가 단지 테이블이 필요했다는 데 있었습니다. 주위에 테이블이 없었기 때문에 컨베이어를 테이블로 사용했던 거였어요. 앞으로의 안전사고를 예방하기 위해, 우리는 적절한 위치에 테이블을 설치하거나 직원들이 사용할 수 있는 가벼운 휴대용 테이블을 제공해야 합니다.

이 사례는 다섯 가지 이유 기법이 공장 현장에서 문제를 해결하는 데 얼마나 효과적인지를 잘 보여준다. 이와 동일한 접근법을 사용하여 레드팀에 자주 할당되는 어려운 전략적 질문에 대처할 수 있으며, 그 결과는 놀랄 만큼 성공적일 수 있다.

내가 함께 일하는 한 회사의 경영진은 자신의 회사가 《포춘》 선정 500대 기업에 대한 판매 목표를 계속 놓치고 있는 이유를 파악하려 했다. 이러한 대기업들에 대한 비즈니스를 증대시키는 것이 회사 성장 전략의 핵심 요소였지만 계속 부진했기 때문이다. 중소기업을 대상으로 한 판매 목표 달성에는 아무런 문제가 없었음에도 말이다. 내가 참여하기 전에 경영진은 자사의 핵심 제품에 대기업이 매력을 느끼지 못하는 어떤 문제가 있는 게 아닐까 우려했고, 그 문제가 무엇인지 알아내려 애쓰고 있었다. 그러나 다섯 가지 이유 기법을 활용하여 우리는 문제의 근원이 다른 곳에 있다는 걸 발견했다.

우리의 분석은 다음과 같이 진행되었다.

질문 1: 왜 우리 판매직원들이 포천 500대 기업에 판로를 개척할 수 없는가?
  → 대기업에 제품을 판매할 만큼 충분한 제품 지식을 갖추지 못했기 때문이다.

질문 2: 왜 대기업에 판매할 만큼 충분한 지식을 갖추지 못했는가?
  → 적절한 교육 훈련을 받지 못했기 때문이다.

질문 3: 왜 적절한 교육 훈련을 받지 못했는가?
  → 우리의 프랜차이즈가 교육 비용을 제대로 지불하지 않기 때문이다.

질문 4: 왜 우리의 프랜차이즈가 교육 비용을 제대로 지불하지 않는가?
  → 자본이 부족하기 때문이다.

질문 5: 왜 그들의 자본이 부족한가?
  → 프랜차이즈 계약 비용으로 인해 수익을 충분히 확보할 수 없기 때문이다.

 판매에 관한 질문으로 시작된 것이 최종적으로는 회사의 프랜차이즈 모델에 심각한 문제가 있다는 사실로 귀결됨을 알 수 있다. 이런 사실을 파악한 내 고객은 프랜차이즈 계약을 수정하여 가맹점이 직원 교육에 수익을 투자하면 더 많은 수익을 확보할 수 있도록 했다. 결국 프랜차이즈와 회사 모두가 원하는 목표를 이룬 승리자가 되었다.

 이번 장에서 설명한 다섯 가지 이유 기법 및 기타 상상력이 넘치는 기법들은 비즈니스가 가진 문제점의 진정한 성격뿐만 아니라 비즈니스 자체의 미래에 대한 강력한 통찰력을 제공할 수 있다. 이러한 도구는 당신이 고객, 경쟁업체, 기타 중요한 이해관계자를 더 잘 이해할 수 있도록 도움을 준다. 또한 블록버스터를 파국으로 몰고 간 실수를 피할 수 있도록 해준다.

그러나 전략을 실제로 스트레스-테스트하고 계획을 한계 상황까지 밀어붙이려는 경우에는 그 전략이나 계획을 갈기갈기 찢어버릴 만큼 철저하게 분석할 마음의 준비가 되어 있어야 한다. 이를 실행하려면 다음 장에서 설명할 역발상적 기법이 필요하다.

제8장

모든 것에 도전하기:
역발상적 기법

> 갈등은 생각의 선동꾼과 같다. 관찰하고 기억하도록 우리를 휘젓는다.
> 발명하도록 자극한다. 양과 같은 수동성에서 벗어나도록 우리에게 충격
> 을 가하며, 우리가 주목하고 고안하도록 만든다.
> – 존 듀이

2007년 봄, 미국 주택 시장은 곤경에 처했다. 우려할 만큼 많은 미국인이 담보대출 상환을 이행하지 못했다. 이 대출의 대부분은 10년 전이었다면 승인되지 않았을 서브프라임 대출이었다. 그러나 주택 시장은 달아올랐고 집 값이 오르면서 대출 요건이 계속 완화되었다. 마침내 거품이 터져버렸을 때, 이 의심스러운 대출을 뒷받침해준 금융 회사들은 빈털터리가 되었다. 그해 3월까지 리먼 브라더스는 월스트리트의 사랑을 한 몸에 받고 있었다.

《포춘》 매거진은 리먼을 증권업계에서 가장 존경받는 회사로 등극시켰다. 골드만 삭스, 모건 스탠리, 메릴 린치보다도 높은 순위였다. 2월에 리먼 브라더스 주가는 사상 최고치인 86.18달러를 기록했고, 시가 총액은 600억 달러에 이르렀다. 그러나 3월 13일, 리먼 브라더스가 1분기 실적을 발표하기 하루 전날 주주들은 패닉에 빠지기 시작했다. 리먼의 주가는 5년 만에 가장

큰 하락을 기록했다. 이 폭락은 다가올 사태의 징후였지만 무시되었다.

다음 날, 예상보다 나은 결과를 발표한 후 리먼 브라더스의 최고재무책임자 크리스 오메라Chris O'Meara는 애널리스트들에게 점차 불안정해지는 서브프라임 모기지 시장에 리먼이 노출되었다는 우려는 지나치게 과장된 것이라고 말했다. 리먼 브라더스는 상황을 주의 깊게 모니터링하고 있으며, 연체 증가로 인한 위험은 '잘 관리되고 있다'고 덧붙였다.

"서브프라임 사업 자체는 경제에 커다란 문제를 일으키지 않을 겁니다." 크리스 오메라는 월스트리트 최고 엘리트들과의 전화 회의에서 자신 있게 선언했다. "다른 분야의 신용 상태는 매우 견고합니다."

그뿐만 아니라 리먼 브라더스는 점점 증가하는 서브프라임 부도 사태를 오히려 긍정적인 잠재력으로 보았다.

"우리는 시장 혼란에서 다양한 기회를 기대합니다." 크리스 오메라는 당당하게 말했다.

통화가 끝날 무렵 리먼 브라더스의 주식은 반등했다. UBS의 애널리스트 글렌 쇼어Glenn Schorr는 크리스 오메라의 낙관적 분석에 안도감을 표명하면서 대부분의 동료를 대변해서 이렇게 말했다. "우리 모두는 좀 더 편안하게 상황을 바라보고 있습니다."

리먼 브라더스의 낭떠러지를 향한 행진은 계속되었다. 나머지 글로벌경제가 그 뒤를 바짝 따르고 있었다.

레드팀의 도움이 있었다면 리먼의 상황은 크게 달라질 수 있었을 것이다. 실제로 서브프라임 부도율에 대한 접근이 더 어려웠던 다른 회사조차도 여전히 반응할 시간이 있는 동안 위험을 파악할 수 있었다. 그 회사들 중 하나는 포드자동차였다. 크리스 오메라가 투자자들의 걱정을 대수롭지 않게 취급하기 한 달 전 포드의 수석경제연구원은 시장 분석을 실시했다. 서브프라임 모기지 부도 사태의 확산이 미국 경제 전체에 "심각한 위험을 야기할 가능성"이 있다고 결론지었다. 그 결과, 포드자동차는 현금을 비축하여 대차대조표를 건전하게 만드는 조치를 취해, 휘몰아친 폭풍을 견뎌낸 유일한 미국 자동차 회사가 되었다. 적어도 파산하거나 미국 납세자들의 구제금융을 받지는 않았다. 그러나 리먼 브라더스의 고위 경영진은 그런 가능성을 고려하는 것조차 내켜 하지 않는 듯했다. 그들이 What-If 분석이라는 레드티밍 기법을 활용했더라면 그런 가능성을 고려하는 데 도움을 받았을 것이다.

What-If 분석˙

이름에서 알 수 있듯이 이 기법은, 발생 확률은 낮지만 발생했을 경우 큰 영향을 미치는 사건의 결과를 탐색하기 위해 고안되었다. 강경한 비관론자 외에는 아무도 자신이 세운 최고의 계획에 혼란을 가져올 사건을 좋아하지 않는다. 대부분의 계획자는 그런 사건이 일어날 가능성이 거의 없음을 빠르게 지적하고 주제를 바꿔버린다. 그러나 크리스 오메라가 리먼 브라더스의 서브프라임 모기지 비즈니스에 대해 그랬듯 그들이 틀렸다면 어떻게 될까? What-If 분석은 계획자의 반발을 극복하고 그런 엄청난 사건이 실제로 발생하면 어떤 일이 벌어질지에 관해 조직이 냉철한 시각을 갖도록 압박하기 위해 고안된 것이다. 재앙 발생 가능성에 관한 사전 검시 분석과는 달

• 내가 'What-If 분석'이라고 부르는 이 기법은 실제로는 미 육군이 가르치는 세 가지 기법 〈What-If 분석〉, 〈고위험 저확률 분석〉, 〈변화의 이정표〉의 조합이다.

리 What-If 분석은 재앙의 결과를 다룬다. What-If 분석 기법으로 무장한 회사는 이러한 가능성을 다루기 위해 만약의 사태를 가정할 수 있으며(그리고 가정해야 하며), 더 나아가서는 처음부터 일어날 가능성을 줄이기 위해 자신의 계획을 수정할 수 있다. 또한 이 분석 기법을 사용하여 잠재적인 긍정적 발전 가능성을 모색할 수도 있다. 이런 발전은 일어날 가능성이 낮지만 만약 일어나면 당신 회사에 유용한 역할을 할 수 있다. 그렇게 함으로써 당신은 그 기회를 활용하여 더 유리한 위치를 차지할 수 있게 될 것이다.

What-If 분석은 다음과 같이 진행된다.

1단계: 레드팀에 검토 중인 계획이나 전략에 중대한 영향을 미칠 수 있는 사건을 상상해보도록 요청하라. 가능한 한 자세히 그 사건을 기술하는 것이 중요하다. 예를 들어, 당신이 서브프라임 모기지에 많은 자금을 투자한 은행이라 가정하고 미국 주택 시장의 붕괴가 주요 금융기관의 파산으로 이어져 세계경제 전체가 무너져버리는 시나리오를 작성할 수 있다.

2단계: 그 사건이 당신의 조직, 경쟁업체, 주요 이해관계자 및 비즈니스 환경 전체에 영향을 미칠 수 있는 다양한 방법을 생각해보라. 이들 각 영역에 대한 포괄적인 목록을 작성하라.

3단계: 그 사건이 발생할 수 있는 상황을 하나 이상 찾아내라. 이러한 시나리오를 각각 가능한 한 자세하게 기술하고 이 방향으로의 변화를 알리는 중요한 전환점이나 기타 관찰 사항을 주의 깊게 확인하라. 화이트보드나 두꺼운 용지에 이러한 다양한 경로를 매핑하여 한 사건의 전개가 다른 사건의 전개로 이어지는 방법과, 이러한 각 사건이 조직에 미치는 영향을 표시하라.

4단계: 사건을 한 방향으로 몰아가거나 사건의 추진력을 변화시킬 수 있는 잠재적 유발 요인에 대해 생각하라. 무엇이 갑자기 전개 방향을 바뀌게 할 수 있는가? 특정 최종 상태로의 진행 속도를 빠르게 하거나 늦출 수 있는 요인은 무엇인가? 이를 지도에 표시하라.

5단계: 이를 완료하면 지도를 분석하고 모든 변화의 이정표를 확인하라. 상황이 실제로 펼쳐지는 걸 당신이 파악할 수 있도록 이런 변화의 목록을 만들어라.

6단계: 긍정적인 결과를 유도하거나 적어도 부정적인 결과를 모면하게 하는 요소의 목록을 작성하라. 그와 동시에 조직이 이러한 방향으로 사건에 영향을 줄 수 있는 조치를 표시하라.

What-If 분석은 당신 조직이 내리는 결정이 제한된 정보 또는 입증할 수 없는 가정을 기반으로 하는 상황에서 특히 가치가 있다. 예를 들어, 당신의 주요 경쟁업체가 신임 CEO를 고용해서 기존 임원진을 해임하고 중요한 구조조정을 발표했다면 이는 당신 회사에 커다란 영향을 미치는 건 거의 확실하지만 그 영향의 실체가 즉각적으로 분명하게 드러나지는 않는다. What-If 분석이 이런 영향의 실체를 파악하는 데 도움을 줄 수 있다. 마찬가지로 당신은 경쟁업체가 주요 신제품을 출시하려고 하지만 그 신제품이 정확히 무엇인지, 시장 출시 시기가 언제인지는 확실하지 않다는 보고서를 받는 경우도 있다. 이런 경우에도 What-If 분석이 당신 회사가 그 상황에 대비하도록 도움을 줄 수 있다. 이 기법은 당신이 어떤 사건을 간과하는 걸 방지하고 당신 조직이 불확실한 미래에 대해 효과적인 대응책을 개발할 수 있도록 설계되었다. 그리고 급변하는 오늘날의 세계에서 미래는 대체로 불확실하며 앞으로 나아갈 길은 불명확한 경우가 많다.

우리 대 그들 분석*

당신 회사가 나아갈 최선의 방법을 찾는 데 도움이 되는 또 한 가지 방법은 내가 우리 대 그들 분석이라 부르는 기법을 활용하는 것이다. 이 접근법은 조직이 서로 다른 두 개의 행동 지침을 평가하는 데 도움을 주기 위해 고안되었다. 우리 대 그들 분석은 적어도 1960년대 초부터 미군에 의해 사용되었고, 두 가지 대안 중 하나를 결정하는 효과적인 도구로 입증되었다. 우리 대 그들 분석을 실행하려면 상당한 시간과 인력을 투입해야 하기 때문에 회사의 미래에 큰 영향을 미칠 수 있는 핵심적 논쟁 사항에만 사용하는 게 가장 좋다. 이 기법은 조직 내에서 오랫동안 합의가 되지 않은 문제점을 해결하는 데 특히 도움이 될 수 있다. 예를 들어, 고위 경영진 일부가 적극적으로 남아메리카로 확장하기를 원하는 반면 다른 파벌은 여기에 소요될 자금을 북미 공장을 현대화하는 데 사용하는 게 더 효과적이라고 생각한다면, 우리 대 그들 분석을 사용하여 이 두 제안을 모두 분석할 수 있고, 어느 제안이 당신

● 블루팀/레드팀 분석이라고 부르기도 한다.

회사가 장기 목표를 달성하는 데 도움이 되는지를 결정할 수 있다.

우리 대 그들 분석은 시간이 많이 걸리지만 단순하고 직관적인 프로세스다. 경합하는 두 제안을 각각 다른 그룹에 배정한 다음, 각 팀이 자신의 아이디어에 대해 실현 가능한 가장 설득력 있는 최고의 사례를 만들게 하라. 경합하는 제안이 셋 이상일 경우, 충분한 인원이 있다면 팀을 추가로 구성하여 각 제안을 담당하도록 할 수 있다. 각 팀에 분석을 수행할 고정된 시간을 부여하고, 가능하면 많은 출처에서 다양하고 객관적인 증거를 수집하여 사례를 뒷받침하도록 권장하라. 마감일이 되면 각 팀이 수석 리더십 팀에 제안서를 제출하게 하라. 수석 리더십 팀은 배심원 역할을 한다. 수석 리더십 팀은 최고의 증거로 뒷받침되는 가장 설득력 있는 주장을 제시한 분석 팀이 어디인지를 결정한다.

당신의 레드팀에 충분한 인원이 있다면, 우리 대 그들 분석을 자체적으로 수행할 수 있다. 레드팀을 두 개 이상의 그룹으로 나누기만 하면 된다. 그러나 이 프로세스에는 당신 조직의 정규 기획 인력도 포함할 수 있다. 그렇게 할 경우, 각 그룹에는 레드팀원과 정규 직원이 모두 포함되어야 한다. 회사 내에서 대안 중 하나를 선호하는 경향이 강한 사람들이 있는 경우 그들을 반대 의견을 대표하는 팀에 할당하라. 그렇게 하면 자신의 입장에 대해 비판적 사고를 하도록 강제할 뿐만 아니라 그룹이 스스로를 레드티밍하도록 만들 수 있다.

우리 대 그들 분석의 결과가 모든 사람을 기쁘게 할 수는 없지만 적어도 기각된 제안을 지지한 사람들이 자신들의 관점이 충분히 고려되었다고 느끼도록 해야 한다. 당신 조직이 정말로 논쟁의 여지가 많은 문제 때문에 고심하고 있다면, 모든 제안이 충분히 고려되었다는 느낌을 주는 것만으로도 이 분석을 수행할 가치가 있다.

악마의 옹호자

회사의 모든 구성원이 단 하나의 명확한 지향점이 있다는 데 동의하더라도, 여전히 그 계획에 의문을 제기하는 것이 좋다. 이를 수행하는 데 있어서 악마의 옹호자 기법보다 더 좋은 방법은 없다. 이 기법은 아마도 레드티밍 무기고에서 가장 오래된 무기일 것이고, 분명 가장 강력한 무기 중 하나일 것이다.

악마의 옹호자의 기원은 르네상스 시대로 거슬러 올라간다. 당시 로마가톨릭교회는 성인 결정 과정이 상당히 허술하다고 우려했다. 1500년대 초, 점점 엄격해진 기준에 따라 교황 레오 10세Pope Leo X는 교회가 시성(성인으로 올리는 일)에 대해 비판적 접근법을 취할 때가 되었다고 판단했다. 교황은 '신앙의 수호자promoter of the faith'라는 새로운 직책을 창설하라고 요구했다. 이 직책에 주어진 임무는 '가톨릭 교단의 명예를 지키기 위해 성인 후보자의 기적이나 미덕에 관한 경솔한 판단을 차단하고 모든 성인 지명指名에 도전하는 것'이었다. 이 직책의 책임자는 얼마 후 예부성성에서 가장 강력한 관리 중 한 명이 되었다. 또한 그는 악마의 옹호자라는 새롭고 덜 공식적인 호칭을 부여받았다.•

그의 임무는 일종의 영적 검찰로 행동하는 것이었다.

● 레오 10세는 이 직책의 창설을 요구한 첫 번째 교황이었지만, 공식적으로 창설된 것은 1587년 교황 식토스 5세 때다.

> 시복과 시성 과정에 대한 모든 기록이 그의 조사를 받기 위해 의무적으로 제출되어야 하며, 미덕과 기적에 대해 그가 제기한 문제점과 의구심은 회중 앞에 공개되어 시성 과정이 다음 단계로 진행되기 전에 성인 후보자가 충분히 해명하여야 한다. 소문으로 떠도는 기적 행위에 대해 자연스러운 설명을 제시하고, 심지어 영웅적 미덕으로 일컬어지는 행위에 대해 인간적이고 이기적인 동기를 제기하는 것이 바로 그의 의무다.

악마의 옹호자가 임무를 수행하게 되자, 새롭게 성인의 반열에 오른 인물의 수가 극적으로 감소했다. 시중에서 떠도는 기적 행위에 대해 합리적 설명이 제시되었고 선행이라고 알려진 행위가 뻔뻔스러운 자기 홍보일 뿐이라는 사실이 밝혀졌기 때문이다.•

제1장에서 설명한 바와 같이, 이스라엘은 1973년 제4차 중동 전쟁 이후 그들의 필요에 따라 악마의 옹호자를 창설했다. 군사 정보에 관하여, 가톨릭교회와 유사한 회의적 견해를 취하기 위해 이를 활용했다. 미국 CIA도 그랬고, 나중에는 미군도 마찬가지였다.

레드티밍에서도 악마의 옹호자 기법은 가톨릭교회와 매우 비슷한 방식으로 이루어진다. 그러나 성인 후보자를 죄인이라고 주장하는 대신, 레드팀의 임무는 조직 전략의 핵심적인 믿음이나 주장을 비판하면서 그 반대가 사실일 수 있는 가장 가능성 있고 설득력 있는 사례를 만드는 데 있다. 사람들이 조깅을 덜 하기 때문에 새로운 운동화의 판매가 부진하다고 당신 회사가 믿는다면, 레드팀은 조깅이 예전과 마찬가지로 인기가 있음을 증명하도록 노

• 교황 요한 바오로 2세는 시성 절차를 간소화하기 위한 노력의 일환으로 1983년 악마의 옹호자를 사실상 폐지했다. 이에 따라 새로운 성인의 수가 다시 한번 급증했다.

력해야 한다. 당신 회사가 X사를 인수할 계획을 세우는 경우, 레드팀은 X사를 인수하는 것이 끔찍한 재앙이 되는 이유를 보여주려고 노력해야 한다. 당신 회사가 서브프라임 모기지 시장의 붕괴 사태가 적색경보의 원인이 아니라고 믿는다면, 레드팀은 그 사태가 얼마나 위험한지를 보여주어야 한다.

레드팀은 옳을 필요가 없으며, 고등학교 토론 팀과 마찬가지로 자신이 취한 입장을 그대로 믿을 필요도 없다. 당신 조직이 이미 도출한 결론이 실제로 옳을 수 있다. 그러나 엄격히 악마의 옹호자 기법을 수행함으로써 당신은 그 결론이 정말로 사실인지 여부를 알게 될 것이다. 지배적인 생각에 결함이 있다면, 악마의 옹호자 기법이 그 결함을 드러낼 것이다. 이 기법은 잘못된 추론을 폭로하고, 간과되거나 잘못 해석된 중요한 정보를 밝혀내고, 초기 분석에 존재하는 허점을 찾아내는 가장 효과적인 방법 중 하나다.

악마의 옹호자 기법은 당신이 필요한 만큼의 시간 또는 당신이 절약할 수 있을 만큼 적은 시간만 할애해도 실행 가능한 간단한 프로세스다. 조직의 정규 직원이 결론에 도달하거나 작업가설을 세우는 데 사용한 모든 정보를 레드팀이 검토하게 함으로써 악마의 옹호자 기법을 시작하라. 그런 다음 동일한 데이터를 사용하여 원래 설명과 모순되는 주장을 작성하라. 또한 레드팀은 자체적인 조사를 수행하고 자신의 역발상적 주장을 뒷받침할 새로운 증거를 발견하려고 노력해야 한다. 레드팀의 임무는 옳은 대답을 찾는 것이 아니라 현재의 해결책이 잘못되었다는 걸 증명하는 것임을 명심하라. 분석을 완료한 후, 레드팀은 수석 리더십에 분석 결과를 제출해야 한다. 원래 분석가가 의존한 취약한 가정뿐만 아니라 원래 계획자가 과소평가했거나 무시한 증거를 특별히 주의를 기울여 강조해야 한다.

미 육군 방위군 소속의 잔 아놀드Jeanne Arnold 대령은 악마의 옹호자 기법에 대해 충실히 교육받았다. 그는 2008년 아프가니스탄에 배치되어 제82공수부대의 레드팀을 이끌었을 때 그 기법을 적용할 준비가 되어 있었다. 그러나 제82공수부대는 그녀를 맞이할 준비가 되어 있지 않았다. 그녀는 투 스트라이크를 받은 상태였다. 즉, 그녀는 여성이었고 강하 기장을 가슴에 달고 있었지만 다른 종류였다. 그녀의 기장은 조종사 강하 기장이었다. 이 전설적인 공수부대의 낙하산 대원을 위한 명예훈장인 공수 강하 기장이 아니었다. 그녀의 원래 보직은 헬리콥터 조종사였다. 제82공수부대의 참모장이 그녀의 명령을 수행하면서 얼굴을 찌푸리는 걸 보았을 때, 아놀드 대령은 새롭게 창설된 상설 레드팀 리더의 직책을 맡게 된 것이 세 번째 스트라이크라는 걸 깨달았다.

"대령님이 하시는 일이 정확히 뭡니까?" 참모장이 아놀드 대령에게 물었다.

잔 아놀드 대령은 레드팀이 무엇이고 어떻게 도움이 될 수 있는지 설명하기 위해 최선을 다했다. 하지만 참모장이 그 말을 제대로 이해하지 못하는 게 분명했다. 그는 아놀드를 과대평가된 인류학자라고 생각했고 미국이 수행하는 테러와의 전쟁에서 아프간 부족을 징발하기 위해 데이비드 퍼트레이어스 장군이 제안한 새로운 전략에 대해 이야기하기 시작했다. 이라크에서 퍼트레이어스 장군은 시아파가 지배하는 바그다드 중앙 정부를 우회해서 지역 종족 지도자들과 직접 협력함으로써 현지의 수니파 민병대가 알카에다와의 전쟁에 동참하도록 설득했다. 이제 퍼트레이어스 장군은 두 개의 전쟁을 모두 수행하고 있었고 비슷한 접근법이 아프가니스탄에서 성공할 수 있기를 희망했다.

"퍼트레이어스 장군은 우리가 이라크에서 수행했던 것과 동일한 현지 전략을 이곳 아프가니스탄에서도 수행하기를 원합니다." 참모장이 아놀드 대령에게 말했다. "우리가 아프간 부족에 대해 아직 모르고 있는 걸 우리에게 알려주시는 게 어떻겠습니까?"

그것이 바로 잔 아놀드 대령과 그녀의 레드팀이 한 일이다. 그들은 퍼트레이어스 장군의 현지 전략에 대해 악마의 옹호자 기법을 수행하여 그 일을 해냈다. 레드팀의 분석은 왜 그 전략이 아프가니스탄에 적용되기가 쉽지 않은지를 보여주었다. 아놀드 대령의 레드팀은 아프간 부족을 연구하여 그들의 평등주의적 구조가 이라크에서 퍼트레이어스 장군과 함께 일했던 아랍 부족의 계급적 사회조직과는 매우 다르다는 걸 빠르게 깨달았다. 이라크에서 미군은 지역사회에 재건 프로젝트 자금을 제공함으로써 부족 지도자들을 자기편으로 끌어들일 수 있었다. 그 대가로 부족 지도자들은 그들의 민병대에 알카에다를 이라크 영토에서 몰아내기 위한 연합군의 작전을 지원하라고 명령했다. 그러나 아프간 부족 지도자들에게는 그런 권위가 없었다. 이를 비롯한 다른 몇 가지 중요한 차이점은 퍼트레이어스 장군의 현지 부족 전략이 아프가니스탄에서 실패할 운명에 처했음을 의미했다.

잔 아놀드 대령의 상관은 처음에는 그녀의 연구 결과에 화를 냈지만, 아프간 부족 지도자를 매수하려는 시도가 실패로 돌아감으로써 레드팀이 제기한 우려가 매우 타당하다는 걸 알았다. 아놀드 대령의 분석은 퍼트레이어스 장군에게 전달되었고, 퍼트레이어스 장군은 이미 레드티밍의 열혈 지지자가 되어 있었다. 그는 현지 부족 전략을 폐기했고, 3년 후 아프간 전쟁을 존 알렌John Allen 장군에게 인수인계했다. 퍼트레이어스는 자신의 후임자에게 새로운 군사 계획을 공개하기 전에 먼저 레드팀의 분석을 거치라고 권고했다. 알렌 장군도 2013년 아프가니스탄에서 조셉 던포드 장군에게 다국적군 지휘권을 인계했을 때 동일한 조언을 했다.

가장 혁신적이고 파격적인 회사란 자신이 하는 모든 일에 끊임없이 의문을 제기하는 회사다. 아마존은 이런 유형의 역발상적 사고를 자신의 DNA에 새겨 넣고 있다. 처음부터 제프 베조스는 CEO인 자신에게 도전할 것을 임원들에게 요청했을 뿐만 아니라 회사가 수행하거나 계획하는 거의 모든 일에도 도전할 것을 촉구했다. 아마존 임원에게 중요한 주의 사항은 단 한 가지뿐이다. 그건 바로 데이터가 제대로 백업되는지 확인하라는 것이다.

가장 비판적인 사고방식은 아마존의 비밀 사내 벤치마킹팀에서 나온다. 이 팀은 아마존의 여러 사업부를 분석하고 그 실적을 내부 및 외부 경쟁자와 비교하는 업무를 담당한다. 이들의 보고서는 종종 날카로운 비판과 어려운 권고를 포함하는 민감한 문서이므로, 벤치마킹팀은 고위 경영진에게 보고서를 제출하기 전 모든 가능한 반대 의견을 고려하려고 매우 고심한다.

"우리 팀에는 악마의 옹호자 역할을 하는 사람이 있습니다." 벤치마킹팀 리더 중 한 명이 내게 말했다. "그는 정말 어려운 질문을 던지기 위해 존재합니다. 그의 임무는 기본적으로 우리 팀이 해온 일에 허점을 찾아내는 것입니다."

벤치마킹팀 구성원들은 이런 비판을 환영한다. 왜냐하면 그런 비판이 최종 보고서가 사업부 리더와 다른 고위 임원에게 제출될 때 당연히 그들에게 맹렬히 날아올 질문에 대비하도록 해주기 때문이다.

"우리는 먼저 내부적으로 그 질문을 던집니다. 데이터에 차이가 발견되면 악마의 옹호자가 '왜 이런 문제를 해결할 수 없었습니까?'라고 묻습니다. 악마의 옹호자는 비즈니스 리더가 물을 수 있는 모든 질문을 예상하려고 노력합니다. 그는 이를 위해 보고서를 수십 번씩 검토합니다." 아마존 임원이 설명했다. "그건 정말 도움이 됩니다. 우리는 비즈니스 현실에 있어서 스스로 발견하지 못하는 사각지대를 가지고 있는 경우가 종종 있습니다. 악마의 옹호자에게 먼저 보고서를 검토하도록 함으로써, 우리가 사각지대를 없애기 위해 필요한 모든 노력을 다했는지 확인하는 데 도움이 됩니다. 또한 악마의 옹호자는 우리가 뭔가를 놓치지 않고 문제의 핵심에 정말로 도달했는지 확인하는 데에도 도움이 됩니다."

많은 비즈니스 리더가 이런 역발상적 역할을 수행할 천부적인 능력을 갖고 있다. 제프리 다이어Jeffrey Dyer, 할 그레거센Hal Gregersen, 클레이턴 크리스텐센Clayton Christensen 교수는 파격적인 비즈니스 전략의 기원을 밝혀내기 위한 6년 동안의 연구에서 이를 확인했다.

그들은 2009년 《하버드 비즈니스 리뷰》에 기고한 "혁신적인 기업가들은 악마의 옹호자 역할을 수행하는 걸 좋아한다."라는 제목의 기사를 통해 자신들이 발견한 내용을 공유하면서 결론을 뒷받침하는 몇 가지 사례를 다음과 같이 제시했다.

> 혁신가들은 끊임없이 일반적인 고정관념에 도전하는 질문을 던진다. 타타그룹의 라탄 타타Ratan Tata 회장이 말했듯이 "의심할 수 없는 것에 질문을 던지는" 것이다. 이베이의 전직 CEO인 메그 휘트먼Meg Whitman은 이베이, 페이팔, 스카이프의 창업자를 비롯한 수많은 혁신적인 기업가와 직접 협력해왔다. "그들은 현재 상황을 뒤엎는 데서 쾌감을 느낍니다." 타타 회장이 우리에게 말했다. "그들은 현상 유지를 견딜 수 없어요. 그래서 세상을 바꾸는 방법에 대해 생각하면서 엄청난 시간을 보냅니다. 그리고 그들은 브레인스토밍을 하면서 이렇게 묻는 걸 좋아합니다. '우리가 이걸 한다면 무슨 일이 일어날까?'"

우리가 인터뷰한 혁신적인 기업가들 중 대부분은 자신이 새로운 벤처에 대한 영감을 얻은 시기에 던졌던 구체적인 질문을 기억하고 있었다. 예를 들어, 마이클 델Michael Dell은 델 컴퓨터를 설립하려는 아이디어가 왜 컴퓨터 가격이 부품 가격 합계보다 다섯 배나 비싼지를 스스로에게 묻는 질문에서 비롯했다고 말했다. "나는 컴퓨터를 자주 분해했어요. 그리고 600달러 상당의 부품들이 조립되어 3000달러에 팔린다는 걸 알게 되었죠." 이 문제를 고민하면서 그는 자신의 혁명적 사업 모델을 착안했다.

"제 학습 과정은 항상 제가 들은 것에 동의하지 않고, 반대 입장을 취하고, 다른 사람들이 스스로를 정말로 올바르게 바라보도록 밀어붙이는 것이었습니다." 이베이 설립자 피에르 오미다이어Pierre Omidyar가 우리에게 말했다. "내가 그렇게 하자 다른 아이들이 매우 불만을 가졌던 게 기억납니다." 자기 자신 혹은 다른 사람들에게 완전히 다른 대안을 상상해보라는 질문을 던지는 것이 진정으로 독창적인 통찰력으로 이어질 수 있다.

역발상적 생각에 몰입하는 건 혁신가들만이 아니다. 그들에게 자금을 대는 사람들도 종종 그렇게 한다. 내가 미국의 벤처캐피탈 기업 KPCB의 전직 인사담당 책임자였던 노버트 고텐버그Norbert Gottenberg에게 악마의 옹호자 기법과 What-If 분석을 설명하자, 그는 이러한 분석 기법이 자신이 근무했던 전설적인 실리콘밸리 벤처캐피털 회사 KPCB가 향후 투자를 결정하는 데 사용했던 방법론과 매우 흡사하다고 말했다.

"우리는 벤처기업가들을 정말로 끝까지 몰아붙이곤 했어요. 그들에게 질문 폭탄을 퍼부었습니다. 이 기술이 가진 위험 요소는 뭐냐? 상업적 성공 가능성은 어느 정도냐? 자금 조달 측면에서 계속적으로 필요한 돈이 정말로 얼마냐? 당신 기술과 경쟁할 수 있는 다른 기술은 뭐냐? 누가 당신 분야를 위협할 것 같으냐? 등등." 고텐버그가 설명했다. "우리 경영진은 벤처기업의 모든 가정을 살펴보고 허점을 찾아내려고 했습니다. 우리의 투자 시스템은 모든 경쟁 위협과 성공의 모든 장애 요소를 식별하도록 설계되었습니다. 경영진은 '이건 모든 걸 말아먹을 아이디어에요.'라고 말하곤 했어요. 그들은 벤처기업가를 좌절시키려고 노력했습니다. 왜냐하면 가능성이 없는 기업에 돈을 써버리면 다음 큰일에 투자할 수가 없기 때문입니다."

KPCB의 심사 프로세스는 몇 시간이 걸릴 수도 있었고, 때로는 며칠이 걸릴 수도 있었다. 이런 날카로운 심사를 견뎌내고 경영진의 모든 우려를 성공적으로 불식시킨 벤처기업가들은 수천만 달러의 수표를 받아들고 돌아갔다. 거기에는 구글, 우버, 트위터, 아마존이 포함되어 있다. KPCB의 질문 세례를 못 견딘 사람들은 고개를 절레절레 흔들면서 작별 악수를 하고 샌드힐 로드에 있는 다른 벤처 캐피탈 회사로 발걸음을 돌렸다.

VNIM(본 넬슨 투자자문회사)의 스콧 웨버Scott Weber와 그의 동료들 또한 악마의 옹호자 기법을 사용하여 자신의 투자 전략을 평가한다.

"대부분의 회사들처럼 '어떻게 이 투자를 통해 돈을 벌 수 있을까?'라고 스스로에게 묻는 대신, 우리는 '어떻게 돈을 잃을 수 있을까?'라고 스스로에게 묻습니다." 스콧 웨버가 말했다. "우리가 투자 후보 기업을 신뢰하게 되면, 그런 편견을 극복하기가 어렵습니다. 악마의 옹호자 기법은 우리가 그걸 극복하도록 도와줍니다."

리먼 브라더스가 2007년 그들의 서브프라임 모기지 전략에 이런 종류의 역발상적 분석을 활용했다면 어떻게 되었을지 상상해보라. 그리고 오늘 이 기법이 당신의 비즈니스를 위해 할 수 있는 일을 상상해보라.

제9장

기법의
결합

> 아무도 미래를 보장할 수는 없다. 우리가 할 수 있는 최선의 방법은 기회를 판단하고, 관련된 위험을 계산하고, 이를 다루는 우리의 능력을 평가한 다음 자신 있게 계획을 세우는 것이다.
>
> – 헨리 포드 2세

 레드팀에 '올바른 방법'이란 없다. 레드팀이 채택하는 기법과 그 기법을 사용하는 순서는 문제의 성격, 사용 가능한 시간, 조직이 계획 과정에 있는 곳, 그리고 조직이 레드티밍에 할애할 수 있는 자원에 따라 달라진다.

 당신이 잠재적인 합병을 분석하고 있다면, 경쟁 가설 분석은 큰 위력을 발휘하지 못할 것이다. 당신 회사가 오늘 오후 5시까지 제안된 거래에 대한 결정을 내려야 하는 경우라면 진주 목걸이 분석을 시작할 이점이 없다. 이 분석을 올바르게 수행하려면 시간이 걸리기 때문이다. 당신이 유럽에서 판매 목표를 놓치는 이유를 파악하는 중이라면 악마의 옹호자 기법을 활용할 필요가 없다. 레드팀에 팀원이 세 명뿐이고 다른 직원을 차출할 수 없는 경우라면 더 많은 사람이 필요한 우리 대 그들 분석은 아마도 제외시켜야 할 것이다.

그래서 나는 레드티밍을 과학인 동시에 예술이라고 부른다.

예술의 중요한 부분은 사용할 도구와 그 도구를 사용할 시기를 아는 것이다. 레드티밍 도구 키트를 골프 가방이라고 생각해보자. 가방에는 드라이버, 우드, 아이언, 웨지, 퍼터가 들어 있다. 모든 골퍼가 클럽 대부분을 소지하고 있다. 골퍼 대부분은 클럽 전부를 소지하고 있다. 필드에서 성공하려면 클럽을 올바르게 사용하는 방법을 알아야 한다. 하지만 이는 공식의 일부일 뿐이다. 좋은 골퍼가 되려면 클럽을 언제 어디서 사용해야 하는지 잘 알아야 한다. 짧은 파 3홀에 숙련된 골퍼는 7번 아이언과 퍼터 두 개만 사용할 것이다. 긴 파 5홀에서는 드라이버, 페어웨이 우드, 아이언, 웨지, 퍼터를 사용할 것이다.

레드티밍의 예술은 언제 멈출지 아는 데 달려 있다.

앞서 언급했듯이, 행동이 요구될 때 레드티밍은 그 행동의 경로에 결코 끼어들면 안 된다. 그러나 즉시 결정하지 않아도 된다고 해서 레드팀이 문제를 무한정 파고들도록 반드시 허용해야 한다는 걸 의미하지는 않는다. 레드팀원들은 그런 유혹을 떨쳐야 한다. 레드티밍만으로도 충분하다. 그 이상은 불필요하다. 그러나 당신이 충분히 레드티밍을 수행했는지 언제 알 수 있을까? 일반적으로 레드티밍에는 외부적인 시간 제약이 있다. 결정을 내려야 하고 방아쇠를 당겨야 한다. 그런 단호한 중단이 없다면, 레드팀은 스스로 활동의 마감 기한을 정해야 한다.

"레드티밍은 반복적으로 수행하는 것이 가장 좋다." 영국 국방부의 〈레드티밍 가이드〉에 나오는 말이다. "레드티밍은 프로젝트 전반에 걸쳐 수행되어야 하며, 레드팀의 결과물은 중요한 결정을 돕기 위해 적절한 시점에 제공되어야 한다. 레드팀에 주어진 과제는 대개 복잡한 문제를 다루는 것이다. 또한 레드팀이 핵심 문제에 집중하는 것도 중요하다. 레드팀은 양보다는 질 좋은 판단력을 제공해야 한다."

그렇다면 실제 레드티밍 수행은 어떻게 이루어질까? 실제 비즈니스 문제의 사례를 통해 어떻게 현실의 레드팀이 문제 해결을 도왔는지 알아보자.

아무도 원하지 않은 햄버거

1990년대 미국 소비자들은 점점 더 건강에 관심을 갖게 되었고 음식에 대한 취향도 더욱 수준 높아졌다. 그건 맥도날드에 나쁜 소식이었다. 맥도날드는 고칼로리, 고지방, 고감미료 제품 메뉴로 수십 년 동안 패스트푸드 업계를 지배해왔다. 단맛에 중독된 어린이들은 여전히 해피밀을 좋아했지만, 어른들은 간단한 식사를 다른 곳에서 해결했다. 이 때문에 맥도날드의 햄버거 판매가 급감했다. 1996년 맥도날드는 "빅맥 이후 가장 획기적인 신제품"이라고 부른 아치디럭스를 출시했다.

하얀색 가운을 입은 맥도날드의 '수석 주방장'이 텔레비전 광고에서 설명했듯, 아치디럭스는 겨자 소스와 후추로 양념한 베이컨과 감자롤을 특징으로 하는 '맛의 교향곡'이 될 걸로 기대를 모았다. 맥도날드의 표현처럼 '중후한 맛을 가진' 이 햄버거는 어른들에게 인기를 끌 것으로 예상됐다. 이를 증명하기 위해 맥도날드는 아이들이 찡그린 표정을 지으며 새로운 햄버거를 외면하는 광고를 내보냈다.

한 맥도날드 프랜차이즈 가맹점 주인은 《월스트리트저널》에 이렇게 말했다. "우리는 맥도날드가 취약한 소비자 계층을 확보했다고 생각합니다. 전략적으로 우리는 올바른 방향으로 나아가고 있습니다."

하지만 맥도날드는 패스트푸드 역사에서 가장 거대한 재앙을 향해 나아가고 있었다. 아치디럭스는 회사가 목표로 했던 세련된 성인 고객을 유치하지 못했을 뿐만 아니라 엄청난 개발 비용과 마케팅 비용으로 무려 3억 달러를 날려버렸다. 아치디럭스가 조용히 메뉴에서 사라짐에 따라 맥도날드의 동일 매장 매출(13개월 이상 운영한 매장의 매출)은 회사 주가와 함께 계속 하락했다. 같은 해 9월 4일 《월스트리트저널》의 헤드라인이 이 모든 현실을 말해주고 있었다. "새로운 맥도날드 햄버거가 메뉴에서 사라지면서 주가를 얼어붙게 만들었다."

"문제는 세련된 식사를 위해 맥도날드에 가는 사람은 없다는 점이다. 편리함 때문에 갈 뿐이다. 이 편리함은 정확히 무엇을 기대해야 하는지를 아는 데서 나온다." 마케팅 전문가 매트 헤이그Matt Haig가 그의 책 《브랜드 괴담 Brand Failures》에서 설명한다. "맥도날드에 가는 사람들 대부분은 카운터에 도달하기 전에 뭘 주문할지 결정한다. 그들은 기본적으로 동일한 제품인 햄버거에 대해 수많은 변종으로 혼란을 겪는 걸 원치 않는다."

그렇다면 레드티밍은 어떻게 맥도날드가 이런 초대형 실수를 피하도록 도울 수 있을까?

당신이 1995년 아치디럭스가 처음 기획되었을 때 맥도날드의 레드팀을 이끌었다고 가정해보자. 이 신제품 전략을 분석하도록 요청받은 당신은 다양한 소비자 집단이 맥도날드라는 회사와 그 제품들을 어떻게 바라보고 있는지 더 잘 이해하기 위해 네 가지 관점 분석으로 시작했을 것이다. 이 분석으로 맥도날드가 목표로 삼은 소비자와 신제품 사이의 간극이 엄청 클 것이라는 점이 드러날 것이다. 주요 가정 검증은 아치디럭스의 성공 여부가 그

간격을 없앨 수 있는 회사의 능력에 크게 의존한다는 걸 강조했을 것이다. 맥도날드는 예상 소비자들에게 새로운 햄버거를 테스트하기 위해 막대한 시간과 노력을 들였으며, 그들 중 절반은 다른 걸 주문하겠다고 답했다고 주장했다. 이는 긍정적인 대답으로 들리지 않는다. 그러나 대답이 충분히 긍정적이었더라도, 회사의 전체 '프리미엄 제품' 전략을 유사하게 테스트하는 데는 실패했을 것이다. 악마의 옹호자 기법은 계획이 잘못되었다는 걸 밝혀냈을 것이고, 사전 검시 분석은 신제품의 실패로 인해 맥도날드의 브랜드 이미지와 주가에 미칠 후폭풍을 예측했을 것이다. 이 모든 기법을 통해 문제를 해결함으로써, 맥도날드는 수억 달러를 절약할 수 있었을 것이다. 이 자금을 기존 고객들이 맥도날드 매장을 더욱 자주 방문하게 만들 새로운 패스트푸드 제품을 개발하는 데 활용할 수 있었을 것이다. 그랬더라면 미국인들은 조금 더 뚱뚱해졌을 것이고 맥도날드의 대차대조표도 풍성해졌을 것이다.

팜의 추억

팜Palm을 기억하는가? 1990년대에 정말 유용했던 PDA를 처음 소개한 회사 말이다. 팜파일럿PalmPilot을 당시의 아이폰이라 부르는 건 과대평가일지 모르지만, 신기술에 민감한 사업가들에게는 그렇게 불릴 만했다. 곧 수많은 경영자가 주머니에 휴대할 수 있는 팜의 소형 전자 컴퓨터로 자신의 일정과 연락처를 관리했다. 최고급 모델은 전자 메일도 주고받을 수 있었다. 하지만 뒤이어 블랙베리와 아이폰이 등장했다. 2010년 팜은 자신이 창출하는 데 큰 역할을 한 시장에서 뒤처지고 말았다.

그해 4월 휴렛팩커드HP가 팜을 12억 달러에 인수한다고 발표한 건 조금 놀라운 일이었다. 그 금액으로 1년 전 세계 스마트폰 시장 점유율이 1.5%에 불과한 회사를 인수하는 건 과잉 지출로 보였다. 그것으로도 부족했는지 팜은 프로핏 워닝profit warning을 발표했고 해당 분기에 현금 2억 달러 이상을 허공에 날려버렸다. 그러나 HP는 불태울 자금이 있었고, 모바일 컴퓨팅과 스마트폰 시장에 진출하려는 불타는 열망이 있었다.

휴렛팩커드의 CEO 마크 허드Mark Hurd는 자사의 주력인 프린터를 인터넷 장치로 변모시키기 위해 팜의 특허받은 운영체제인 webOS를 사용하고 싶었다. 또한 그는 애플의 새로운 아이패드와 일대일로 경쟁할 수 있는 제품을 원했다. 팜은 1년도 안 돼서 그 제품을 내놓았다. 2011년 2월에 공개된 HP 터치패드를 기자들이 실제로 만져볼 수 없다는 사실이 우려를 불러일으켰지만, HP의 팜 인수가 의미가 있다는 걸 설득하기에는 충분했다. 적어도 그 제품이 그해 여름에 판매되기 전까지는 말이다. 소비자들은 그 터치패드가 무겁고, 느리고, 미완성이라며 불만을 터뜨렸다. 결국 그 태블릿은 끔찍한 재앙으로 입증되었다. HP는 불과 49일 만에 판매를 중단시켰다. 또한 HP는 팜이 설계한 다른 제품의 출시 계획도 취소했고, webOS를 누구나 사용할 수 있는 오픈소스로 전환하겠다고 발표했다. 2012년 2월 HP는 팜의 나머지 사업 분야를 LG전자에 매각했다. 매각 금액은 공개하지 않았다. 너무 작은 거래라서 양사는 투자자들에게 회사 재정에 중대한 영향을 미치지 않을 것이라고 확신시켰을 정도였다.

만약 HP가 계약서에 서명하기 전 레드팀에 팜 인수를 검토하도록 요청했더라면 어땠을까? 레드팀은 주요 가정 검증으로 시작한 후 확률 분석을 통해 그 거래가 회사에 미치는 위험이 얼마나 되는지를 분석했을 것이다. 그다음 레드팀은 가장 위험한 가정을 설정한 후 사전 검시 분석을 통해 그 인수합병이 실패로 이어질 수 있는 방법을 살펴보았을 것이다. What-If 분석을 통해 그 실패가 HP에 어떤 의미가 있는지 확인했을 것이다. SWOT 분석 또한 유용했을 것이다. 이 평가가 정직하게 수행되었다면, HP가 진입하기를 열망했던 모바일 컴퓨팅 사업에서 팜이 얼마나 뒤처졌는지를 정확히 밝혀냈을 것이다. 마지막으로, 레드팀은 악마의 옹호자 활동을 수행해 제안된 인수 건을 놓고 논쟁할 수 있었을 것이다. 그랬다면 HP의 이사회가 진지하게 생각할 기회가 있었을 것이다. 팜 인수가 완료된 후 한 달 만에 사퇴한 마크 허드의 고집을 꺾지는 못했겠지만.

전 세계를 달리는 택시 회사

차량 공유 서비스 업체 우버Uber는 2010년 여름 샌프란시스코에서 탄생했다. 1년 후 이 회사는 뉴욕으로 영업망을 넓혔다. 그 후 6개월 만에 파리로 진출했고, 전 세계의 택시 회사들은 곤경에 처했다. 5년 전만 하더라도 사람들은 택시가 얼마나 지저분한지, 택시 운전사가 얼마나 단정치 못한지를 중요하게 생각하지 않았다. 그런데 갑자기 이 도시 저 도시에서 그런 문제가 제기됐다. 택시 업계 종사자들이 그 문제에 어떤 조치를 취하기에는 너무 늦은 상황이었다.

만약 당신이 우버가 아직 진출하지 않은 도시에서 작은 택시 회사를 운영하고 있다면, 그런 상황 전개는 당신에게 진짜 불안감을 안겨줄지도 모른다. 그러나 당신이 현명하다면, 그 상황을 당신의 사업과 미래를 위한 계획을 재평가하는 자극제로 삼을 수 있다. 당신이 정식 레드팀을 운영할 여건이 안 되더라도 고참 직원들을 불러 모아서 문제를 스스로 레드티밍하면 된다.

그렇게 하면 당신은 네 가지 관점 기법으로 시작해, 고객이 당신을 어떻게 보는지 그리고 우버를 어떻게 보는지 파악할 수 있을 것이다. 이를 통해 아직 시간이 남아 있을 때 서비스를 개선할 수 있는 실질적인 기회가 모습을 드러낼 것이다. 그런 다음 당신은 사전 검시 분석을 수행하여 우버가 어떻게 당신을 택시 사업에서 퇴출시킬 수 있는지를 정확하게 파악할 것이다. 당신 회사는 상황을 바꿀 수 있는 핵심 영역으로 집중할 수 있을 것이다. 그런 다음 당신은 이 분석을 통해 수집한 정보를 이용해 새로운 위협에 대처할 수 있는 계획을 수립할 수 있다. 계획이 수립되면, 당신은 주요 가정 검증을 수행해 그 계획이 현실적인지 상황에 맞게 세밀하게 조정되었는지 확인할 수 있다. 레드티밍이 당신 택시 회사를 구할 거라는 보장은 없지만, 최소한 당신에게 맞서 싸울 기회를 제공할 것이다. 레드티밍 분석 결과가 설사 당신이 그 기회도 갖지 못할 것으로 나온다 해도, 그 결과는 당신에게 플랜 B를 생각할 시간을 제공할 것이다.

공식적인 레드티밍 모델

레드티밍을 채택한 군대 조직 중 일부는 레드팀 리더와 팀원들이 현장 가이드로 활용할 매뉴얼을 개발했다. 군대는 일반적으로 '문서'로 실행하는 걸 좋아하기 때문에 이 매뉴얼에는 전략이나 계획을 레드티밍하는 방법에 대한

레드티밍 실행 절차

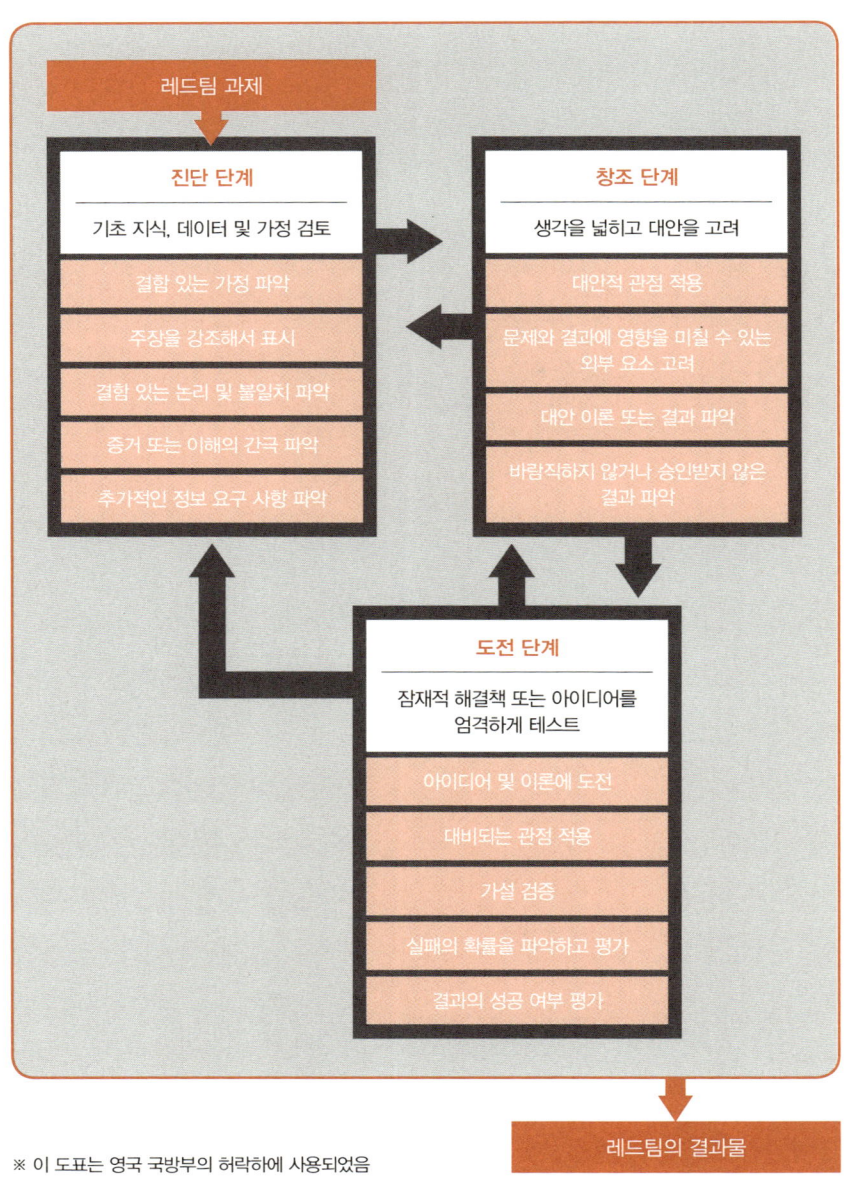

※ 이 도표는 영국 국방부의 허락하에 사용되었음

단계별 지침이 포함되어 있다. 하지만 레드티밍에 대한 이러한 틀에 박힌 접근 방식에는 몇 가지 문제점이 있다. 첫 번째 문제는 이 매뉴얼은 군사 전략과 계획을 위해 설계되었으므로 그것이 요구하는 단계는 대부분의 비즈니스 문제가 요구하는 것보다 지나치게 철저하며 대부분의 비즈니스에서 할당할 수 있는 시간보다 더 많은 시간을 필요로 한다는 점이다. 두 번째 문제는 최고의 군대 레드팀이 이 절차를 엄격하게 준수하지 않는다는 데 있다. 실제로 스티브 로트코프는 레드티밍 도구 자체가 필요에 따라 수정되어야 한다면서 이렇게 설명한다.

"레드팀은 발산적인 사고를 장려하는 환경을 조성하고 있습니다. 이는 사람들에게 프로세스 자체를 생각하게 하기 때문에 바람직한 일입니다."

하지만 어떤 사람들은 로드맵을 갖고 싶어 한다. 그런 사람들에게는 영국 국방부가 개발한 구조화된 접근법이 최고의 선택이 될 수 있다. 나는 왼쪽에 그 접근법을 참고 사항으로 포함시켰다. 그러나 영국인들조차도 그 접근법을 대략적인 지침으로만 사용해야 한다고 경고한다.

유용한 결과물 산출

당신이 볼 수 있듯이 영국의 레드티밍 로드맵은 완제품으로 끝난다. 이는 중요하다, 왜냐하면 레드팀이 조직의 나머지 부분에서 사용할 수 있는 방식으로 결과를 보고하지 못하면 그 결과는 존재 가치가 거의 없기 때문이다. 결과물이 어떻게 보일지는 당신 조직의 요구 사항과 레드팀에 할당된 문제의 성격에 따라 다르지만, 레드팀이 항상 염두에 두어야 할 몇 가지 중요한 고려 사항이 있다.

현실적이 되라 레드팀의 결과는 자신이 보좌하는 조직의 현실과 한계를 고려해야 한다. 예산을 무제한으로 생각하거나 다른 자원 제약을 무시해서는 안 된다. 당신은 좋은 권고 사항을 작성하는 데 실패해서는 안 된다. 오늘날 좋은 권고 사항을 시행하는 데 너무 많은 비용이 들기 때문이다. 검토 중인 전략이나 계획에 '논의 금지 사항'이 있다면, 레드팀에 이를 미리 통보해야 한다. 레드팀은 이를 존중해야 한다. 이러한 제한은 철저한 분석을 수행하는 레드팀의 능력을 제한한다는 점도 명심해야 한다.

구체적 행동 계획을 제공하라 조직의 계획을 구체적으로 변경하도록 권고할 경우 레드팀은 조직이 지금 즉시 올바른 방향으로 나아갈 수 있는 단계별 구현 전략을 제공해야 한다. 이러한 권고는 가능한 한 구체적이어야 하며 항상 시간 요소를 포함해야 한다. 안 그러면 이 권고는 무시되기 쉽다. 당신 회사에 "품질 검사원을 늘려라."라고 권고하기보다는 "3분기 말까지 3번 생산라인과 4번 생산라인의 품질 검사원 수를 두 배로 늘려라."라고 권고하는 게 훨씬 효과적이다.

측정가능하게 하라 레드팀의 권장 사항에는 조직의 리더십이 모니터링할 수 있는 구체적인 측정 기준이 포함되어야 한다. 그래야 레드팀이 확인한 목표에 대해 조직의 리더십이 진행 상황을 측정할 수 있기 때문이다. 이는 내가 전설적인 CEO 앨런 멀러리로부터 배운 가장 중요한 교훈 중 하나다. "측정할 수 없는 걸 관리할 수는 없어요." 피터 드러커Peter Drucker의 말을 인용하면서 그가 내게 말했다. "데이터가 당신을 자유롭게 할 겁니다!" 기술이 도움이 될 수 있다. 오늘날에는 회사 운영의 여러 측면이 실시간으로 추적되고 모니터링된다. 이런 데이터는 당신이 레드티밍 분석을 할 때 유용한 주요 정보를 제공할 뿐만 아니라 당신 회사가 레드팀의 권고 사항을 확실히 수행하도록 도울 수 있다. 그러나 올바른 측정 기준을 선택하는 것이 중요하다. 우리는 그저 측정하기 쉬운 것만을 측정하는 경우가 너무 많다. 이는 유익하기보다는 해를 끼칠 수 있다. 예를 들어, 당신이 품질 관리를 위해 조립라인에서 탈락된 차량 수를 측정하고 불량 제품의 수를 줄이겠다는 목표를 세운다면, 공장 근로자들은 탈락시켜서 고쳐야 할 차량을 그냥 통과시켜버릴 수 있다. 이 경우 더 나은 측정 기준은 판매 후 최초 90일 동안 무상 수리 보증 요구를 통해 딜러에게 반품된 차량 수일 것이다.

변화의 이정표를 깃발로 세워라 레드팀의 보고서에는 조직이 계획을 실행하거나 전략을 구현할 때 주의해야 할 사항의 목록이 포함되어야 한다. 이는 상황이 계획대로 진행되거나 의도하지 않은 혹은 바람직하지 않은 방향으로 나아가고 있다고 제안하는 것이다. 어느 쪽이든, 이러한 지표는 중요하며 당신의 보고서에서 두드러지게 다루어져야 한다. 예를 들어 당신이 사전 검시 분석을 실시한 결과, 새로운 운동화 제조라인을 도입하려는 회사의 계획이 실패할 수 있는 한 가지 방법으로 원자재 공급업체가 증가한 고무 수요를 따라잡을 수 없다는 점을 발견했다고 하자. 그러면 당신은 보고서에 운동화 생산 증가 시 유의해야 할 사항으로 이 점을 반드시 강조해야 한다.

해결책을 제공하라 레드팀은 부정적인 상황 전개를 상쇄시키거나 잠재적 실패를 완화시킬 수 있는 방법을 제시해야 한다. 예를 들어, 레드팀은 회사 계획의 성공 여부가 고무 공급업체의 수요 증가 대응 능력에 달려 있다는 사실만을 지적해서는 안 된다. 주 공급업체의 원자재가 부족할 경우 연락할 수 있는 하나 이상의 추가 공급업체를 확보할 것과 운동화 생산이 시작되기 전에 그 업체와 계약을 맺을 것을 제안해야 한다.

제약 사항 및 제한 사항을 확인하라 제한이 없는 것으로 확인된 전략적 요소가 있다면, 레드팀은 보고서에 이를 명확하게 서술해야 한다. 분석에서 나타난 추가적인 제약 사항이나 제한 사항도 빠짐없이 분명하게 기술해야 한다. 요청한 데이터나 다른 증거를 제공받지 못했다면 그 사실도 기술해야 한다. 레드팀이 해당 계획을 완전히 평가하는 데 필요한 시간이나 자원이 없었다면 최종 보고서에 이를 명확하게 적시해, 고위층이 당신 분석의 한계를 파악할 수 있도록 해야 한다.

방법론을 설명하라 당신의 보고서에는 레드팀이 분석에 사용한 모든 도구 및 기법의 목록과 이러한 접근 방식을 채택한 이유에 대한 설명이 포함되어야 한다. 이들 각각의 기법으로 얻은 주요 결과에 대한 요약을 제공하고 이러한 결과가 최종 분석에 어떻게 반영되었는지 설명하라. 그렇게 하면 당신의 주장이 더욱 강력해지고 당신의 결론이 더욱 설득력을 얻게 될 뿐만 아니라, 조직의 계획 담당자가 향후에 업무를 개선하는 방법을 이해하는 데 도움이 될 것이다.

출처와 근거를 포함시켜라 레드팀이 결론에 도달하는 데 사용한 근거 데이터, 관련 보고서, 그리고 그 밖의 증거를 최종 보고서에 첨부하라. 또한 레드티밍 프로세스의 일부로서 자문을 구한 외부 출처 또는 주제 관련 전문가 목록을 포함시켜라. 다시 말하지만, 이는 당신의 결과에 신뢰감을 부여하고 의사결정권자가 당신의 결론을 더 잘 평가하도록 해줄 것이다.

효과적으로 의사소통하라 무엇보다 중요한 점은, 레드팀이 자신의 결과를 명확하고 건설적이며 협력적으로 전달해야 한다는 것이다.

의사소통이 핵심이다

아무도 관심을 기울이지 않으면 세계 최고의 레드티밍 분석도 아무 쓸모가 없다. 레드팀이 효과적이기 위해서는 자신의 말을 잘 전달해야 한다. 그러기 위해서 레드팀은 조직의 수석 리더십이 레드팀의 말을 경청할 수 있는 방식으로 결과를 공유해야 한다. 이 때문에 효과적인 의사소통은 효과적인 레드티밍에 필수적이다. 효과적인 의사소통은 말하기가 아니라 듣기에서 시작된다.

당신의 레드팀은 당신 조직의 리더십에 귀를 기울여야 하며, 리더십이 각각의 레드티밍 분석에 대해 기대하는 바를 이해해야 한다. 당신 회사가 이미 행동 과정에 들어서기로 결정했지만 그 행동이 어떻게 실패할 수 있을지 알고 싶다면 시간을 낭비하지 말고 즉시 대안적인 행동 과정을 개발하라. 사전 검시 분석을 간단히 수행하거나 악마의 옹호자 기법을 활용하여 해당 계획의 약점을 드러내라. 이러한 약점이 중요하다면 당신은 다른 옵션을 고려할 것을 제안하고 싶을 수 있지만, 질문을 받기 전에는 당신 스스로 먼저 그런 제안을 하지 마라. 마찬가지로 수석 리더십이 당신이 분석 중인 전략의 일부를 '논의 금지'라고 선언한 경우, 이러한 요소를 비판하는 건 당신의 명성을 손상시키고 해당 임원이 레드티밍을 수용하는 걸 그만큼 더 어렵게 만들 것이다.

효과적인 의사소통이란 당신의 결과를 건설적인 방식으로 제시하는 걸 의미한다.

계획에 결함이 있다고 해서 그것이 반드시 나쁜 계획이라는 걸 의미하지는 않는다는 사실을 명심하라. 레드팀이 계획의 약점과 단점을 해결할 수 있는 대안을 제시하지 않고 계획을 비판하는 데에만 급급할 경우, 이는 계획을 세운 담당자를 방어적으로 만들 뿐이다. 예를 들어, 새로운 운동화 생산라인을 도입하려는 회사의 계획이 현재의 고무 공급업체가 기존 수요를 따라잡는 데 어려움을 겪고 있다는 사실과 모순된다고 의기양양하게 지적하는 대신, 계획을 진행하기 전에 추가 고무 공급업체를 찾아야 한다고 제안하라.

이는 레드팀이 비판적이거나 역발상적 사고를 해서는 안 된다는 걸 의미하지 않는다. 그런 비판과 역발상은 결국 레드팀의 임무다. 그러나 레드팀이 그 임무를 협력적인 방식으로 수행할 때 가장 효과적이다.

레드팀이 조직과 좋은 관계를 유지하는 하나의 방법은 레드팀의 결과를 제시하고 공유하는 방식에 신중을 기하는 것이다. 레드팀의 임무 일부가 계획과 전략을 비판하는 것이기 때문에, 레드팀은 원칙적으로 자신의 결과를 정규 직원 회의나 다른 공개 회의에서 보고해서는 안 된다. 그런 회의에서 보고하게 되면 원래의 계획이나 전략을 개발한 직원으로부터 방어적인 대응을 유발할 수 있고, 브리핑은 논쟁으로 이어질 가능성이 있다. 조직의 정규 직원이 레드팀의 조사 결과에 응답하도록 하는 게 당연히 바람직하지만, 레드팀이 해당 조사 결과를 수석 리더십에 직접 전달한 후에 그렇게 해야 한다. 또한 레드팀은 틀에 얽매이지 않는 대안적 분석을 제공해야 하므로 조직에 배포된 모든 레드티밍 문서는 거기에 맞춰 명확하게 분류되어야 한다. 미국 CIA는 이 작업을 매우 신중히 진행하고 있기 때문에 산하의 레드셀이 작성한 보고서를 읽는 사람은 누구나 그 보고서가 역발상적 분석을 기반으로 하며 비판적 사고를 유발할 수 있다고 이해한다.

레드팀의 조사 결과를 활용하기

레드팀이 분석을 완료하고 보고서를 전달한 후에는 그 결과를 어떻게 처리할지 결정하는 것은 조직의 리더십에 달려 있다. 당신이 그 리더 중 한 명이라면, 레드팀의 결과를 최대한 활용하기 위해 유의해야 할 몇 가지 중요한 것이 있다.

첫째, 레드팀의 역할은 더 나은 계획을 수립하는 것이 아니라 기존 계획을 개선하는 것임을 기억해야 한다. 또한 레드팀의 임무는 비판적이고 역발상적인 분석을 하는 것이며, 반드시 옳을 필요는 없다는 점을 기억해야 한다. 레드팀의 임무는 회사의 정규 기획 부서의 작업을 대체하는 것이 아니라 그것과 함께하도록 설계되어 있다.

둘째, 리더로서 당신은 레드팀의 분석 결과를 절대적 진리로 받아들여서는 결코 안 되지만, 진지하게 받아들여야 한다. 때로는 레드팀이 제기한 우려가 너무 중대해서 계획을 완전히 포기하기로 결정할 수도 있다. 예를 들어,

당신 회사가 합병 제안을 고려하고 있고, 레드팀이 그 합병으로 회사의 미래에 돌이킬 수 없는 해를 끼칠 수 있는 몇 가지 방법을 밝혀냈다면, 당신은 그 위험을 감수할 가치가 없다고 결정할 수 있다. 그러나 레드팀이 결함을 발견했다는 이유만으로 계획이나 전략을 폐기해서는 안 된다. 오히려 레드팀이 밝혀낸 위협이나 약점이 계획의 성공에 얼마나 심각한 것인지를 판단해야 한다. 또한 이러한 단점을 완화하거나 이러한 위험에 대응하기 위해 레드팀이 제안한 대응 방안을 고려해야 한다. 그리고 나서 당신이 여전히 그 전략을 추구할 만한 가치가 있다고 생각되면 기획 부서에 레드팀의 우려 사항을 해결하도록 요청해야 한다. 기획 부서가 이러한 문제를 다루기 위해 제안을 수정할 수 있다면, 혹은 의도하지 않았거나 바람직하지 않은 결과를 다루기 위해 비상 계획을 세울 수 있다면, 반드시 그 계획대로 진행하라. 그러나 나는 당신이 레드팀이 표시한 영역을 계속 주시할 것을 권고한다. 또는, 레드팀이 당신을 위해 계속 주시하도록 한다면 더욱 좋다.

셋째, 가능할 때마다 레드팀은 프로젝트에 계속 참여해야 한다. 그래야 추가적인 통찰력을 제공하고 레드팀의 분석에서 확인된 변화의 방향을 주시할 수 있기 때문이다. 이를 보증하는 최선의 방법은 아마도 정기적인 프로세스 검토를 실시하고 레드팀이 이 검토의 일부로서 업데이트를 제공하도록 요청하는 것이다. 이는 레드팀이 전문적 잔소리꾼의 파벌이 되는 걸 허용하지 않고 조직의 성공에 계속 헌신하도록 만드는 이점이 있다. 계획이 예상대로 진행되지 않는 이유에 대한 혼란이 있다면, 레드팀이 그 이유를 파악하는 데 도움을 줄 수 있다.

제10장

레드티밍의 규칙

> 대부분의 사람은 생각하는 것보다 차라리 죽음을 택할 것이다. 많은 이가 그렇게 한다.
> — 버트런드 러셀

이제 나는 레드티밍이 얼마나 강력할 수 있는지 그리고 그것이 당신 회사에 어떤 차이를 만들 수 있는지 당신에게 분명해졌기를 바란다. 이 책에서 설명한 도구와 기술을 적용한다면, 당신 조직은 더 원대한 계획을 세울 수 있고 좀 더 효과적으로 경쟁할 수 있으며 좀 더 적극적으로 혁신할 수 있고 업계에서 파격의 희생자가 아니라 파격을 만드는 주체가 될 수 있다. 레드티밍이 효과적이기는 하지만, 이는 도전 없이는 불가능하다. 그리고 이러한 도전에 대처하는 방법을 아는 것은 레드티밍을 실행하는 방법을 아는 것만큼 중요하다.

비즈니스 레드티밍은 아직 초기 단계에 불과하다. 나는 국내외 기업과의 협력에서 시행착오를 통해 중요한 교훈을 배웠다. 나는 고객에게 무엇이 효과가 있고 무엇이 효과가 없는지를 물었다. 그리고 나는 세계 곳곳의 군사기관과 정보기관의 레드티밍 전문가들과 함께 배운 것을 토론했다. 이러한 대화를 통해 얻은 가장 중요한 핵심은 다음과 같다. 이는 가장 중요한 레드팀

규칙에서부터 시작한다.

규칙 1: 바보가 되지 마라

미 육군 최초의 레드팀은 재앙이었다. 포트 레번워스의 교육 프로그램이 2006년에 첫 수업을 시작할 준비가 되었을 무렵, 미국은 4년 넘게 전쟁을 치르고 있었다. 신병 모집 담당관은 자원병 할당량을 맞추기가 힘들었다. 징집은 없었고, 병사들은 순환 근무로 전장을 벗어나기 전까지 오랫동안 전투지역에 머물러야 했다. 그 결과 육군은 병력 수요를 따라잡기 위해 고군분투했다. 레드티밍은 군대가 감당할 수 없는 사치품처럼 보였다. 그래서 창설된 레드팀 구성원의 대부분은 미국 주방위군 병력으로 채워졌다.

이는 인력 문제를 해결했지만 새로운 문제를 야기했다.

주방위군은 정규 군대와는 문화가 매우 달랐다. 많은 정규 군인은 이 '주말 전사'들을 무시했다. 이라크에 파견된 첫 레드팀원은 자신들의 생각을 바꾸기 위해 거의 아무것도 하지 않았다. 바그다드의 연합군 본부에서 업무보고를 한 후, 그들은 자신들의 생각이 정규 계획 부서의 생각에 '감염'되지 않도록 하기 위해 별도의 작업 공간을 요구했다. 또한 그들은 계급이 토론에 방해가 되게 하고 싶지 않았기 때문에 군복을 입지 않겠다는 의사를 고위급 지휘관에게 통보했다. 결과적으로 레드팀 구성원 일부는 보안배지 발급을 거부당했다. 얼마 후 보고서가 포트 레번워스로 다시 전달됐지만, 이는 별 효과가 없었다.

"우리는 이라크에서 상황이 어떻게 진행되는지를 알아야 합니다." 그레그 폰트노트 대령은 2007년 1월 《로스앤젤레스타임스 Los Angeles Times》에 말했다. "나는 우리가 옳은 일을 하고 있다는 걸 알고 있지만 그 일을 올바른 방법으로 하고 있는지는 모르겠습니다."

그들은 그러지 않았다는 것이 밝혀졌다. 레드티밍의 규칙은 아직 미완성이었지만, 육군의 레드티밍 프로그램의 책임자로 은퇴했을 때 폰트노트를 대신한 스티브 로트코프 대령은 첫 번째 레드팀이 가장 중요한 규칙을 포함하여 모든 항목을 위반했다고 말한다.

"잘난 척하지 마라! 결코 깨뜨려서는 안 되는 레드티밍 규칙을 하나만 꼽으라면 바로 이것입니다." 로트코프는 경고한다. "당신은 똑똑할 수 있고, 비판적일 수 있고, 역발상적일 수 있습니다. 당신이 옳을 수 있습니다. 그러나 그걸 과시하는 얼간이가 되지 말아야 합니다."

레드팀 구성원은 엘리트 집합일 수 있기 때문에 그걸 과시하지 않는 건 어렵다. 자신들을 효과적인 분석가로 만드는 특성(빠른 두뇌 회전, 회의적인 견해, 질문하는 성격 등) 탓에 그들은 특히 옳았을 때 오만하고 냉담해 보일 수 있다. 그렇기 때문에 모든 레드팀원은 이러한 특성을 경계하고 그 대신 협력적이고 협조적인 태도를 반드시 유지해야 한다.

나는 종종 고객에게 레드티밍이 회사의 입장에서는 일종의 '거친 사랑 tough love'이라고 말한다. 더 가혹하게 밀어붙이고, 어려운 질문을 하고, 현상 유지에 도전함으로써 조직을 더 나은 모습으로 만들어주기 때문이다. 이런 일이 쉽다면 조직은 이미 그 일을 하고 있었을 것이다. 그러나 쉬운 일이 아니기 때문에 레드팀원이 조직의 구성원과 사이가 나빠지기 쉽다. 이런 까닭에 효과적인 레드팀은 문제의 일부가 아니라 해결책의 일부가 되기 위해 항상 노력한다. 어떻게 그런 노력이 가능할까? 조직의 나머지 부분을 성공적으로 만들어야 레드팀도 성공한다는 점을 상기함으로써 가능하다. 레드팀은 조직의 구성원과 맞서는 것이 아니라 협력할 경우에만 이런 성공을 거둘 수 있다.

그렇다고 해서 레드팀원이 그들과의 갈등을 피할 수 있는 건 아니다. 갈등은 레드티밍 프로세스에 내재되어 있기 때문이다. 레드팀은 누군가의 감정을 해치는 것을 피하려고, 또는 더 나쁜 경우에는 내부 정치를 추종하려고 임무의 본질을 망각해서는 절대로 안 된다. 그러나 레드팀이 조사 결과를 발표할 때는 가능한 한 공손하고 건설적인 방법으로 해야 한다.

훌륭한 지도자는 갈등에 본질적으로 잘못된 건 없다는 사실을 안다. 전설적인 인텔 CEO 앤디 그로브Andy Grove 같은 사람은 적극적으로 이런 갈등을 장려했다. 그로브는 '건설적인 대립'이 회사 성공의 열쇠라고 믿었다.

> 갈등을 다루는 건 모든 비즈니스를 관리하는 핵심입니다. 결과적으로 대립, 즉 불일치가 있는 문제에 직면하는 것은 관리자가 위험을 감수할 때에만 회피할 수 있습니다. 문제를 연기할 수는 있습니다. 오랜 시간 동안 곪도록 내버려둘 수도 있습니다. 양탄자를 깔아서 부드럽게 덮어버릴 수도 있습니다. 하지만 그 문제 자체가 사라지지는 않습니다. 조직이 앞으로 나아가려면 충돌을 해결해야 합니다. 건설적인 대립은 문제 해결을 가속화합니다. 건설적인 대립은 참가자들이 직접 나서도록 강제합니다. 그것은 문제가 곪아 터지기 전에 가능한 한 빨리 문제를 처리하도록 사람들을 압박하고, 모든 관심이 문제에 사로잡힌 사람들이 아니라 그 문제 자체에 집중되도록 만듭니다.

"건설적인 대립은 시끄럽고 불쾌하거나 무례함을 의미하는 것이 아니며,

비난을 가하도록 고안된 것도 아닙니다." 그로브는 말했다. "사람이 아니라 문제를 공격하십시오."

이 말은 레드팀이 자신의 임무에 어떻게 접근해야 하는지를 정확하게 설명한다. 대인 관계의 위대한 스승 데일 카네기Dale Carnegie의 말을 빌리자면, 레드팀은 상대방이 기분 상하지 않게 이의를 제기하는 방법을 배워야 한다.

레드팀은 자신의 작업이 조직의 구성원에게 미치는 영향에 민감해야 한다. 레드팀의 보고서를 읽는 건 뼈아픈 일일 수 있다. 특히 보고서가 비판하는 계획을 작성한 당사자의 입장에서는 더욱 그렇다. 레드팀원은 그런 비판을 하면서 남들이 모르는 짜릿함을 느낄 수도 있겠지만 공개 석상에서는 절대로 그런 기분을 드러내지 말아야 한다. 레드팀과 레드팀원은 겸손해야 한다. 어느 정도의 불손함은 레드팀원에게 바람직한 자질이지만, 잘난 척하는 수준까지 도달해서는 안 된다.

규칙 2: 레드팀은 보호막이 있어야 한다

앞에서 이 문제에 관해 이야기했지만 다시 반복할 필요가 있다. 성공적인 레드티밍을 위해서는 조직 고위급 리더십의 지원과 참여가 필요하다. 그렇지 않으면 레드티밍 프로세스를 뒤엎거나 레드팀의 분석 결과를 무시하기가 너무 쉽다.

비즈니스 환경에서 레드팀은 CEO에게 직접 보고 하고 전폭적인 지원을 받을 때 가장 효과적이다. 현실적으로 이런 일이 항상 가능한 건 아니다. 하지만 조사 범위가 특정 분야로 제한되는 경우라면 레드팀이 특정 부서의 장에게 직접 보고할 때도 여전히 효과적일 수 있다. 레드팀이 해당 분야 이외의 문제를 다루려고 시도하면 다른 고위 경영진과 충돌하게 된다.

"최상부의 보호막이 없는 레드팀은 그저 자신의 경력을 위험에 빠뜨리는 반란자 집단일 뿐입니다." 로트코프는 경고한다.

당신의 레드팀이 조직의 최상부에 보고하지 않는다면, 레드팀의 구성원에 선임 리더십을 포함할 수 있는 모든 방안을 강구해야 한다. 레드팀은 레드티밍을 실행하기 전에 경영진의 의견을 경청해서 리더십의 관심사가 다루어지고 리더십이 부과할 필요성을 느끼는 제한 사항이 존중되도록 확인해야 한다. 또 레드팀은 분석 결과를 임원들과 직접 공유해야 한다. 임원들이 최종 브리핑에 참석하는 것이 가장 좋지만, 적어도 임원들에게 최종 보고서의 사본이라도 제공해야 한다.

당신이 이를 수행하지 않으면 안 좋은 일이 발생할 수 있다. 영국 국방부의 레드팀이 어떤 고위급 정부 관리의 제안을 분석하도록 요청받은 일이 있다. 그 제안에 심각한 문제가 있음을 발견한 레드팀은 상당한 변화를 권고했다. 얼마 후 자신의 상관이 제안서를 레드팀 심사에 제출했는지 묻자 정부 관리는 그렇다고 대답했다. 그러나 그는 레드팀이 발견한 문제를 언급하지 않았다. 그 계획은 승인되었고 결국 재앙이 되었다. 레드팀도 이 재앙에 부분적으로 책임을 져야했다.

규칙 3: 레드티밍은 당신이 허용하는 경우에만 작동한다

레드팀이 자신의 임무를 실수 없이 수행한 경우에도 조직 전체가 레드티밍 결과를 수용하고 레드팀의 권고 사항을 마음으로 받아들이는 건 여전히 어려울 수 있다. 군대에서 레드티밍에 대한 반발은 주로 레드티밍이 무엇인지 또는 왜 필요한지를 전혀 이해하지 못한 장교들에게서 나왔다. 레드티밍에 관한 브리핑을 받으면 그런 반발이 대부분 사라진다. 또 성공한 경험이 있는 하부 조직도 레드티밍에 저항하는 경향이 있다. 그들은 자신들이 과거에 성공했기 때문에 미래의 성공을 위해 필요한 게 무엇인지를 알고 있다고 착각한다. 이는 미국 자동차 산업의 붕괴를 가져온 사고방식과 유사하다.

군대·정부 기관·상장 기업·민간 기업·비영리단체 등 대부분의 조직은 계층적이며, 계층적 조직은 종종 스스로의 전략과 계획을 비판하는 데 어려움을 겪는다. 계층구조는 질문을 권장하고 혁신을 보상하기보다는 순응을 장려하고 순종을 보상하는 경향이 있다. 삐걱거리는 바퀴가 기름을 얻는다(혹은 우는 아이 젖 준다)는 속담과는 달리, 조직 내에서 삐걱거리는 바퀴는 종종 소외되거나 다른 곳에서 기회를 찾으라며 무시된다. 게다가 계층구조 내의 사람들은 비판적인 조사가 출세 지향적인 동료 또는 야심찬 부하 직원에게 공격의 빌미를 제공할 수도 있기 때문에 그런 조사에 반발하는 경향이 있다. 자신의 계획이나 프로세스를 자세히 살펴보는 걸 원치 않는 조직 또는 조직 내 파벌은 때때로 레드팀의 분석 범위를 제한하거나 중요한 정보를 알려주지 않거나 직원과 데이터에 대한 접근을 거부하면서 레드팀과 힘겨루기를 시도한다. 숙련된 레드팀원은 이를 인식하는 데 어려움이 없겠지만 이러한 반발을 헤쳐 나가는 것은 어려운 일이 될 수 있다. 이는 레드팀이 조직 고위 리더십의 지원을 받는 게 꼭 필요한 또 다른 이유다. 레드팀의 리더는 레드티밍 분석을 지시한 경영진에게 간섭이나 협력 부족을 알리는 일을 주저하지 말아야 한다. 마찬가지로, 레드팀을 책임지는 사람들은 레드팀이 사명을 완수하기를 원한다면 그러한 장벽을 이겨낼 준비가 되어야 한다.

레드팀이 회사 운영의 모든 측면을 살펴볼 수 있도록 허용되지 않을 경우 효과적인 레드티밍을 실행하기 어렵다. 이 경우 레드티밍은 모든 것이 비판적 분석에 개방될 때와는 달리 그 결과가 완전하지 않을 수도 있다는 단서하에서만 실행될 수 있다. 이는 당연히 많은 조직에 어려운 일이다. 일부 회사는 직원이나 노동조합과 관련된 민감한 문제를 레드팀의 업무에서 제외시키고 싶을 것이다. 그러나 레드팀이 철저하게 분석하기 위해서는 비즈니스의 모든 측면을 볼 자유가 필요하다.

때로는 이런 자유를 얻는 게 불가능할 수도 있다. 이미 이사회가 특정 행동 방침을 거부했을 수도 있다. 정부 규제 사항이나 노동조합과의 계약이 회사의 선택을 제한할 수도 있다. 이런 상황에서 유의해야 할 격언이 있다. '위대한 이들이 선의를 가진 이들의 원수가 되게 하지 마라.' 우리는 실행 가능한 행동 과정이 정치, 인간관계, 자금 탓에 종종 제한되는 세상에서 살아가고 일한다. 제한된 범위 내에서라도 레드티밍을 하는 것이 레드티밍을 전혀 하지 않는 것보다는 훨씬 낫다. 그 범위가 레드티밍 실행의 결과를 좌지우지하기 위해 설정된 것이 아니라면 말이다.

레드티밍 실행이 어떻게 뒤엎어질 수 있는지에 대한 매우 심각한 사례가 있다. 미 국방부가 역사상 가장 크고 가장 값비싼 워게임을 수행한 2002년의 일이다. '밀레니엄 챌린지 2002'는 탁상공론 시뮬레이션이 아니었다. 거기에는 2억 5000만 달러의 국방 예산이 투입되었고 수천 명의 실제 병력, 항공기, 군함까지 참가했다. 이 워게임은 블루팀이 대표하는 미국과 레드팀이 대표하는 가상의 페르시아만 국가 간 향후 발생 가능한 충돌을 시뮬레이션하기 위해 기획되었다. 그 국가는 이란을 의미했다. 이란 군대를 이끌도록 펜타곤이 선임한 사람은 은퇴한 미 해병대 대장 폴 반 리퍼Paul Van Riper였다. 그가 상대해야 할 대상은 미 육군·공군·해군·해병대를 합쳐놓은 군사력뿐만 아니라, 아직 실전 배치되지 않은 차세대 군사 기술도 포함되어 있었다. 반 리퍼 장군은 이란의 무기를 당시 배치되어 있던 그대로 만들어냈다. 그러나 그와 레드팀은 그 무기가 단순한 위협 이상이라는 걸 증명했다.

최근의 전쟁과 마찬가지로, 이 워게임은 최후통첩에서 시작하여 모래사막의 전선으로 전개되었다. 블루팀이 무력시위를 하고 침공을 준비하는 동안, 레드팀을 이끈 반 리퍼 장군은 제1차 세계대전 전술서의 한 페이지를 참고하고 오토바이 특공대를 활용하여 자신의 군대에 기동력을 부여함으로써 블루팀의 최첨단 감시 시스템을 무용지물로 만들었다. 그다음 그는 가상의 미국 대통령이 정한 최후통첩 시한 직전에 선제공격을 개시했다. 몇 시간 만에 미 해군 기동부대는 페르시아만의 바닷물 속으로 침몰해버렸다. 반 리퍼 장군의 레드팀은 광신도들이 조종하는 폭발물로 가득 찬 저공비행 전투기에서 자살 고속정에 이르기까지 모든 것을 포함하는 게릴라식 공군력과 해군력으로 미군 전함을 압도했다. 모의 전쟁은 제대로 시작되기도 전에 끝나버렸다.

적어도 그랬어야 했다.

하지만 워게임을 주관한 군 고위층은 블루팀의 함대를 간단히 부활시킨 후 반 리퍼 장군에게 그의 군대를 이동시켜 미군이 해안을 쉽게 점령할 시간을 갖게 하라고 명령했다. 그러나 이러한 이점을 갖고서도 블루팀은 계속 문제를 겪었다. 시간이 지날수록 워게임 심판관들은 블루팀에 유리하도록 게임 규칙을 계속 바꿨다. 레드팀은 자신의 취약한 대공포 시스템을 공개적으로 노출시켜 좀 더 쉽게 블루팀의 목표물로 포착되고 파괴될 수 있도록 해야 했고 반 리퍼 장군은 자신이 계획했던 무기고에 들어 있는 화학 무기 사용을 금지당했다. 계속 참가하려면 제재를 거부하겠다고 장군이 말하면서 전체 시뮬레이션은 웃지 못 할 코미디가 되어버렸다. 3주간의 워게임 중반에 반 리퍼 장군은 레드팀 사령관직을 사임하고 펜타곤의 고위 장성들에게 보낼 메모를 작성하기 시작했다. "이 시뮬레이션은 블루팀이 '승리'할 수 있도록 사실상 완전히 각본이 짜인 훈련입니다."

그 메모가 언론에 유출되었을 때, 펜타곤은 당황한 기색을 감추지 못했고 사태를 수습하기 위해 몇 달 동안 고생해야 했다.

레드티밍이 이러한 총체적 간섭 없이 실행될 수 있다 하더라도, 상급자가 레드팀의 결과를 간단히 무시함으로써 여전히 뒤엎어질 수 있다. 다시 한번 강조하지만, 이를 방지하는 가장 좋은 방법은 레드팀이 고위 경영진의 보호막하에서 활동하고 그 결과를 조직의 최상부에 직접 보고하도록 하는 것이다.

레드팀의 결과를 심각하게 받아들이도록 하기 위해 취할 수 있는 좀 더 창의적인 또 다른 단계가 있다. 예를 들어, CIA의 레드셀은 정보국 내부에 자신과 자신의 결과물을 마케팅하는 것에 능숙해졌다. 레드셀 보고서에는 종종 눈이 번쩍 뜨일 만한 헤드라인이 등장해서 보는 사람이 안 읽을 수 없도록 만든다. 또한 레드셀은 파트타임 그래픽 디자이너를 고용하여 자신의 결과물에 시선을 끄는 인포그래픽을 추가한다. 심지어 자신의 보고서 하나를 그래픽 소설로 제공하기도 했다. 이는 레드팀이 레드티밍의 문제점을 해결하려 할 때 무엇이 가능한지를 보여준다.

물론 모든 레드팀이 그런 관심을 원하거나 필요로 하는 건 아니다. 비즈니스 환경에서는 레드팀이 주목을 받지 않도록 조용히 활동하는 것이 더욱 바람직한 경우가 많다. 그리고 너무 지나친 관심을 받는 건 안 좋을 수도 있다.

NATO의 대안 분석 프로그램의 지휘관인 요하네스 드니즈에게 물어보라. 그의 문제는 인기 많은 자기 조직이 요청받은 수많은 레드티밍 임무를 처리할 시간을 짜내는 것이다.

"사람들은 우리에 관해 듣지 못했거나, 감당 못 할 만큼 많은 일을 맡기는 두 부류입니다." 드니즈가 내게 말했다. "그 사이에는 아무도 없습니다."

규칙 4: 파기될 대상을 레드티밍하지 마라

파기될 운명인 문제나 아이디어를 레드티밍하는 경우가 있다. 가장 효과적인 레드팀은 꼭 필요한 만큼만 분석하는 방법을 아는 팀이며, 주어진 분석 과제를 해결하는 데 필요한 것 이상을 사용하지 않는 팀이다. 비효율적인 레드팀은 불필요한 토끼굴을 하나하나 파고들면서 시간을 낭비한다.

당신이 새로운 운동화 생산라인을 도입하려는 회사의 계획에 대한 레드티밍을 요청받은 경우, 그 계획을 스트레스-테스트하는 데 집중하라. 이 과제를 새로운 등산화 생산라인의 수익성이 더 좋은지 여부를 탐색할 기회나 회사가 신발 사업을 최우선으로 해야 하는지 여부를 따져볼 기회로 활용하지 마라. 제안된 X 업체와의 합병을 분석하라는 요청을 받으면 해당 업체를 인수하는 데 따른 위험과 기회를 파악하는 데 중점을 둬라. 이를 당신 회사의 전체 비즈니스 전략을 재평가할 수 있는 기회로 활용하지 마라.

조직이 내리는 모든 결정을 레드팀이 분석하는 건 비생산적이다. 끊임없는 레드티밍은 직원들에게 자신의 모든 활동이 의문과 도전의 대상이 되어버린다는 스트레스를 유발해 직원들의 사기를 꺾어버릴 수 있다. 이는 레드티밍의 목적이 아니며 레드팀을 효과적으로 운용하는 방법도 아니다.

레드팀은 전략적 선택적으로 사용되어야 한다. 레드팀은 중요한 의사 결정, 주요 거래, 핵심 전략을 분석하기 위해 도입되어야 한다. 문제가 정상적인 방법으로 만족스럽게 해결될 수 없는 경우에 레드티밍을 요청해야 한다. 기존의 사내 레드팀이 이러한 임무 중 하나를 맡고 있지 않다면 큰 그림을 그리는 과제를 다루거나 경쟁 구도를 분석하는 임무를 맡겨야 한다. 레드팀이 다른 직원들의 어깨 너머를 들여다보면서 그들의 실수를 지적하는 데 시간을 보내는 내부 경찰이 되는 일은 절대로 허용해서는 안 된다.

또한 레드팀을 혹사시켜서도 안 된다.

레드티밍은 고된 임무다. 이 책에서 설명한 도구와 기법을 사용하는 정식 레드티밍 프로세스는 강도 높은 정신노동이다. 특히 스스로를 레드티밍하는 경우에는 감정적으로 지쳐버릴 수도 있다. 레드티밍은 아마도 당신이 익숙한 정도보다 훨씬 더 치열하게 고민하도록 만들 것이다. 레드티밍은 당신에게 어려운 질문에 대답할 것을 요구할 뿐만 아니라 당신이 대답한 내용에 스스로 질문을 던질 것을 요구한다. 그리고 다시 그 질문에 대답할 것을 요구한다. 레드팀원은 지적 자제력, 지속적 분석력, 정서적 융통성을 갖춰야 한다.

나는 고객을 위한 실제 레드티밍 활동을 처음으로 이끌었을 때 어렵게 이런 사실을 터득했다. 우리 팀은 해당 회사의 새로운 비즈니스 전략을 분석하기 위해 며칠 동안 종일 회의를 계속했다. 처음에는 잘 버텼지만 어느 날 오후가 되자 모든 사물이 내 눈에 흐려지기 시작했다. 어쩔 수 없이 나는 오후 4시경 두 손을 들고 호텔로 돌아가서 옷도 갈아입지 않은 채 바로 잠들어버렸다. 영국 국방부의 레드티밍 프로그램 지휘관인 톰 롱랜드Tom Longland 준장과 이 경험을 공유했을 때, 나는 그가 맞은편에서 머리를 절레절레 흔들고 있는 걸 볼 수 있었다.

"당신이 이 일을 제대로 하고 있다면, 한 번의 레드티밍 회의에서 유용하게 쓸 수 있는 최대 시간은 90분입니다." 그는 말했다. "우리가 하는 일은 아침에 회의 두 번, 오후에 한 번, 각각 90분씩이에요. 그게 여기서 확립된 방식이기 때문에, 그사이에 우리는 책상으로 돌아가서 일하는 시늉만 합니다. 진실은, 당신이 제대로 하고 있다면 완전히 지쳐버린다는 겁니다. 왜냐하면 당신은 생각해야 하고, 집중해야 하고, 모든 사람이 말하는 걸 집중해서 들어야 하고, 그 발언을 당신이 살펴보고 있는 아이디어에 대한 지식과 비교해야 하기 때문이에요. 그러고 나면 당신은 자신의 주장을 체계화하는 방법을 생각해야 합니다. 물론, 여기 레드팀에서 억지로 일하는 사람은 없어요. 나는 30년 동안 군대에 있었지만 레드팀 회의를 할 때처럼 열심히 일한 적은 없었어요."

따라서 내 실수의 경험과 롱랜드 준장의 조언을 받아들인다면, 하루에 레드티밍 회의를 90분으로 자발적으로 제한하라. 가끔 마감 기한이 임박하면 그런 제한이 불가능할 수도 있다. 그러나 그때조차도 당신은 90분 규칙을 고수하고 각 회의 사이에 최소 30분의 휴식 시간을 두어야 한다.

규칙 5: 당신의 레드팀을 레드티밍하라

레드티밍이 틀에 박힌 일이 되어서는 안 된다. 레드티밍은 모든 걸 다르게 바라보는 작업이므로 동일한 방식으로 동일한 기법을 사용하여 모든 문제에 접근하는 경향을 피할 필요가 있다. 이는 쉽지 않다. 왜냐하면 우리는 제대로 작동하는 접근법을 발견하면 그걸 계속 반복하는 경향이 있기 때문이다. 그리고 계속 반복할 때, 우리는 편견과 집단사고의 위험을 경계하는 일에 게을러진다.

레드팀은 항상 스스로에게 도전해야 한다. 레드팀원들에게 항상 서로 다른 견해와 충돌하는 견해를 표명하도록 격려해야 한다. 톰 롱랜드 준장은 자신의 레드팀원들에게 얼굴에 철판을 깔라고 권장한다.

"레드티밍을 수행할 때, 당신은 자신의 아이디어를 가지고 있지 않아요. 아이디어는 종종 잔인하게 공격을 받습니다. 당신은 그걸 개인적으로 받아들이면 안 돼요." 그가 조언한다. "우리는 뭔가에 대해 가장 과격한 주장을 할 수 있어요. 그러나 레드팀 리더가 시계를 보고 12시 30분이 된 걸 알게 되면, 우리는 모두 함께 나가서 아주 근사한 점심을 먹지요."

내가 앞에서 말했듯이, 레드팀의 구성원을 순환 배치하면 팀을 가장 예리하게 유지할 수 있다. 다만 새로운 레드팀 구성원이 레드티밍의 원리와 다양한 도구와 기법을 사용하는 방법을 이해했는지 반드시 확인하라.

레드팀이 이러한 도구와 기법을 사용하는 방식을 혼합하는 것도 좋은 아이디어다. 모든 문제를 똑같은 방식으로 접근한다면, 레드티밍을 혁신의 도구가 아닌 관료적인 업무로 만들 위험이 있다. 또 같은 방법을 반복해서 계속 사용하면 서로 매우 유사하게 보이는 레드티밍 보고서를 작성하여 쉽게 무시당할 수 있다.

레드티밍은 회사의 다른 직원들에게 일상적인 상황이 되어버릴 수도 있으며, 이는 그 자체로 문제를 야기할 수 있다. 레드티밍이 조직의 계획 프로세스의 일부가 되면 계획 담당자는 레드팀의 이의제기를 예측하기 시작한다.

이것이 반드시 나쁜 건 아니며, 그들이 더 나은 계획가가 되도록 할 수도 있다. 그러나 그들이 레드팀의 시스템에 개입하려고 시도한다면 문제가 될 수 있다. 레드팀이 대안 분석을 위한 제안서를 제출하기 전에 계획 담당자가 가장 명백한 반대 의견을 지속적으로 제기하면, 레드팀이 덜 비판적이 되어 분석이 덜 엄격해질 수 있다. 예를 들어, 증가하는 수요를 만족시킬 수 없는 공급업체의 능력에 관한 문제를 레드팀이 제기할 거라는 사실을 계획 부서가 알게 되면, 공급업체들과 실질적으로 협의하지 않은 채 제안서상으로만 그러한 우려를 해결할 수도 있다. 레드팀은 증거를 요구해야 한다. 레드팀은 가장 잘 만들어진 계획에 대해서도 항상 비판적 자세를 유지해야 한다. 그것이 레드팀의 임무이며, 이 임무는 오직 깊은 분석을 통해서만 완수할 수 있다.

규칙 6: 항상 옳을 필요는 없지만 항상 틀려서도 안 된다

앞서 말했듯이, 레드티밍은 미래를 예측하는 일이 아니기 때문에 레드팀을 과거의 성공 기록으로 판단하면 안 된다. 레드팀이 반드시 옳을 필요는 없다. 레드팀은 자신의 업무를 효과적으로 수행하기 위해 틀릴 수 있어야 한다.

다음과 같은 시나리오를 생각해보라. 당신은 제안된 X 업체와의 합병을 분석하도록 레드팀에 요청한다. 레드팀은 합병에 대한 역발상적 분석을 실시하고, 이를 통해 합병이 회사에 재앙을 불러올 수 있는 다양한 방법을 모두 제시한다. 그러나 당신은 어쨌든 합병을 진행하기로 결정하고, 이 합병은 두 회사 모두에게 엄청난 성공으로 밝혀진다.

레드팀이 실패한 것일까?

전혀 그렇지 않다. 레드팀은 자신에게 주어진 임무를 정확히 수행했다. 당신의 계획에 대해 비판적으로 생각했으며, 그것이 잘못될 수 있는 모든 방법을 찾아냈으며, 회사의 고위 경영진이 합병에 서명하기 전에 그러한 가능성을 평가하도록 만들었다. 또 이상적으로는 레드팀의 분석을 통해 당신에게 경고 메시지가 전달되어 합병 이후에 이루어질 회사의 조직 개편 문제에 주목하도록 만들었을 것이다.

CIA의 레드셀을 연구한 마이카 젠코의 말에 따르면, CIA 당국자는 레드셀을 "삼진을 당하면서 살아가는 법을 당신에게 알려주는 홈런 타자와 비슷합니다."라고 묘사했다. "당신은 실패와 함께 살아가는 법을 배워야 하며, 독창성을 저해하는 종래의 판단 기준으로 레드셀의 입을 막으려고 시도하지 말아야 합니다."

레드팀과 레드티밍 활동의 성공 여부를 측정하는 것은 그 프로세스의 참여자에게는 쉬운 일이지만 참여하지 않은 사람들에게는 어려운 일이다. 내가 데일 카네기 앤 어소시에이츠의 선임 리더십 팀이 자신의 구조조정 계획을 레드티밍하도록 협력한 후에, 각 임원은 원래의 계획 초안보다 새 버전의 계획이 회사의 근본적인 문제를 해결하는 데 훨씬 더 나은 것임을 확신했다. 그러나 만약 당신이 그 프로세스의 일부가 아니고 원래의 계획을 보지 못했다면 어떻게 확신할 수 있겠는가? 그리고 그 사실을 모를 경우 어떻게 레드팀의 효과를 평가할 수 있겠는가?

나는 레드팀과 레드팀원에 대한 평가는 회사의 수석 리더십과의 대화에서 그들이 자극하는 내용에 의해 판단되어야 한다고 믿는다. 또 레드팀이 그 토론에 얼마나 많은 생각을 제공했는지, 그리고 중요한 결정을 내릴 시간이 왔을 때 그들의 통찰력이 얼마나 유용했는지에 따라 판단되어야 한다고 믿는다. 어떤 레드팀이든 사람들을 생각하게 만들고 의사결정자에게 새로운 시각을 제공한다면 자신의 임무를 완수한 것이다. 어떤 레드팀이든 이전에 생각하지 못했던 것을 사람들이 생각하도록 만든다면 자신의 임무를 잘해낸 것이다.

그러나 레드팀이 항상 틀린다면 문제가 된다.

항상 틀리는 레드팀은 사람들에게 진지하게 받아들여지지 않을 것이다. 레드팀의 경고는 무시될 것이다. 사람들은 레드팀의 보고서를 읽지 않을 것이다. 레드팀의 구성원들은 신뢰를 잃을 것이다. 그런 이유로, 레드팀은 실적 기록에도 주의를 기울일 필요가 있다. 적어도 가끔씩은 홈런을 쳐내는 타자처럼 옳은 비판을 가해야 한다.

당신의 레드팀이 그렇게 할 수 없다면, 뭔가를 잘못하고 있는 것이다. 레드팀은 항상 옳을 필요는 없지만 언제나 신뢰를 받을 수 있어야 한다. 레드팀이 해결하도록 요청받은 문제를 오해하거나, 이미 실패한 것으로 입증된 조치를 권고하거나, 윤리적·법적·재정적으로 불가능한 대안을 제시한다면 신뢰를 잃을 것이다.

규칙 7 : 포기하지 마라

때로는 레드티밍은 고독한 작업이 될 수 있다. 배우고 변화하고 성장하기를 원치 않는 조직에서 레드티밍을 수행하는 경우 특히 그렇다.

레드티밍은 진실을 발견하는 작업이며, 진실은 종종 매우 복잡하다. 제5장의 크네빈 프레임워크를 기억하는가? 우리가 논의한 바와 같이, 레드팀이 분석하도록 할당받은 많은 문제들은 게임 조각들이 서로 연결된 복합 사분면에 놓여 있다. 레드티밍은 이러한 까다로운 문제를 해결하는 데 적합하지만, 이런 문제에 대한 해결책은 빠른 수정이나 쉬운 대답이 가능한 형태로는 거의 나오지 않는다. 그리고 그것이 조직이 듣고 싶어 하는 유일한 해결책인 경우가 너무 흔하다.

많은 회사가 큰 노력을 들이지 않더라도 구현할 수 있는 단순한 해법을 좋아한다. 그런 회사들은 근본적인 문제를 해결하는 데에는 거의 도움이 되지 않더라도 즉각적인 결과를 제공하는 단기적 수정 방식을 선호한다. 장기적 해법에는 별로 관심이 없다. 장기적 해법을 실행하기 위해서는 잘 조율된 노력이 필요하고, 회사의 방침을 큰 방향으로 움직이기 위해서는 시간이 걸리기 때문이다. 그러나 피터 센게가 《제5경영》에서 경고했듯이 "쉬운 출구는 대개는 막다른 골목으로 이어진다."

레드팀이 수행한 작업에 다른 사람들이 귀를 막으면, 레드팀은 낙담하고 사기가 떨어지기 쉽다. 그래서 미 육군은 레드팀원들에게 '나의 15퍼센트'라는 걸 항상 상기하도록 가르친다. 이 아이디어는 간단하다. 회사가 상장 회사이든 개인 회사이든, 회사의 고위 임원이든 말단 직원이든 상관없이 부서와 조직 전체의 업무 능력을 향상시키기 위해 당신이 할 수 있는 일이 있다는 뜻이다.

"우리 모두는 우리가 하는 일에 영향을 줄 수 있는 어떤 힘이 있습니다. 우리는 우리 자신의 태도, 접근 방식, 다른 사람들과 상호 작용하는 방식, 시간의 우선순위를 정하고 사용하는 방식을 제어합니다. 그러나 사람들은 자신이 그런 통제를 할 수 없다고 생각하는 경향이 있습니다. 내 아이디어의

15퍼센트는 그런 고정관념을 뒤집는 것입니다." 스티브 로트코프의 설명이다. "그건 단순한 물음에 관한 문제입니다. '작은 차이를 만들려면 내가 어떻게 해야 할까? 일이 좀 더 잘 진행되도록 하려면 내가 어떻게 해야 할까? 어떻게 하면 내가 도움이 될 수 있을까?' 이 아이디어는 문제를 해결하는 게 아니라 상황을 개선하는 겁니다. 물론, 당신 조직 내부에 많은 사람이 이런 식으로 생각하기 시작하면, 모든 걸 좀 더 나은 방향으로 바꿀 수 있습니다."

제11장

앞으로 나아가 레드티밍하라

> 가장 용감한 행동은 여전히 크게 소리 내면서 자기 힘으로 생각하는 것이다.
> – 코코 샤넬

우리 학급이 포트 레번워스의 레드팀 리더 교육 과정을 마쳤을 때, 우리는 강의실 내부가 아닌 드와이트 아이젠하워 장군이 즐겨 찾던 기지 골프장의 장교클럽에서 졸업 축하 파티를 열었다. 포트 레번워스에서의 첫날처럼, 나는 민간인 복장을 한 튀는 사람이었다. 나의 급우들은 다시 전투복을 차려입었다. 다른 레드팀 학급의 졸업생들도 비슷하게 카키색, 갈색, 녹갈색 군복을 입고 있었다. 연단에는 퇴역 대령 게리 필립스Gary Phillips가 서 있었다. 그는 해외군사문화연구대학과 레드팀 훈련 프로그램을 운영하는 미 육군 훈련교리사령부의 정보부서 책임자였다.

"이제 여러분은 훈련을 마치고 고위급 장성들에게 도전할 수 있는 도구를 제공받았습니다. 그리고 여러분이 그 도구를 사용하는 데에는 용기가 필요합니다." 그가 우리에게 말했다. "'장군님, 우리는 여기서 멈추고 그 일을 다시 생각해야 합니다.'라고 말하는 용기가 필요합니다."

비즈니스 레드팀원으로서 당신도 같은 종류의 용기가 필요하다. 왜냐하면 고위 경영진에게 똑같은 말을 할 수 있어야 하기 때문이다. 당신에게는 권력에 진실을 말하는 용기가 필요하다. 당신의 상사 또는 그보다 더 높은 상사가 작성한 계획이라 할지라도 그 계획의 결함을 지적할 수 있는 용기 말이다. '항상 그렇게 해왔던 방법'이 반드시 최선의 방법은 아니라고 말하는 용기가 필요하며, 더 나은 대안을 제시하는 용기가 필요하다. 레드티밍은 겁쟁이를 위한 것이 아니다. 남을 화나게 하는 걸 두려워하는 사람을 위한 것이 아니다. 레드티밍은 자신이 몸담은 조직에 진정한 변화를 주기로 결심한 사람을 위한 것이다. 문제와 씨름하고, 해결책을 찾고, 재앙을 피하는 데 도움이 되었다는 것에 보람을 느끼면서 심신의 피로를 달래는 사람들을 위한 것이다.

이 책은 광범위한 레드티밍 분석을 수행하는 데 필요한 도구와 기법을 제공한다. 나는 어떤 회사, 조직, 사업체, 비영리단체라도 레드티밍을 통해 이익을 얻을 거라고 굳게 믿는다. 당신은 이제 예전과는 다른 방식으로 당신 조직의 성공을 돕기 위한 위치에 서 있다. 수백만 달러를 절약할 수 있고, 훨씬 더 많은 걸 이루어낼 수 있고, 당신의 영역에서 파격의 희생양이 아니라 파격을 주도하는 힘이 될 수 있는 위치에 서 있다. 하지만 게리 필립스가 졸업식에서 말했듯이, 차이를 만들기 위해서는 당신이 배운 것을 과감히 사용하는 용기를 발휘해야 한다.

또한 필립스는 책임 있는 지위에 있는 사람들이 자신의 조직에서 레드티밍이 성공하는 걸 보고 싶다면 똑같은 용기를 발휘해야 한다고 말했다.

"아마도 당신 자신이 고위 지도자가 될 경우 당신이 발휘해야 할 용기는 더욱 중요해질 것입니다. 그건 바로 당신보다 아래에 있는 사람에게 조언을 구할 수 있는 용기, 당신의 견해에 도전하는 걸 허락할 수 있는 용기, 그것에 대해 화내지 않을 수 있는 용기입니다." 그는 계속 연설했다. "당신이 그들의 말에 귀를 기울일 것임을 확신하는 방법을 찾아야 합니다. 그들이 말하는 것을 경청하고 그 말에 따라 행동할 것임을 납득시켜야 합니다. 그리고 그렇게 하는 데는 용기가 필요합니다. 자존심을 극복하기 위해서는 용기가 필요합니다. 그런 일에 화를 내면 안 됩니다. 당신은 그들을 비난하면 안 됩니다. 당신은 메신저를 죽여서는 안 됩니다. 당신이 메신저를 죽이면 더 이상 어떤 메시지도 전달되지 않습니다."

당신이 사업을 운영하든, 부서를 지휘하든 상관없이 당신이 세운 최선의 계획과 전략을 레드팀의 비판적 검토에 맡기는 용기가 필요하다. 당신 조직 내에 만연한 고정관념에 도전하기 위해 역발상적 관점을 요청하는 용기가 필요하다. 그 용기란 바로 레드티밍을 실행하는 용기를 말한다. 레드티밍 분석을 요청하는 것은 그 결과를 경청하는 것과 마찬가지로 용기 있는 행동이기 때문이다. 당신이 듣는 걸 늘 좋아하지는 않을 수도 있다. 레드팀의 권장사항과는 다르게 행동하기로 결정할 수도 있다. 당신은 그렇게 하는 걸 정당화할 수도 있다. 그러나 그 경우에도 당신은 레드팀이 말할 수밖에 없는 걸 여전히 들어야 한다.

지금부터 반드시 들어야 한다.

중요한 인수합병에 대해 고민하고 있는가? 레드티밍하라. 중요한 사업 확장을 계획하고 있는가? 레드티밍하라. 새로운 경쟁자 또는 파격적인 신기술에 직면해 있는가? 레드티밍하라. 새로운 마케팅 캠페인이나 기업 개편을 준비하고 있는가? 레드티밍하라. 특별한 사정이 없다면, 3년에서 5년마다 당신 회사의 전체 비즈니스 전략을 레드티밍하여 그것이 여전히 경쟁력이 있는지 확인하는 걸 권장한다.

제너럴 일렉트릭GE의 전 CEO 잭 웰치Jack Welch는 이렇게 충고했다. "변화할 수밖에 없는 상황이 되기 전에 먼저 변화하라." 오늘을 살아가는 모든 사람은 끊임없이 변화해야 한다. 대부분의 비즈니스는 하루하루가 새로운 도전과 기회의 연속이다. 레드티밍은 내가 접했던 어떤 비즈니스 기법보다 더 뛰어난 기법으로 당신이 도전을 이겨내고 기회를 활용하도록 돕는다. 레드티밍이 미래를 예측할 수는 없지만, 당신이 미래를 준비하는 데 분명 도움이 될 수 있다.

당신 자신을 레드티밍하라

당신은 이제 우리 모두가 일상생활에서 편견과 논리적 오류의 희생양이 되고 있다는 걸 알고 있다. 당신도 그것에서 자유롭지 못하다는 걸 알고 있다. 당신이 스스로의 편견을 인식할 수 없고 자신의 주장에서 논리적 오류를 찾아낼 수 없다면, 당신이 타인의 의견을 지적하려 할 때 그들이 당신 의견을 경청하기를 어떻게 기대할 수 있겠는가?

또한 우리는 문제를 바라보는 관점이 문제에 접근하는 방식에 큰 영향을 줄 수 있음을 알고 있다. 이 때문에 우리 각자가 자신의 판단 기준을 이해하는 것이 중요하다. 우리는 그 프레임에서 벗어날 수 없지만, 그걸 인식하고 인정할 수는 있다. 그렇게 함으로써 우리는 그 프레임이 우리의 분석에 미치는 영향을 완화시킬 수 있다.

비판적으로 스스로를 바라볼 수 있고, 자신의 가정과 자신의 신념을 바라볼 수 있는 사람은 다른 사람이 놓친 걸 더 잘 볼 수 있다. 《슈퍼 예측》의 저자들은 최고의 예언자들이 공유하는 자질을 확인하고자 했다. 저자들은 가장 중요한 건 분석 기술이나 지능이 아니라 자기 비판적이고 열린 마음을 갖는 능력이라는 점을 밝혔다.

"뛰어난 수수께끼 해결사는 예측을 위한 도구를 가지고 있을지 모르지만, 기본적이고 정서적으로 충만한 신념에 의문을 제기하려는 욕구가 없다면 자기 비판적 사고에 대해 자신보다 더 큰 능력을 가진 덜 지적인 사람에 비해 자주 불리한 입장에 처하게 될 것이다. 가장 중요한 것은 당신이 가진 도구가 아니라, 당신이 그 도구로 하는 일이다. 슈퍼 예측가들의 경우, 신념은 시험해야 할 가설이지 지켜야 할 보물이 아니다."

불행하게도 대부분의 사람은 이를 수행할 용기가 부족하다. 그들은 자신의 신념에 도전하거나, 자신의 가정에 의문을 제기하거나, 심지어 자신의 주장을 분석하려고도 하지 않는다. 그러나 효과적인 레드티밍을 위해서는 반드시 이를 올바르게 수행해야 한다.

당신이 완전히 동의하지 않은 글을 마지막으로 읽은 게 언제인가? 내 말은 그걸 우연히 접해서 곁눈질로 읽은 후 책을 덮어버렸거나 책을 읽으면서 딴짓을 했다는 뜻이 아니라 정말로 끝까지 읽은 걸 의미한다. 당신의 견해와 정반대인 사람의 말을 마지막으로 들은 건 언제인가? 내 말은 단순히 머리를 절레절레 흔들고 상대를 외면했다거나 채널을 돌려버렸다는 뜻이 아니라 실제로 그들의 말을 끝까지 들은 걸 의미한다. 당신이 굳게 믿는 뭔가를 진지하게 살펴보면서 그게 사실이라고 어떻게 확신할 수 있는지 스스로에게 마지막으로 물어본 건 언제인가?

이런 질문이 효과적인 레드티밍을 위한 전제조건이다. 또 그런 질문을 던지는 건 우리 모두가 마땅히 해야 할 일이기도 하다. 소크라테스는 "반성하지 않는 삶은 살 가치가 없다."라는 유명한 말을 남겼다. 레드티밍의 관점에서 그의 말은 새겨들을 가치가 있다. 나는 당신에게 현대판 데카르트가 되어 벽난로, 양초 한 자루, 의심하는 자신의 존재에 대한 확실성만이 존재하는 방안에 스스로를 가두어놓으라고 제안하는 게 아니다. 하지만 나는 당신의 회사나 조직, 전략과 계획에 당신이 적용하는 것과 동일한 비판적 접근 방식을 스스로에게도 적용할 것을 요청한다.

용기 있게 레드티밍하라

2016년 5월 16일, 미군 합참의장은 〈합동교리지침 1-16〉을 하달했다. 이는 미군의 모든 예하 부대에 레드티밍 사용을 명령함으로써 "지휘관과 참모들이 비판적·창조적으로 생각하고, 가정에 도전하고, 집단사고를 완화시키고, 현실 안주와 비상사태를 점검해 위험을 줄이고, 참모들이 다른 관점에서 상황과 문제점과 잠재적 해결책을 바라볼 수 있도록 도와줌으로써 승리할 가능성을 증대시키려는 목적"이었다.

이 지침은 미군에서 이루어진 레드티밍에 대한 가장 강력한 승인이었다. 또한 레드티밍의 활용은 다른 나라의 군사 및 정보기관으로 계속 확대되고 있다. 그리고 레드티밍은 기업들 사이에서도 커다란 관심의 대상이 되고 있다.

나는 이 책을 통해 독자 여러분과 공유한 도구와 기법을 전 세계의 여러 기업과도 공유해왔다. 이 기업들은 레드티밍을 활용하여 실적 개선 계획을 스트레스-테스트하고, 기업 구조를 개편하고, 투자 목표를 심사하고, 투자자들에게 홍보하고, 고객에게 제출하기 전에 입찰 능력을 강화하고, 둔화하는 세계경제 속에서 성장 동력을 찾고 있다.

레드티밍은 입소문으로 천천히 조용하게 퍼졌지만, 거대한 흐름으로 빠르게 자리 잡고 있다. 나는 이 책이 그런 흐름에 일조하여 모든 회사가 레드티밍을 파악하고, 그 장점을 이해하고, 전략을 개선하고, 더 나은 의사 결정을 내리는 데 이 강력한 접근법을 활용할 수 있게 되기를 바란다.

이 책에서 배운 다양한 방법을 통해 당신은 당신 조직이 반드시 올바른 방향으로 나아가도록 도울 수 있다. 당신은 당신의 비즈니스, 회사, 비영리단체가 전략을 스트레스-테스트하고, 계획을 완벽하게 만들고, 숨겨진 위협을 제거하고, 놓친 기회를 찾아내고, 예기치 못한 사건이나 새로운 경쟁자에 의해 위험에 처하지 않도록 도울 수 있다. 그러나 다시 한번 강조하지만, 당신이 배운 것을 사용하는 용기를 발휘할 때에만 그 일을 해낼 수 있을 것이다.

우리 졸업식에서 스티브 로트코프 대령은 레드티밍을 혁명군에 비유했다. 그 혁명군은 군대가 중요한 결정을 내리는 방식과 계획을 수립하는 방식과 전략을 공식화하는 방식을 바꾸고 있다. 그 혁명군은 전체 조직을 더욱 경쟁력 있고, 더욱 민첩하고, 급변하는 세계에 더 잘 대처할 수 있도록 만들고 있다.

"여러분은 이제 그 혁명군의 일원이 되었습니다." 그가 우리에게 말했다. "자, 앞으로 나아가 혁명의 대의를 전파하십시오!"

혁명군에 참여한 것을 진심으로 환영한다.

◆ **참고 도서**

비판적 사고력을 기르려는 사람들, 또는 우리가 어떻게 생각하고 결정하는지를 배우려는 사람들에게 다음 책을 추천합니다.

- 《대가의 조언 Smart Choices》, by John S. Hammond, Ralph L., Keeney and Howard Raffia
- 《블랙 스완 The Black Swan》, by Nassim Nicholas Taleb
- 《상식 밖의 경제학 Predictably Irrational》, by Dan Ariely
- 《생각에 관한 생각 Thinking Fast and Slow》, by Daniel Kahneman
- 《스웨이 Sway》, by Ori and Rom Brafman
- 《이기는 결정 Winning Decisions》, by J. Edward Russo and Paul J. H. Schoemaker
- 《통찰, 평범에서 비범으로 Seeing What Others Don't》, by Gary Klein
- 《11가지 질문도구의 비판적 사고력 연습 Asking the Right Questions》, by Neil Browne and Stuart M. Keeley
- *Critical Thinking*, by Jamie Carlin Watson and Robert Arp
- *How We Reason*, by Philip N. Johnson-Laird
- *The Logic of Failure*, by Dierrich Dörner

레드팀을 만들어라

1판 1쇄 인쇄 2024년 9월 27일
1판 1쇄 발행 2024년 10월 7일

지은이 브라이스 호프먼
옮긴이 한정훈

펴낸이 전희경
펴낸곳 (주)글로벌브릿지
주소 경기도 남양주시 조안면 다산로 362번길 19-12
출판등록 2019년 6월 5일 제399-251002019000016호
이메일 ganibook@naver.com
전화 031-516-6133

ISBN 979-11-976129-2-3 (03320)

- 이 책 내용의 사용하려면 반드시 저작권자와 글로벌브릿지 양측의 동의를 받아야 합니다.
- 잘못 만들어진 책은 구입하신 서점에서 교환해 드립니다.

글로벌 브릿지

글로벌브릿지출판사는 세계적 흐름을 앞서가는 경제경영, 자기계발 도서를 출간하는 출판사입니다.
세월이 흘러도 변하지 않는 주제와, 시대의 흐름을 앞서가는 도서를 출간하여
독자 여러분의 곁에서 함께 걸어가겠습니다.